―改訂―

身体活動と体力トレーニング

藤　原　勝　夫
外　山　　　寛　著

朝倉書店

扉イラスト　越中屋清信(一水会会友)

改訂の序

この本は，大学の教養科目としての「体育・健康科学」の教科書として書いたものである．本書の初版が出てから8年あまり経過した．今回の改訂では，著者自身が講義や演習（実技）で本書を使用するなかで，内容的に不十分と思われたところや，学生が理解するうえで必要と思われた図表を加えた．たとえば，学生の体育に対する意識が大きく変化したのを感じたので，「体育」という言葉でイメージされることを大学生とその親たちを対象にアンケート調査を試みた．その結果については1章に示した．また，成人病という用語が生活習慣病に変わり，生活の中で有酸素運動を行うことの必要性が社会的にも広く認識されるようになったという印象を受けた．それとの関係で死亡原因，受療率などの統計値の入れかえと，肥満の原因と予防について大幅に加筆した．さらに，歩行運動によって自分の持久力の体力診断を容易に実施できることが有益であると考え，その原理と測定法を新たに示した．そのほかに，運動における立位姿勢保持機構の役割，および重力の場での適応現象についての理解を深めてもらうことを願い，それぞれ4章と5章に加筆した．これは，ヒトの体についての理解を少しでも深め，そのうえで健康増進をはかっていただきたかったからである．

著者は医学部に所属するようになり，インドネシア，タイ，中国，ベトナムを訪れ，生活の様子と健康について調査する機会を得た．そのなかで，心身の健康に対する関心は高く，重要性も十分理解されながらも，やはり政策的には経済が優先され，健康問題は後回しにされる傾向があることを実感した．これは，これまで自分たちが歩んできた方向に類似しているように思われた．さらに，健康について考える場合に，環境問題，人口問題，および食糧問題を地球規模で問い直さなければならないことも知った．これについては，今回の改訂では加筆することはできなかったが，人間の深い理解こそがこの問題の解決の糸口になることを確信した．

2000年1月5日

藤原　勝夫

序　　文

大学教育の在り方が問われ，教養としての体育も大きく変わろうとしている．

約20年前,大学で教養体育の授業を受けた著者の藤原も,体育科学を専攻しようとする者として“体育は人間にとって本質的に必要なものなのだろうか”，“必要とするなら，どのような原理・原則で実施すればよいのか”という疑問をいだいていた．その糸口がようやく見えてきたのは卒業の頃であった．その後，運動生理学に関心をもち，大学院で学びながら模索を続けていた．そのときの指導教官が池上晴夫先生（筑波大学教授）である．先生には運動生理学のイロハから，健康や体力に関する基本的考え方など，多くを学ばせていただいた．また，共著者である外山 寛と出会ったのもこの頃で，体育について熱心に語りあったものである．大学の教師となってからは，いろいろと工夫しながら，曲がりなりにも体育の授業を行ってきたが，やはり体育の必要性と科学的方法を学生たちに伝えることに力を注いできた．

本書のテーマは，今ではブームにさえなっている感のある“健康”や“体力づくり”としたが，これは学生のときの問いにもういちど戻って，体育の存在価値とその在り方をじっくり見つめ直してみたいという思いがあってのことである．したがって，これまで著者らが体育について考え，授業してきたことをまとめるという作業となった．しかし実際には，いたるところで力量不足を痛感させられた．なぜなら人間のからだには，その人の個人史や社会のありさまが反映されており，これを理解するには，人類の歴史や現在の社会に対する深い洞察が必要になるからである．

さて，本書は大きく以下の3つの内容から構成されている．

1～3章：身体活動と体力トレーニングの必要性と位置づけ

4～13章：体力トレーニングの理論と具体的方法

14～15章：身体活動と体力トレーニングに関する実態調査と実施事例

したがって，読者の目的に応じて，どこから読んでいただいてもよい．また，体力測定の方法については詳述し，多くのデータを示した．トレーニング方法は，わかりやすいように写真をたくさん入れてある．本書を片手に，ぜひ体力測定やトレーニングに取り組んでいただきたい．

その過程を通じて，自らのからだをじっくり見つめ，身体活動の意味を問い，体育のあり方を考えていただきたい．それほどに，現在もさることながら将来おかれる身体の状況にはきびしいものが予想される．

最後に，著者らのこうした心意を理解し，本書の出版を実現させてくださった㈱日本出版サービス，そして辛抱強く編集にあたってくださった石川佳子さん，また測定や体育実技の授業でご協力いただいた多くの学生，関係各位に感謝の意を表します．そして，心身ともに支えてくれた家族にも感謝したい．

1992年3月1日

藤原　勝夫

推薦の辞

金沢大学教養部の正課体育にトレーニングが取り上げられたのは，教養部が独立した昭和38年のことであった．ちょうど東京オリンピックの前年にあたる．“からだづくり”と“スポーツの生活化”を2つの柱にすえ，一般学生を対象とする体育教育の実践，研究が開始された．しかし“からだづくり”の中心としてトレーニングを位置づけたものの，当時はその意味内容も曖昧で定着しておらず，トレーニング理論についても外国の文献に多くを頼らざるをえなかった．また施設・設備といえば，廃屋となった木造校舎の一角に，鉄工所の手づくりの器具を据えただけというものであった．学生たちの理解と意欲を得るまでには，ずいぶんと時間がかかったものである．また，彼らの興味の中心は，体力というより，目に見える形態の変化・発達に集まり，鏡の前はいつも盛況であった．

トレーニング科学に関しては，東京オリンピックを契機に急速な進歩をとげ，一般人の健康や体力づくりに対する理解や関心も高まっていったが，われわれもトレーニングクラスの追跡調査を試み，体力の低い者に顕著な効果を示す知見や，エネルギー代謝率（RMR）から適正な運動強度を示唆してきた．そして，ほぼ10年後の昭和47年，待望のトレーニングセンターが完成した．1階はウエイトトレーニング場，中2階はサーキットトレーニング場で，授業の終わるのを待つ一般学生や運動部の学生がひきもきらず，学内で最も遅くまで明かりのともる施設になっている．

著者の藤原勝夫先生，外山 寛先生は，昭和61年，62年にあいついで金沢大学に赴任された．両氏はそれまでの実績をもとに，トレーニングに関する調査・研究や，多岐にわたる体力測定を積極的に実施されてきたが，本書はその中間報告とでもいうべきものである．本文中に“体力水準を考慮した運動強度のジョギングを体験させてから，持久力向上コースと筋力向上コースの選択を行わせると，持久力向上コースの希望者が多くなる”とあるが，形態の変化・発達のみに目を奪われていた学生たちを思い起こすと，約30年を経た今日，体力や身体機能に関する理解には隔世の感を禁じえない．

現代社会に生きる人間にとって，健康や体力は自ら勝ちとっていかねばならない宿命にある．本書によって自己のからだを見つめ直し，適正な目的をもって運動やトレーニングを実践し，これを継続し，習慣化できることを願うものである．“からだを育む”体育は，価値ある人生の欠くことのできない一部である．本書は，学生だけでなく一般の人にも，さらには体育を専門とする人にとっても，よきガイドになることと思う．

1992年早春

金沢大学教養部教授　盛　大衛

目　　次

1章　体育と体力トレーニング

“体育”という言葉が使われるようになったのは明治5年（1872）の学制発布以後のことで，これは physical education（英），die körperliche Erziehung（独）の訳語である[1]．その後，体育は軍事的色彩の強い肉体鍛錬の道具として利用されるなどの苦く長い歴史を経たが，戦後，体育という教科が幼児教育から高等教育にいたるカリキュラムのなかで，確固たる位置を占めるようになった．

体育とは，身体活動を媒介として人間形成を実現しようとする教育活動のひとつである[2]．しかし，いまやその対象は教育の場を越え，あらゆる年代の人，また生涯にわたって行われるようになっている(図1-1～3)．社会人になっても，老齢になっても，生涯体育というかたちで運動を行うことの必要性は，広く一般に認められている．

体育の目的は大きく2つに分けることができるが，ひとつは身体活動を通じた“からだづくり”や“体力づくり”，すなわち体力トレーニングである．もうひとつは身体活動それ自体を運動文化ととらえ，この文化を習得し，自らを進歩・向上させていくことを目的としている．

しかし実際には，体育といった場合，100 m 走，あるいはバレーボールやバスケットボールなどの競技またはゲームを思い浮かべ，体力トレーニングを思い浮かべる人はまれであろう．多くの人たちは長い間，体育教育を受けてきたにもかかわらず，2つの目的のうちの運動文化の獲得(多くの場合スポーツ）のみを体育と考えているのではないだろうか．いや，あえていえば，文化としての運動という教育を受けた記憶もあまりないように思われる．

実際に体育という単語でどんなことを思い浮かべるかについて，大学生とその親（40・50歳代）を対象にアンケート調査を試みた（図1-4）．名詞では，大学生は汗，運動，運動着，ボール，マラソン，バスケットボールの順に多く，親たちは根性，汗，健康，運動，跳び箱，体操の順に多かった．修飾語では，大学生，親ともに最も多かったのは楽しいであった．その次に大学生はつらい，疲れる，暑い，さわやか，汗くさいと続き，親たちはつらい，厳しい，強い，疲れる，嫌いと続いた．このように親たちには，ポジティブな体育の評価が比較的少なかった．そして，前述したようなイメージを体育にもっていることが明確に示され，受けた教育や時代の風潮を強くうかがい知ることができる．

1.1　体力トレーニング

体育の目的のひとつである“からだづくり”，すなわち体力トレーニングとは，運動によって身体を刺激し，この刺激によって生物としての適応能力を高め，その結果として体力を向上させていく営みであるということができる．

トレーニングの train という動詞は“仕込む，鍛える，養成する”，または“からだを慣らす，鍛え

図 1-1　女性に広く愛好されている エアロビクスダンス

図 1-2　保育園では散歩が重要なカリキュラム になっている（小松市・こばと保育園）

図 1-3　多くの老人がゲートボールなどの軽スポーツを楽しんでいる（金沢市，犀川河川敷）

る”と訳される．歴史的にみると，17 世紀の初め頃には動物を命令に従わせたり，芸を教えこむとか，競走馬をレースに向けて準備させるという意味で使われていた．18 世紀中葉からは，食事や運動によって試合に向けて身体効率を至適水準に到達させるというような意味あいで使われている[3]．

ひとくちに体力トレーニングといっても，目標とする体力水準によって，その内容はさまざまである．スポーツマンを対象にしたスポーツトレーニングでは，競技力の向上を目的として，比較的高い体力水準を目標にした特定のトレーニングが行われる．一方，一般人を対象とした場合には，日常生活に必要な程度の体力水準を維持・増進するためのトレーニングである．これについては，その人の健康や体力に応じた運動刺激を，医師が薬を処方するように処方するため，運動処方ともよばれている．

スポーツトレーニングも運動処方も，基本となる原理・原則に違いはない．目指す体力水準や，トレーニングを行う人の体力水準が違うので，身体に負荷される運動刺激が異なるだけである．それゆえ本書では両者を区分せず，包括的概念として体力トレーニングという語を用いることにする．

なお，トレーニングの科学に関しては，東京オリンピックが開催された昭和 39 年（1964）に初めて国際スポーツ科学会議が東京で開催され，これをきっかけとして健康や体力づくりのためのトレーニング科学が注目されるようになった．その後，トレーニングの科学はめざましい発展をとげたが，エリートスポーツマン育成のための科学であった面を否定することはできない．したがって，その成果

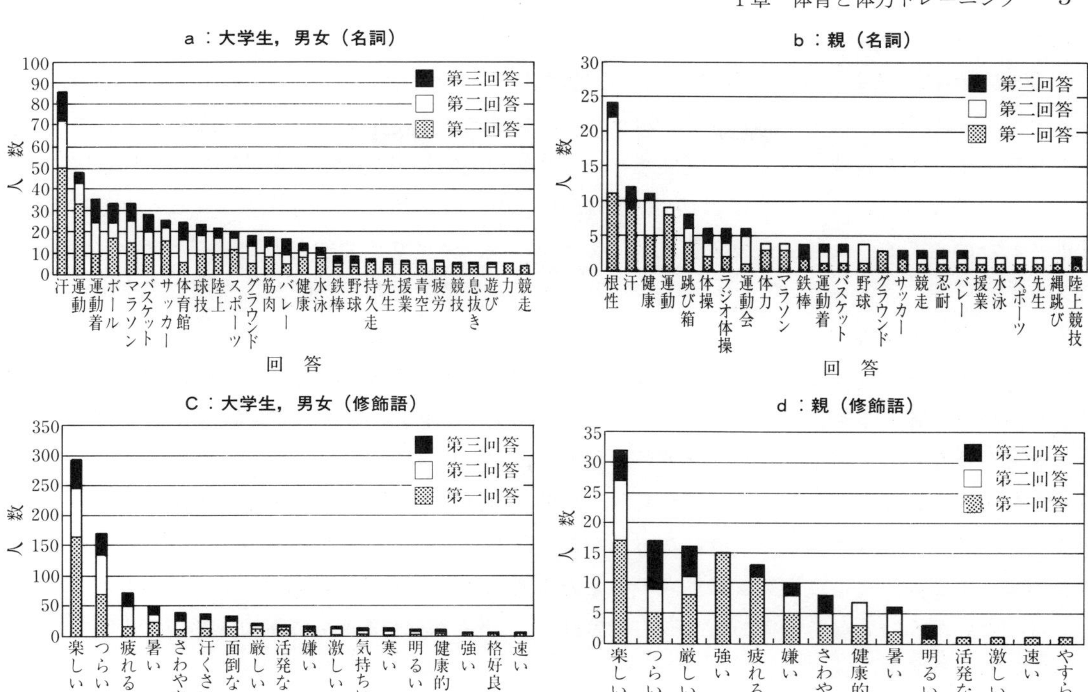

図 1-4　体育という単語で思い浮かべること，名詞と修飾語に分け，1人3語ずつ解答してもらった．親に対するアンケート調査は，大学生に電話などにて尋ねてもらった．大学生に対するアンケート調査は，第1回目の講義の初めに著者自身が行った

は学校教育の現場に十分生かされているとはいいがたい現状である．

1.2　スポーツの概念の変遷

前述したように，一般に体育とスポーツは同義の用語として用いられているが，専門領域では区別される．すなわち，スポーツとは体育の一手段であり，体育の目的を達成するための優れた可能性をスポーツに認め，これを活用しているということができる．

スポーツを運動競技，すなわち優劣判別の文化装置と考えた場合，あるいは遊びのカテゴリーに属するものとした場合，スポーツは人類進化のごく初期段階まで遡ることのできる行動であり，その様式は人類に普遍のものである．かたちは異なるが，古くは神明裁判，ゼウス信仰，節会（せちえ）（節日やその他の行事のときに朝廷で行われる宴会）といったように，民族独特の文化の衣をまとった文化装置として，スポーツは機能してきた[4]．

スポーツの概念は時代とともに変化していくが，16世紀には，義務としての真面目な行為（労働など）からの気分転換，休養，娯楽を意味していた．その後，気晴らしのためのある特定の形式，すなわちある程度の身体活動を伴った遊び（主に野外で楽しむ）となり，17世紀頃には野外での身体活動による気晴らしという意味あいが強くなっていく．なお，賭博などの勝負ごと，他人に対する誇示行為，見せ物などもスポーツに含まれていた．18世紀頃までは，イギリスでもスポーツといえば狩猟を意味していたのである[5]．

19世紀後半になると，イギリスでいわゆる近代スポーツが誕生する．すなわち，陸上競技，ボート，ラグビー，フットボール，テニス，ホッケー，クリケット，ボクシングなどである．イギリスではこれらスポーツの競技会が次々と開催され，また競技連盟などの組織化も進んで，世界各国に近代スポーツが普及していった．そして19世紀の終り（1896）に，第1回の近代オリンピック競技大会が開催されたのである．このような競技スポーツはその後，アメリカで独自の発展をとげた．野球，バスケットボール，アメリカンフットボールなどはアメリカで発展し，国際試合を通じて全世界に広がっていったのである[2]．

今日，スポーツといった場合には一般に“競争を伴う運動”と理解されているが，語源的には気晴らしや遊技を意味するものである．したがって，サイクリング，ハイキング，キャンピング，ワンダーフォーゲルなどの，競争を伴わない野外活動もスポーツに含まれる．

現代の中高年の多くの人たちには“真面目，鍛錬，根性”などといったスポーツ観が根強いようであるが，上述のようなスポーツの概念からはかなり隔たっている．これは仕事を至上とし，遊びは単なる休養にすぎないという勤勉な日本人の考え方であろうが，遊びに消極的な役割しかもたせていないのは，たいへん残念なことである．一方若者は，スポーツの娯楽面を積極的に評価する傾向が強くなっているようである．

1.3　生涯体育のすすめ－体力トレーニングと運動文化

ここで，体育科教育のバイブルともいうべき『体育の科学的基礎』(1965)[6]のなかから，江橋の提言に耳を傾けてみたい．

> “体力の向上を体育の中核におくというと，すぐに，スポーツの技術指導，あるいは体育こそ運動のよろこびを高めるためのものであり，その指導はいらないのかと反論されるかもしれない．われわれも，そのような面を否定するわけではない．また，身体運動を通じての社会的性格の育成ということも体育指導を通じて考えられてよいことであり，社会現象としての体育を社会科学的に考えることもあってよいと考えている．しかし，体力の向上ということは，将来スポーツ選手になるならないにかかわりなく，どんな職業分野に進む人々にとっても大切なことであり，老若男女，身体の丈夫な人はもちろん，弱い人は弱い人なりに考えられるべきこと，すべての人々の体力に応じて考えられるべきことであり，これを放棄しては，やはり，体育は大切な一面を忘れていると考えるのである．今日，日本の社会では，かつては体操といわれたと同じように，体育はスポーツをすることだと考えられ，また，体育の教師も前にも述べたように自己の得意とするスポーツの技術の指導で使命を果たしていると考えている人々もある．そして，それが，そのまま体力の向上に結びつくと考えているようである．”

江橋は体育教育の中核として体力の向上を考えており，体育教育が，すべての人に欠くことのできないはずの体力の向上を欠如したもの，すなわち単なるスポーツの技術指導に墜している現状を指摘している．四半世紀も以前に書かれたものであるが，今なお，少なからず同様のことがいえるのは驚きでもあり，たいへん残念である．

一方，教育学者として著名な海後は，『教育原理』(1962)[7]のなかで“全般の教育の構成からみる

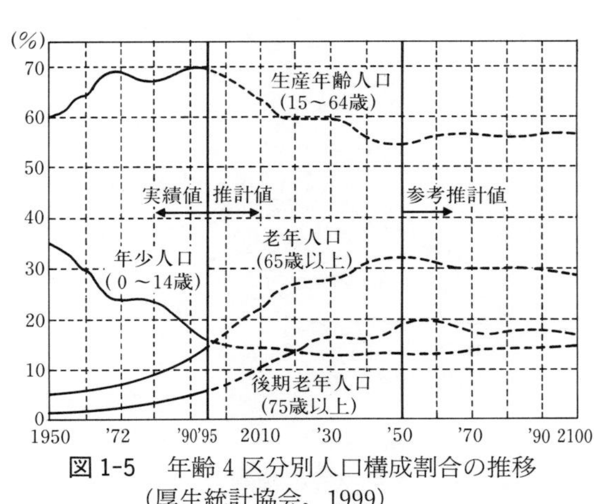

図 1-5　年齢 4 区分別人口構成割合の推移（厚生統計協会，1999）

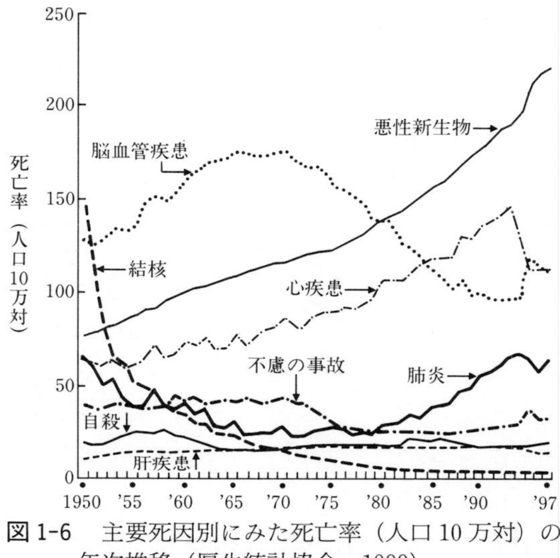

図 1-6　主要死因別にみた死亡率（人口 10 万対）の年次推移（厚生統計協会，1999）

と，身体を鍛えることは，つねに従属的に考えられ，教育とはまず知識・技能を授けることであるとして，知識を著しく重視する反面，健康な身体をもった人間がいかにして育てられるかは第二次の問題として軽視され，場合によっては忘れられる”と述べている．

現在でも体育教育の社会的評価は高いとはいえず，その責任は，ひとつには体育指導者にあるとも思われるが，この評価の低さの根源にはきわめて深いものがある．なぜなら，精神との関わりのなかで，身体あるいは肉体をどのようにみるかという，哲学上の大きな問題が含まれているからである．すなわち，知性こそ神聖で高尚なものであり，肉体は動物性で卑しいものであるとする考え方が，社会的評価の根底に横たわっているように思える．海後の指摘は今も変わらないどころか，エスカレートしているようにさえ感じる．

さて，上述のような哲学や社会科学の問題についての論議は他に譲るとしても，体育に関連して現代が抱えている問題には見逃すことのできないものがある．

まず，産業革命以降，生活や仕事の手段の機械化が加速度的に進み，日常的な身体活動量がかなり少なくなってきていることをあげることができる．また，医学の進歩などにより戦後の日本人の平均寿命（余命）は著しく延長し，1999 年の平均寿命（厚生省：簡易生命表）は男性 77.19 歳，女性 83.82 歳となっており，高齢化は今後もますます進んでいくと予想される(図 1-5)[8]．一方，高齢化の進行と同時に，有病率も増加の一途をたどっている．傷病別の受療率をみると，入院では感染症が低下し，循環系疾患をはじめとする生活習慣病が増加している．外来でも生活習慣病が増加しているが，なかでも消化系，循環系，呼吸系の疾患の受療率が特に高い(図 1-7)[9]．さらに，日本人の死因は，かつては結核や脳血管疾患が多くを占めていたが，最近では悪性新生物に加え，心疾患が徐々に増加してきている(図 1-6)[8]．これら循環器系の疾患は運動不足が主な原因となることが多く，これらの疾病をトレーニングやスポーツによって予防することは，大きな社会的課題となっている．

一方，労働時間の短縮も徐々に進んでいるが，これによって増加した余暇時間をどう過ごすか，健

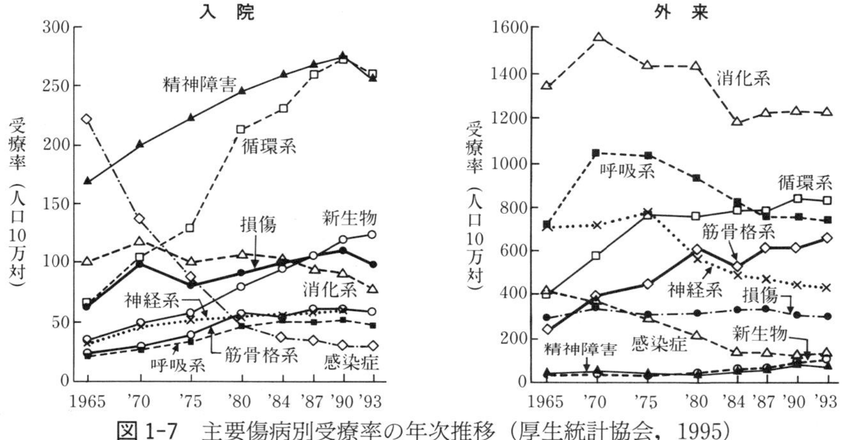

図 1-7　主要傷病別受療率の年次推移（厚生統計協会，1995）

康で生きがいのある生活をいかにして享受するかについては，まだまだ模索の状態にあるといってよい．そんななかで，文化としての運動を生活のなかにどう位置づけるかということも，ひとつの課題である．

本書では，体育の目的のひとつである体力トレーニングについて，その必要性や方法などについて順を追って述べていくが，体力トレーニングの主眼を，消極的な意味での運動不足病（生活習慣病：中高年者の慢性疾患）の予防ではなく，積極的な体力の向上においている．スポーツマンだけでなく，広く一般の人が自分の身体機能を理解し，自らの手でそれを積極的に増進できるようになることが望まれる．このような自主的，積極的な体力トレーニングを通じて，運動文化を享受できる身体をもつことができ，ひいては運動不足病を予防することにもなるからである．

これまで体育，つまりトレーニングやスポーツは本質的には社会的にあまり重視されてはこなかった．しかし，生涯体育（体力トレーニングと運動文化の獲得）は今後ますます，その重要性を増していくであろう．

参考文献

1）　前川峯雄：体育原理．現代保健体育大系 1，大修館書店，東京，1970.
2）　猪飼道夫ほか：体育科学事典．第一法規出版，東京，1970.
3）　宮下充正：トレーニングを科学する．NHK 市民大学テキスト，1988.
4）　寒川恒夫：図説スポーツ史．朝倉書店，東京，1991.
5）　増田靖弘：スポーツ語源散策．東京書籍，東京，1989.
6）　猪飼道夫，江橋慎四朗：体育の科学的基礎．東洋館出版社，東京，1965.
7）　海後宗臣：教育原理．朝倉書店，東京，1962.
8）　厚生統計協会：厚生の指標．国民衛生の動向，46(9)，1999.
9）　厚生統計協会：厚生の指標，国民衛生の動向，42(9)，1995.

2章　トレーニングの必要性

私たちは，ある目的をもって自分の身体を意図的にトレーニングすることができる．トレーニングの目的や具体的な方法は時代によって大きく異なるが，その歴史はたいへん古く，人類の誕生とともに行われてきた営みである．これは，トレーニングという活動がヒトの存在様式そのものに根ざしているためと考えられる．

2.1　ヒトの存在様式

動物は，自然に対して能動的に働きかけることはなく，あるがままの自然を利用し，もっぱらその存在によってのみ自然に変化をもたらす．すなわち，食物を摂取し，消化・吸収し，老廃物を排泄する．また，生命活動のエネルギーを産生するために，大気中の酸素を取り入れ，二酸化炭素を排出する．しかし，食物を栽培・育成したり，大気中の成分を工業的に利用したりすることはない．ましてや各種の複雑な道具をつくり，それを用いて自然に働きかけることもない．チンパンジーが棒きれなどを道具として利用することもあるが，これは発展していくものではなく，また自然を大きく変えてしまうことはない．

ところがヒトは，自然の法則を理解し，それをもとに能動的に働きかけ，より都合のいいように自然を変えていく．これは，生活に役立つように手・脚・頭などを働かせて自然質料を変換させていく過程，すなわち労働にほかならない．そして，労働によってつくりあげられた文化的遺産は後世に受け継がれ，自然への働きかけ方をも大きく進展・変化させてきたのである．加えて，ヒトは手などの身体機能を向上させ，大脳を発達させ，言語能力を発達させてきた．したがって，ヒトをとりまく自然は，もはやあるがままの自然ではなく，それまでに培われてきたヒトの諸力と，その時代のヒトの集団の意図や能力を反映したものとなっている[1)]．

一方，動物でもあるヒトは，あるがままの自然でないとはいえ，そこから食物や酸素を摂取し，各種の感覚刺激を受けている．いわば働きかけた自然によって逆に制約され，規制される存在でもある．同様に身体も，自然に働きかけるという活動を通じて変化し，また働きかけた自然によって直接的，間接的に影響を受けてきた．

このようにヒトは，自然に働きかける過程を通して，あるいは自然に働きかけるために，さらには働きかけた自然環境に適応するために，身体の諸機能を変化させてきたのである．このようなヒトの存在様式を考えるとき，自らのからだづくりは，ヒトにとって本来的，根源的に要求されているものであることがわかる．また，文化，文明の進展に比例して，この要求はより強まっている．そこで，自らの身体の解剖学的構造や生理的機能，身体と環境との関わり方の法則，本来的・根源的法則を理解することは，より合理的なからだづくりのために必要不可欠なのである．

2.2　人類の誕生と身体機能

ここでは，人類が歩んできた歴史をふり返りながら，ヒトの身体の解剖学的構造と生理的機能の法則を探ってみたい．

私たち現生人類は生物学的には次のように分類される．すなわち，動物(界)－脊椎動物(門)－哺乳類(綱)－霊長類(目)－ヒト(科)－ホモ(属)－サピエンス(種)である．さらに，絶滅したホモ•サピエンス・ネアンデルタールと区別するために，ホモ・サピエンスの亜種としてホモ・サピエンス・サピエンスと分類されている．

1)　直立 2 足歩行とヒトの進化

人類の歴史的変遷の概略を図 2-1 に示す[2]．ヒトと他の動物とを区別したのは直立 2 足歩行の採用であり，これは人類史において決定的な段階といわれている．永続的な直立姿勢をとれるようになったことで，手は移動の機能から解放され，細かい作業をする能力の発達が可能となった．石器技術，食糧の拡大(果実食者から肉食者へ)，社会構造の複雑化，知性の開花などは，直立 2 足歩行の産物といえよう[3,4]．

アフリカで発見されたアウストラロピテクス•アファレンシスの化石（骨や足跡）は 300〜360 万年前のものとされているが，そこには 2 足歩行の確かな証拠がみられるという．

アフリカでは 5000 万年〜 1 億年前に気温の低下，降雨量の減少があり，そのため森林は縮小して林や草原（サバンナ）が広がっていった．類人猿のように樹上で身近な果実を採取するだけでなく，樹からおりて食物を探しまわらなければならない．直立 2 足歩行は，このような環境の変化に適応するために採用されたのである．この段階では食物は新芽や果実であった．

200 万年前頃になるとホモ•ハビルスが出現する．その化石とともに，小さく鋭い剝片などの原始的な石器，および動物の骨が発見されており，食物として肉が摂取されるようになったことがわかる．この段階での狩は小型の動物を対象とした小規模なもの，あるいは死肉あさりであったと考えられている．また，石器を使用し始めたホモ・ハビルスは，ヒト科における脳の著しい増大の出発点でもあった．

150 万年前のホモ•エレクトスのあたりになると，大規模な狩猟が行われていたことがわかる．生活の根拠地（ホームベース）に食物を持ち帰り，共有し，消費した証拠が残されている．

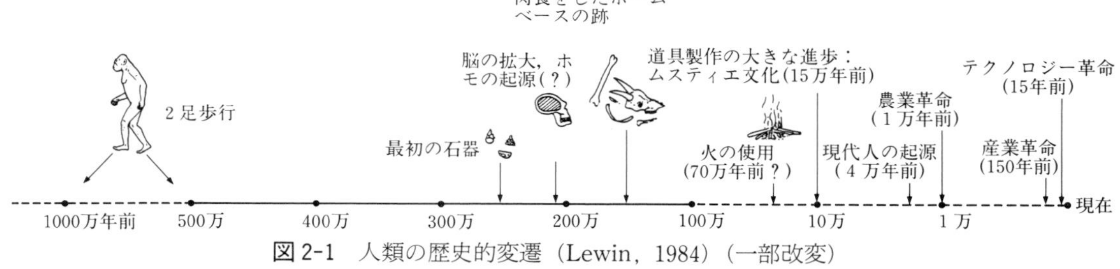

図 2-1　人類の歴史的変遷（Lewin，1984）(一部改変)

さらに下って約25万年前のホモ・サピエンス・ネアンデルタールともなると，火が使用され，本格的な狩猟が行われるようになった．石器技術も進展し，組織的な狩猟が繰り返し行われて，その結果とみられる大量の大型動物の骨が発見されている．これに対応して生活は社会的にも複雑化し，知的な面や言語が著しく発達していく．

そして10～4万年前，ホモ・サピエンス・サピエンスが登場する．その基礎には，上述のような自然環境の変化と，これに伴う食糧獲得法の変遷，2足歩行の採用と石器などの道具の進歩があった．現生人類（ホモ・サピエンス・サピエンス）の起源は約4万年前とされており，約3万年前からは絵や彫刻など，精神的な活動を示唆するものがみられるようになる．

2)　直立のための解剖学的構造

上述したように，ヒトと動物とを区別する決定的な違いが直立2足歩行にあるとするならば，ヒトの身体の根源的・本質的特徴は，直立姿勢を維持するための構造にあるといっても過言ではない．図2-2にヒトの骨格構造を示したが，類人猿であるゴリラの骨格と対比させてある[5]．ヒトの解剖学的特徴を簡単にいえば，骨格，関節，筋の構造が，重力に抗して小さなエネルギーで体重を支え，姿勢を安定して保持できることに重点をおいたものになっていることである[6]．

また，体重支持から解放された上肢をはじめとして，各関節の可動範囲が広がり，しかも，多くの関節を介して運動がなされるようになり，自由度の大きい複雑な運動ができるようになったことも，大きな特徴である．これらは以下のようにまとめることができる．

(1)　頭と首が連結されている関節の位置は，四つ足動物に比べて頭部の中央近くにあり，かつ頭部は垂直に支えられているため，重い頭部をわずかな力で支えることができる．頭部には眼や耳などの感覚受容器があり，安定性が求められるが，このような構造のため運動時にも頭部は比較的安定している．

(2)　重い頭部を支える脊柱は，椎骨をS字状に積みあげた構造になっており，これは耐震構造の高層ビルを思わせる．柔構造であるため外力を吸収しやすく，大きな可動範囲をもちながらも，背筋による微妙な調節が可能となっている．自重を支えたり，物を持ったときに支点となる腰椎に

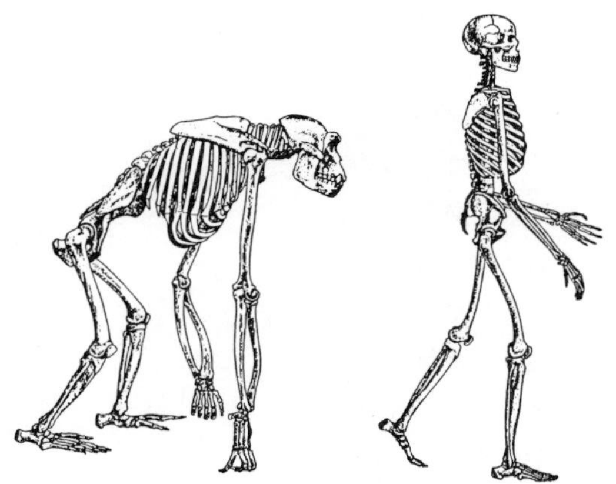

図2-2　2足歩行のヒトと4足歩行のゴリラの姿勢（Napier，1967）

は大きな負荷がかかりやすく，ヘルニアになりやすい．

(3) 骨盤は幅広で偏平な箱型をしており，そのなかに内臓がすっぽりとおさまっている．骨盤はまた，脊柱や下肢を連結し，それらの運動の支点となる部位である．腰の動きの調節は，多くの運動調節における重要なポイントである．

(4) 脚の骨（下肢骨）は，四つ足動物に比べて太くて長く，直線的であり，重い体重を一側の足に乗せ，大きな歩幅で歩くことができる．また，推進力を生みだす脚の主な筋は下肢骨の後面に位置し，効率のよい動きを可能にしている．さらに，正面からみたときに大腿と下腿のなす角度(外反側角）が類人猿よりも大きく，歩行時に身体の重心を一側の足に乗せやすい構造となっている．膝関節の可動範囲は比較的大きく，その調節は運動調節の重要なポイントとなる．腰と同様，故障の多い部分である．

(5) 足の骨はアーチ状の構造になっているため，運動時にクッションの役割を果たしたり，キック力を有効に発揮することができる．このアーチ構造は生まれたときにすでに形成されており，構造自体が偏平であることはまれである．また，アーチの形状は年齢やトレーニングによって大きく変化するものではない．ただし，アーチ構造を支える組織や骨の強さは変化する．

(6) 身体各部位の重心位置は，それらが連結している関節の軸よりもやや前方にある．したがって，重力により各部位は前方に回転することになる．ヒトが直立姿勢を保持できるのは，この回転を防ぐように背面の筋（抗重力筋）が持続的に活動しているからである．

この筋の活動水準はふくらはぎで最も大きく，最大筋力の 10 %程度，背筋では数%である．活動水準は比較的低いものの，これら脊柱起立筋の筋力が弱くなると，姿勢や動作が不安定になったり，腰痛などを起こしやすくなる．

(7) 体重の支持から解放された上肢は，上肢帯を介してぶら下がるかたちになっており，関節の可動範囲はきわめて大きい．自由度が大きく，しかも巧みな動きができる．直立姿勢により上肢は身体の上方に位置することになり，その動きは身体の平衡を維持するうえでも有利に作用する．

2.3 身体機能の変遷

1) 狩猟生活への適応

ヒトの進化を方向づけたともいうべき直立 2 足歩行が，広い範囲で食物を探さなくてはならなかったことへの適応形態であったことは注目に値する．これは直立 2 足歩行がエネルギーの効率性に優れ，持久性に優れた移動形態であることを示すものである．このような移動形態に則した身体特性は，ヒトの根源的特性であるということができよう．

直立歩行を獲得してから，ヒトは生態学的には果実食者から肉食者（植物食混合）へと変わっていった (図 2-3)[2]．農耕•牧畜が始まる 1 万年前までの約 200 万年の間，ヒトの生業の大きな部分は狩猟にあったのである．したがって，現代のヒト

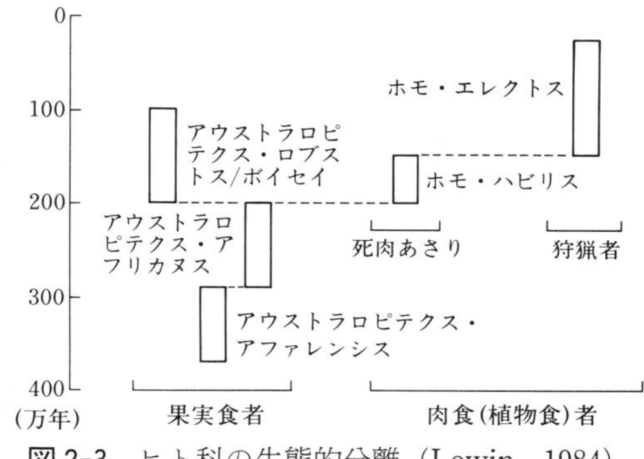

図 2-3　ヒト科の生態的分離（Lewin，1984）

表 2-1　狩猟形態と直立 2 足性の進化（渡辺，1977）[7]

I　類人猿段階 小動物猟 （臨時ないし不規則的活動として）	4 足走行（短距離）	4 足者（臨時的 2 足者） （相対的高速走者）
II　アウストラロピテクス段階 小動物猟 （規則的ないし日常的活動として）	2 足疾走（短距離）の生存価値 地表下食物資源（根茎類および穴居性小動物）の採掘活動の重要性，道具（掘棒）携行の生存価値	原始的（非闊歩式）2 足者 （相対的中速走者）
III　ホモ・エレクトス段階 大型獣猟 （規則的ないし日常的活動として）	2 足緩速走行（長距離）の生存価値 小動物猟の重要性，専用武器としての槍の発生と生存価値	進歩的（闊歩式）2 足者 （相対的低速走者）

の身体も，人類史的にみれば狩猟に適したものであるということができる．それゆえ，その狩猟がどんなものであったかを知ることで，ヒトの本質的な身体機能を探ることができると考えられる．

渡辺[7]は，現生狩猟採集民および現生霊長類の生態観察をもとに，狩猟と移動様式（ロコモーション様式）の進化を推定している（表 2-1）．

ヒト以前，すなわち類人猿の段階では，短距離の 4 足走行による小動物猟がなされていた．直立 2 足性となった初期のアウストラロピテクス段階では，2 足性走行への適応があり，前かがみによる高速走行によって，単距離の追いかけ猟，あるいは追いつめ猟と，穴居性小動物を掘りだす穴猟がなされていた．さらに，後期のホモ・エレクトス段階では，大動物猟を中心とした狩猟形態に発展し，その形態はホモ・サピエンスにも受け継がれていった．

現生狩猟民では，追いこみ猟とならんで追いつめ猟が頻繁になされており，その際の移動方法として，長距離を大股で闊歩する闊歩式 2 足歩行や持久走が採用されている．ホモ・エレクトス以後の狩猟も，この形態によるものと考えられる．

現生人類を含むホモ・サピエンスは，走行のスピードでは他の多くの霊長類にかなわない．すなわち，ヒトの身体構造は高速走行用にはできていないのである．持続的に追跡することによって獲物に停止，休息の機会を与えず，疲労させてから仕留める狩猟方式は，ヒト独特の心理的・生理的方法である．肉食獣はもっぱら短距離をフルスピードで追跡し，獲物に追いついて捕らえる即決型の物理的狩猟方式である．

要するに，ヒトは直立 2 足化によって走行のスピードを犠牲にした代わりに，エネルギー効率の増大と，それに伴う持久性の増大を得たといえる[8]．これこそがヒトの本質的な身体機能である．

このほか渡辺[7]は，現生狩猟採集民の日常の野外生活において営まれるロコモーションのパターンは多種多様であって，歩行・走行以外に潜水，遊泳，登攀（とうはん），匍匐（ほふく）などがあると述べている（表 2-2）．動作の多様性も，またヒトの大きな特徴であることはいうまでもない．これを支えるのは，運動の自由度を増した直立姿勢の身体構造と，大脳皮質の発達，そしてそれに伴う長期にわたる運動学習の可能性にあるといえよう．

表 2-2 現生狩猟採集民のロコモーション様式（渡辺，1985）[7]

	運動方向	様　式	移動方式	主要用途
水中ロコモーション	垂直的	潜水	4 足性	漁撈
	水平的	遊泳	4 足性	漁撈
陸上ロコモーション	垂直的	登攀	4 足性	植物採取・狩猟
	水平的	匍匐	4 足性	狩猟
		走行	2 足性	狩猟
		走行	2 足性	狩猟・植物採取

2） 農業革命に伴う身体の変化

放浪性の狩猟採集から定住性の食糧生産へと，ヒトの生活パターンが世界的に変化をとげたのは約 1 万年前のことである[9]．人類史的にみた場合，1 万年という時間はきわめて短く，ヒトにとっては，つい最近のできごとである．

定住性の食糧生産は，その後の生活様式を急激に変えていった．たいへん劇的な変化であったことから農業革命とよばれている．生活様式の変化は当然，身体にも大きな影響を及ぼしたと予想され，このことは遺跡から発掘された人骨からも知ることができる[10]．

平坂貝塚（横須賀市内若松町）から発掘された縄文時代人（平坂人）の大腿骨と脛骨をみると（図 2-4），大腿骨は後面に大腿骨稜が隆起し，断面はいちじく形を呈している（柱状大腿骨）．また脛骨は，現代人では内外両側面と後面をもつ三角柱であるが，平坂人では後内面と後外面に分けることができ，その断面は菱形をしている（偏平脛骨）．これは，この部位に大きな筋が付着していたことを示しており，下肢を使った運動がいかに多かったかを物語るものである．定住性の農耕生活が行われるようになる弥生時代以降には，このような形状を示す下肢骨は少なくなり，現代人の下肢骨の断面は，丸みを帯びるようになった．このことから，下肢を使った運動が減少していったことがわかる．

3） 産業革命以後の身体の変化

ヒトの心身を病ませるほどにその生活を大きく変えたのは，産業革命である．産業革命以後，約 150 年という人類史的に非常に短い期間に，生活の機械化，自動化が急速に進んだ．これに対応して日常的な活動，運動が激減し，30 年ほど前からは運動不足病といわれる病気が大きな社会問題として取り上げられるようになっている．すなわち，生物学的にみて非常に短い時間に，私たちの生活は原始的

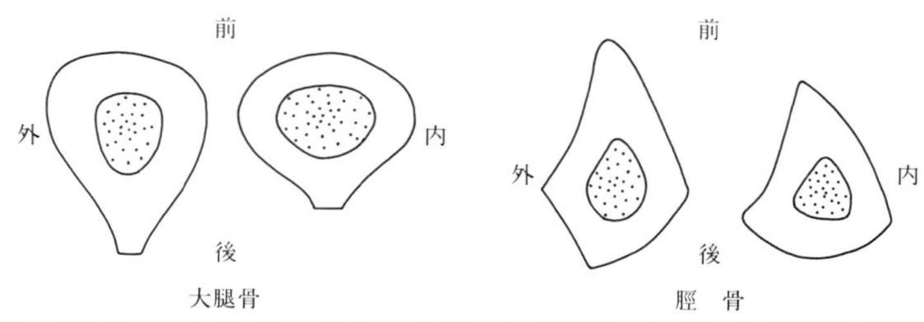

図 2-4 平坂人（左側）と現代人（右側）の下肢骨（鈴木，1963）[10]

表 2-3　運動不足の影響とトレーニングの効果（Mellerowicz，1975）

運動不足		トレーニング
小さい	筋肉重量/体重	大きい(約 40 %)
大きい	脂肪重量/体重	小さい
大きい	荷重/筋力	小さい
少ない	筋肉の毛細血管新生	多い
小さい（約 250〜300 g）	心重量	大きい（約 400〜500 g）
70〜90 拍/min	心拍数	30〜60 拍/min
高い	収縮期血圧	低い
大きい	心臓作業量	小さい
小さい	冠動脈予備	大きい
小さい	最大心作業能力	大きい
小さい(約 2,000〜4,000 m*l*)，しばしば 50 m*l*/kg	肺活量	大きい(約 5,000〜6,000 m*l*)，しばしば 70 m*l*/kg
小さい（約 2,000〜3,000 m*l*/ min)，しばしば 40 m*l*/kg 以下	有酸素能力	大きい(約 5,000〜6,000 m*l*/min)，ときに 70 m*l*/kg 以上
少ない（約 5 *l*）	血液量	多い（約 6 〜 7 *l*）
小さい	血液の酸素運搬能力	大きい
異化性-アドレナリン作働性	自律神経性調節	同化性-コリン作働性
小さい	副腎皮質予備力	大きい
より大きい	易疲労性	より小さい
より速い	回復	より速い
小さい	活動予備力	大きい
より早い	加齢に伴う活動力の低下	より遅い

なものから，高度に文明化され，極端すぎるほど十分に保護され，しかも，狭い家畜小屋のなかの動物のように，身体活動の著しく少ない生活様式へと変化してしまったのである[11]．

運動不足病は，このような急激な変化に適応できないために生じたものと考えられる．さらに，テクノロジーの急速な進歩によって宇宙飛行が可能となるまでになった．その副産物とでもいおうか，これまで経験したことのない宇宙飛行士特有の病気が明らかになっている．運動不足病と宇宙飛行士の病気は異質なものではなく，共通した症状と原因をもっている．運動不足が身体に及ぼす影響とトレーニングの効果については，表 2-3 のようにまとめられている[12]．

(1)　運動不足病

運動不足病とは，その発症に運動不足が原因，あるいは一要因として関与する一群の疾患をいう[11]．これには肥満症，心筋梗塞，狭心症，高血圧症，動脈硬化症，さらにノイローゼ，自律神経不安定症候群，腰痛症などが含まれる[13]．

肥満は，食物からの摂取カロリーが消費カロリーを上まわった場合に，余剰のカロリーが脂肪として皮下などに蓄積され，過体重となった状態をいう．さらに，肥満をリスク要因として，高血圧，糖尿病，心筋梗塞，動脈硬化，高脂血症，腰痛などといった疾病が引き起こされる．

心筋梗塞や狭心症の直接の原因は，心筋に酸素や栄養を供給している冠状動脈の硬化にある．動脈が硬化するとその内膜に組織的変化が生じ，コレステロールが付着して血流が阻害される．狭心症は，運動などを行った場合に，心筋が必要とする血液を十分に供給できないために心筋に酸素不足が起こり，痛みを生じた状態である．また心筋梗塞は，心筋の血流がなくなり，酸素と栄養の供給が完全に絶たれ，突然ひどい痛みとともに心臓機能が低下するもので，意識を失ったり，死亡することもある．適度な運動は，この動脈硬化の予防に役立つことが知られている．

また，高血圧の原因として塩分のとりすぎ，精神的ストレス，寒さなどが関係していることはよく知られている．さらに，運動不足は交感神経の緊張を高め，血流抵抗を増加し，これが血圧亢進に拍車をかける．腰痛の原因としては，運動不足による腰部筋力の低下があげられている．

一方，精神的健康と身体的健康とが密接な関係にあることはよく知られている．運動不足がノイローゼや自律神経不安定症候群などの精神医学的疾患の大きな要因となることは，運動をした後にどのような状態がもたらされるかを考えれば明らかであろう．運動をした後に緊張感や疲労感が減少することは，よく経験するところであるが，これは感情の大きな転換が起こっているのである．しばしば不安や抑圧が減退し，憎しみや怒りのような激しい情動は弱められる．また集中力も増大する．さらに，睡眠や消化といったさまざまな身体的機能も，正常な状態にもどるのである．

(2) 宇宙飛行士の病気

宇宙飛行士の病気の原因は，主に重力に抗した運動ができなくなるためである．地球上ではヒトは１Ｇの重力に抗して生活しているが，宇宙空間は無重力である．宇宙飛行士は，地球の重力の及ばない宇宙空間で長期にわたって生活することになる．そこでは，物を持ったり，立位姿勢を保持したりするのに，筋の活動はほとんど必要とされない．

このような状態に数週間以上おかれた場合，筋力は低下し，筋組織は脆弱になり，疲労しやすく，傷つきやすくなる．さらに，骨に対して，運動による機械的刺激が減少するため，カルシウムやリンなどの無機物（灰分）が骨から溶けだし，尿とともに排泄されてしまう．その結果，骨は脆くなり，骨折しやすくなる．

循環器系についても，無重力下では著しい機能低下が起こることが知られている．地球上において

表 2-4 長期ベッドレストの人体への影響（Sandler and Vernikos，1986）

循環器系	筋　系
(1) 安静時および運動時の心拍数の増大	(1) 萎縮
(2) 心容量の減少	(2) 筋の脂肪による置換
(3) １回拍出量の減少	内分泌系
(4) 起立耐性の低下	(1) ACTH の増加
(5) 最大酸素摂取量の減少	(2) 副腎皮質ホルモンの減少
(6) 加速度耐性の低下	(3) 血漿インスリン濃度の上昇（活性度低下）
(7) 血漿量，全血量の減少	(4) 成長ホルモンの増大
(8) 造血機能低下と赤血球の減少	(5) ノルエピネフリンの減少（エピネフリンは不変）
骨代謝	
(1) 尿中カルシウム排泄の増大	
(2) 骨の脱灰（N，P，Ca の減少 0.5％/月）	
(3) 骨軟化→骨折の可能性の増大	

は，直立姿勢では静水力学的作用により下肢に血液が貯留しがちであるが，体位の変換や運動によって血管や心臓に刺激が加わり，血管運動反射や筋ポンプ作用が働いて，下肢への血液貯留が適当に妨げられている．ところが無重力環境下では，このような機能（起立耐性）が低下してしまうのである．

無重力環境下での生活と類似した影響は，長期間ベッドに横たわっていた場合にも認められている[12]．アメリカ航空宇宙局（NASA）は無重力下での生活について検討するため，長期間ベッドに横たわっていた場合の身体への影響を研究した（表2-4）[14]．その結果，循環器系，骨，筋，内分泌系のいずれにも，宇宙飛行士と同じような著しい機能低下が認められたのである．このことから，ヒトがその身体機能を維持するには，重力環境下，立位での運動が重要であることがわかる．

以上，ヒトの存在様式，身体機能の変遷などについて概観してきたが，ヒトにとって本質的な身体特性をまとめると次のようになる．

(1) 安定性に優れ，運動の自由度の大きい直立姿勢保持機構

(2) 長距離を効率よく，長時間，運動できる能力（持久力）

(3) 思考力，記憶力，学習能力を増大し，多種多様な運動を可能にした大脳皮質の発達

参考文献

1) フリードリッヒ・エンゲルス：猿が人間になるについての労働の役割，国民文庫37，大月書店，東京，1876.

2) Lewin, R.: Human evolution, An illustrated introduction. Blackwell Scientific Publication, Oxford, 1984.

3) 江原昭善，渡辺直経：猿人 アウストラロピテクス．中央公論社，東京，1976.

4) Washburn, S. L.: Tools and human evolution. Sientific American, 203, 62-75, 1960.

5) Napier, J.: The antiquity of human walking. Scientific American, 216, 56-66, 1967.

6) 藤原 知：人体解剖学序説．医歯薬出版，東京，1974.

7) 渡辺 仁：ヒトはなぜ立ちあがったか．東京大学出版会，東京，1985.

8) Birdsell, J. B.: Human evolution. An introduction to new physical anthropology. Rand McNally and Co., Chicago, 1972.

9) トム・プリドー：クロマニョン人．タイムライフブックス，東京，1978.

10) 鈴木 尚：日本人の骨．岩波書店，東京，1963.

11) Hans, K. and Wilhelm, R.: Hypokinetic disease; diseases produced by lack of exercise. Charles C. Thomas Publisher, 1961.

12) Mellerowicz, H. und Meller, W.: Training. Springer-Verlag, 1975.

13) 池上晴夫：新版運動処方：理論と実際．朝倉書店，東京，1990.

14) Sandler, H. and Vernikos, J.: Inactivity: Physiological effects. Academic Press, 1986.

3章　体力と健康

トレーニングを行う場合には，まず身体の機能状態や能力の現状を把握することが必要不可欠である．この“身体の機能状態や能力”とは，一般に physical fitness（身体適性）とよばれるものと考えてよい．

体育の分野では“健康や運動に関係した”身体の機能状態や能力を“体力”とし，その概念化や評価が長い間なされてきた．ここでは，体力についてのさまざまな考え方を紹介し，体力がどのように分類されてきたかについて述べる．

また，一般に運動は健康によいといわれているが，健康という用語も比較的，曖昧なまま用いられているので，これを整理した後，体力と健康の関係について考えていきたい．

3.1　身体適性と体力

体力については，上述の physical fitness を広義の体力，運動（行動，作業）に関係した体力を狭義の体力と考えることができる．

広義の体力，すなわち physical fitness（身体適性）とは，図 3-1 に示したように，内臓器官の状態をはじめとして，体格，運動適性，知覚適性，スキルまでを含むものと考えられている[1]．これらの機能が人間の生活や行動に適応する能力を身体適性という．一般に使われている体力という用語は，こ

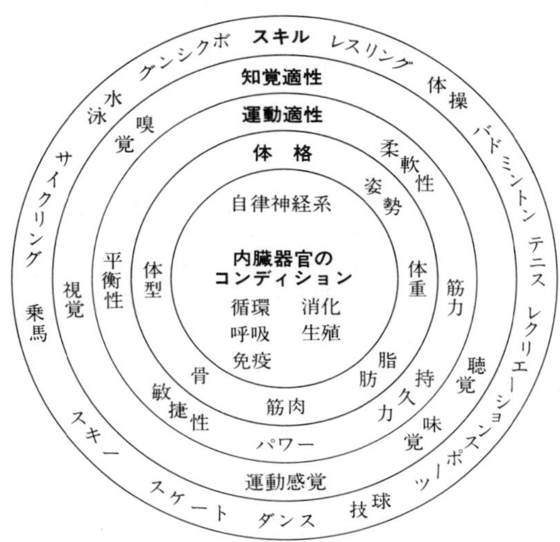

図 3-1　身体適性（physical fitness）の範囲（Cureton，1947）

の身体適性のうちの運動適性（motor fitness）に相当し，その要素として筋力，パワー，敏捷性，柔軟性，平衡性，持久力があげられている．

また，physical fitness は，身体内部の平衡を常に維持する能力ということもできる[2]．すなわち，たとえ運動中といえども，できるだけ安静時に近い平衡を保ち，運動後はできるだけ速やかに安静時の状態に回復する能力であるという考え方である．これと同様に，疲労という視点から physical fitness を定義しようとする試みもある[3]．そこでは体力を，疲労に至ることを防ぎとめ，作業能力を保持する能力であり，激しい運動中でも安静時と同じ体内の恒常性（ホメオスタシス）を維持し，また激しい運動によって恒常性が乱されたときには，ただちにこれを回復する能力であるとしている．この疲労回復能力を体力のひとつとして位置づけるかどうかは議論のあるところであり，現在のところ定着していない．

3.2　体力の定義と分類

わが国では身体の機能状態や能力（physical fitness）を，生存性と生産性という 2 つの面からとらえ，生存に関わる機能を防衛体力，生産（作業，運動）に関わる能力を行動体力とする考え方が一般に採用されている[4]．

1)　防衛体力

防衛体力は“生命維持の能力”あるいは“器官の健全および栄養の適性”を意味し，いいかえれば，外部環境に対する身体の内部環境を一定に保つための耐性である．これは生理学の分野でいう適応性と共通した概念である．

朝比奈[5]は，防衛体力を身体の組織・器官の機能に関連する能力と考え，耐病性，反応性，順応性，回復力，再生力などの各要素を含むものとしている．主として内臓，内分泌系，自律神経系，間質な

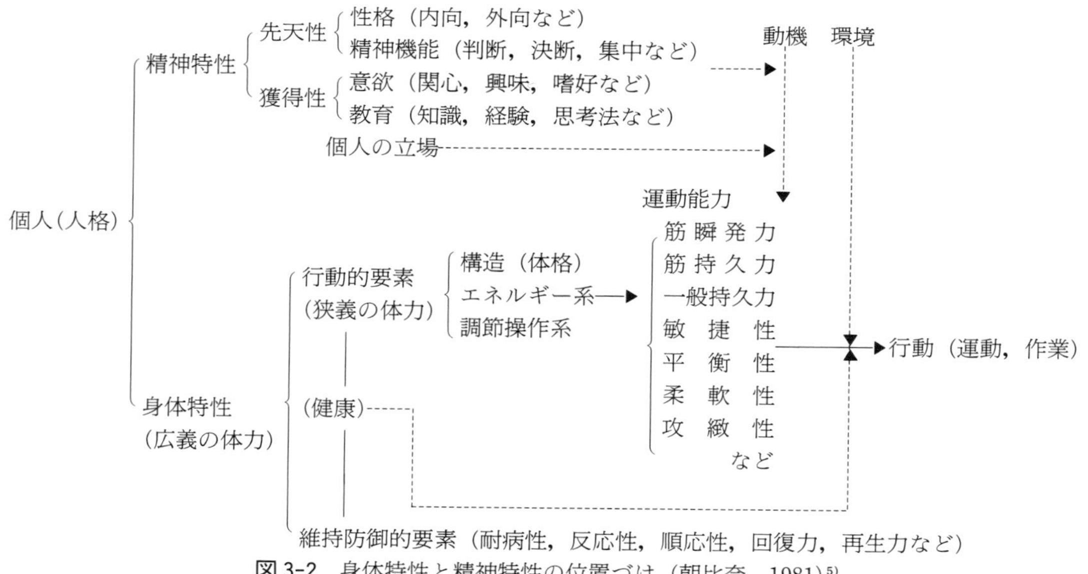

図 3-2　身体特性と精神特性の位置づけ（朝比奈，1981）[5]

どが関与し，過敏症などの，いわゆる体質的なものも含まれている（図3-2）．

さらに池上[6]は，防衛体力を健康や生命を脅かすようなストレスや侵襲に対する抵抗力と考え，ストレスを4種に分類している．

(1) 物理化学的ストレス：寒冷，暑熱，低酸素，高酸素，低圧，高圧，振動，化学物質など
(2) 生物的ストレス：細菌，ウイルス，その他の微生物，異種タンパクなど
(3) 生理的ストレス：運動，空腹，口渇，不眠，疲労，時差など
(4) 精神的ストレス：不快，苦痛，恐怖，不満など

2) 行動体力

行動体力とは，外部に対して仕事をなすときの作業能力を意味する．いいかえれば，その仕事に適した水準に身体機能を適合させる能力である．本書では，この行動体力を狭義の体力とする．

松岡[7]は，行動体力を実現されたパフォーマンスの身体的因子とし，パフォーマンスの成績から抽象された身体の要素であると考えている．これより行動体力をパフォーマンスの関数とする以下のような式が示されている．

$$S=f(P,\ e,\ t)$$

S：身体的因子（体力），P：パフォーマンス，e：環境因子，t：時間因子

これは，重いものを持ち上げたり，速く走ったり，長時間走ったりして得られた成績（P）から，環境因子と時間因子を考慮して，身体的因子を評価できるという考え方である．

なお，松岡は行動体力を発揮するには筋力や持久力といった運動能力を必要とするが，これらはエネルギーの発生量や発生の仕方に依存しており，加えて，知覚を介した調整（神経系による運動調節）がなければ行動体力としては役立たないことを指摘し，行動体力をエネルギー論的なものと，サイバネティクス論的なものに分類した．さらに，パフォーマンスの現れ方（運動様式）は人体構造そのものによって規定されるので，人体構造（体格）も体力の一要素として包含している．

一方，朝比奈[5]は，行動体力とは積極的な意志による行動を起こす能力を主な内容とする身体能力であるとしている．これらは便宜的に構造（体格）と機能とに分けられ，機能はさらにエネルギー系，調節操作系に分けることができる．つまり，エネルギーを使って，調節操作系が身体構造を作動させるという3者協同の一連の能力が行動体力であるという．実際には，筋力，パワー，持久力，敏捷性，平衡性，柔軟性，巧緻性などの個々の運動能力（motor fitness）が，さまざまに組み合わされて行動となるとみなすことができる．

また池上[6]は，行動体力を生理機能と関連させて分類している．すなわち，①行動を起こす能力，②行動を持続する能力，③行動を調節する能力があり，これらを発揮する能力として，筋力・筋パワー，筋持久力，全身持久力，平衡性，敏捷性，巧緻性，柔軟性をあげ，これに関連する機能として筋機能，呼吸循環機能，神経機能，関節機能をあげている（図3-3）．

3) 体力（広義の体力）と精神特性の関わり

“体力”についてはさまざまな視点から定義・分類されているが，ここで重要なのは，行動を起こしたり，作業を行う際に，精神的な要素が関与することは共通に理解されているが，体力を考える場合

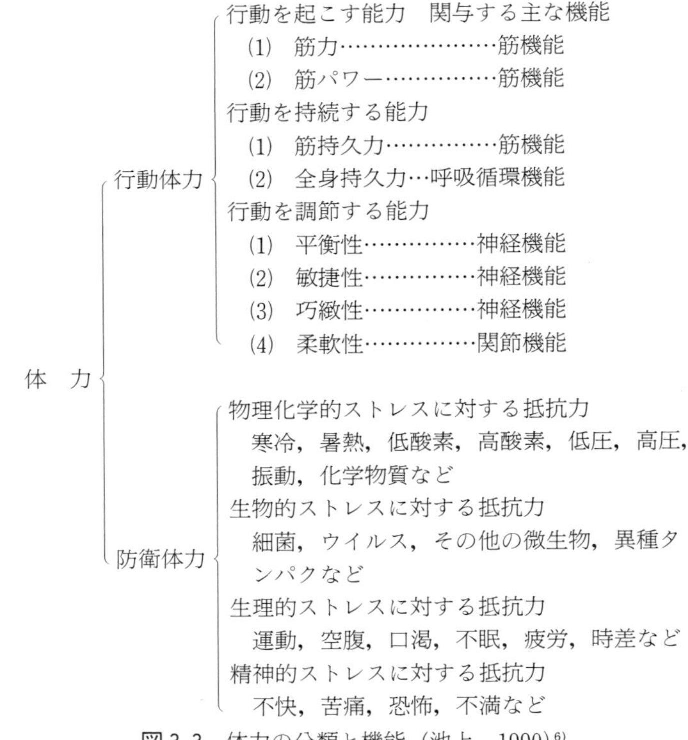

図 3-3　体力の分類と機能（池上，1990）[6)]

に精神的な要素をどう位置づけていくかという点である．

本書では，精神特性，動機，環境などと体力の関係をたいへんうまくまとめている図 3-2（朝比奈）の考え方に基づいて整理する．

まず，個人（人格）の成り立ちを便宜上，身体面と精神面とに分け，精神面の特性を精神特性，身体面の特性を身体特性（身体能力），すなわち広義の体力としている．これは前述した physical fitness に相当する．広義の体力は，さらに行動的要素（狭義の体力）と維持防衛的要素（適応性）に分類される．

個人がある行動を十分に発揮するには，第一に健康であること，第二に意思的行動である以上，それを起こす動機が必要である．そして，その行動は外部環境の影響をうける．

図 3-2 には，健康については，防衛体力と行動体力の両者があいまって健康な状態をつくりだすことが示されている．動機は，その人の興味，関心，嗜好などの意欲に関する要因によって強められたり弱められたりするものである．加えて知識，経験，思考法などの教育，さらに，内向性，外向性といった性格，判断，決断，集中といった精神機能が関係する．ある行動の動機には精神特性がきわめて大きな影響を及ぼす．また行動の場の外部環境，すなわち温度，湿度，風などの気象条件，あるいは場の面積，照度，防音設備などの物理的条件は，行動や作業の能率に影響してくる．

3.3　健康の定義

体力トレーニングの目的のひとつとして健康の維持・増進があげられることが多いが，健康という用語の定義がはっきりしていないことが多い．ここでは，池上[6)]の考え方を参考に，健康という用語の定義と分類について考えてみたい．これまで，健康は以下のような状態と定義され，論じられてきた．

(1)　健康とは，病気のない状態である．

(2)　健康とは，単に病気や異常がないばかりではなく，身体的にも，精神的にも，また社会的にも，よい状態にあることである．

(3)　健康とは，環境に適応し，かつその人の能力が十分に発揮できるような状態である．

まず(1)の考え方は，健康を病気と対立させ，病気によって健康を規定しようとする二元論的考え方である．しかし，病的状態と健康的状態とは必ずしも明確に区分できるものではない．病気であっても，さまざまな程度に健康的要素をもっており，また健康といっても，さまざまな程度で病的要素は存在する．したがって，健康と病気とを二元論的にわりきって区別することには，かなり無理があるといえる．

次に(2)の考え方は，病気や異常というマイナス要因がないことに加え，身体的・精神的・社会的にプラスの状態にあるものを健康と定義しようとするものである．しかし現実には，多くの人が身体的，あるいは精神的，あるいは社会的な問題をかかえている．この定義をとると，すべての条件を満足させる人はまれとなり，健康な人はいなくなってしまう．

そこで(3)の考え方では，視点を変えて，環境に適応するという表現になっている．ここでいう環境とは，外部環境，すなわち自然環境，微生物や動植物を含む生物環境，社会環境をも意味する．適応しているとは，身体内部の環境と外部環境のそれぞれの因子との間に，動的バランスが保たれている状態である．したがって，外部環境によりストレスが加わっても，身体内部の恒常性（ホメオスタシス）が維持されているということである．さらに，能力が十分に発揮できるような状態としているが，ここでいう能力とは発育，生存，種族維持，社会活動，文化活動などに関わる能力をさす．この(3)の考え方では，環境に適応しているという条件，および能力を発揮できるという条件の2つを同時に満たした状態が，健康と定義されている．

私たちは，ある程度の環境変化には適応でき，その範囲内においては健康を維持できる．しかし，適応できる範囲は人によって異なり，少しの変化にしか耐えられない人もいれば，大きな変化に適応できる人もいる．ここでいう範囲とは，いいかえれば健康を保とうとする能力を表しているといえよう．

実際，病気が健康上のマイナス因子であることは否定できないが，病気として扱われている多少の身体の欠陥や異常があっても，(3)の考え方に抵触しないような状態もありうる．つまり，ある種の病気をもっていても，必ずしも健康ではないということにはならないのである．大切なのは，環境にうまく適応し，生命活動を支障なく続けられるということである．本書では，この(3)の考え方を健康の定義としたい．

3.4　体力と健康の関係

環境に適応し，能力が十分に発揮できる状態を健康とすると，防衛体力と行動体力はそれぞれ健康とどんな関係にあるのだろうか．

1) 防衛体力と健康

防衛体力が人間の生存に関わる身体能力であり，健康が環境に適応している状態をいうとすれば，健康は防衛体力そのものであるといってもよい．しかし，健康のもうひとつの条件である能力を十分に発揮できる状態には精神的要素が含まれている．体力の定義からは精神的要素が除外されていることから，防衛体力は，健康の重要な必要条件であるが，十分条件ではないということになる[6]．

2) 行動体力と健康

行動体力とは行動を起こし，これを持続し，調節する能力であるが，行動体力によってなされる仕事（運動，作業）はまた，生体に対する生理的ストレスでもある．

たとえば，運動によって，筋や酸素運搬系には高度な機能発揮が要求され，骨格には強い力学的刺激が加わり，場合によっては組織は低酸素に脅かされる．無酸素過程の強い運動（4章参照）では，多量の乳酸が生じて血液のpHが低下し，酸性症を起こす．また，運動時に生産されるエネルギーの多くは熱に変わり，体温が上昇する．さらに，発汗のため血液は濃縮され，浸透圧が高まる．生体にとって，このような状態はいずれもストレスであり，これに対してさまざまな防衛機序を発動して抵抗するが，これはまさに防衛体力である．

強い運動を行える，すなわち行動体力が優れているとは，同時にストレスに対する抵抗力，すなわち防衛体力が優れていることをも意味しているのである．

健康と行動体力については，行動体力の要素である運動能力のうちのあるものが優れているからといって，健康であるとは必ずしもいえない．たとえば，力士は筋力や筋パワーには優れているが，糖尿病や腰痛症，高血圧などといった疾患が一般人よりも多くみられ，また寿命も短いという．

運動能力のうちでも，健康と特に密接に関係しているのは全身持久力である．全身持久力は肺・心臓・血液などの酸素運搬系や組織の酸素利用系，あるいはエネルギー代謝系など，生命活動にとって重要な生理機能によって支えられている．強い持久力を要求される長距離スキーの選手などが，一般国民より長生きするという報告[8]は，これを裏づけるものであろう．

3) 健康のためのトレーニング（健康と体力レベル）

一方，健康の側から体力をみた場合，これが高水準にあるかどうかは大きな問題ではないという考え方もある．一般の人にとっては，生活に適応できる程度の防衛体力と行動体力があればよく，行動体力がトップレベルにある必要はないことも事実である．ただし，運動不足によるさまざまな疾病（成人病）が問題になっていることを考えると，現代においては健康を維持するために必要な最低限の行動体力さえも，満たされていないことが多いのではなかろうか．この場合に不足しているのは，行動体力のなかでも高い強度の短時間の運動に適した体力ではなく，むしろ低い強度ではあるが持続的な運動に適した体力である．

また，健康のためには運動の習慣化・継続こそ大切であるといわれているが，これは運動というストレスに対する恒常的な適応性の獲得には，比較的長い時間を要するし，獲得した適応性を維持するには，その運動を継続する必要があるということである．この点からいっても，健康を維持するためには強い運動である必要はなく，弱い運動を持続することが大切である．したがって，健康のためのトレーニングがどんなものになるかは，おおよそ理解できよう．

ところが，健康のためのトレーニングについて理解したからといって，それを実際に行うようになるかといえば，そうはならない場合が多い．健康づくりを目的としてトレーニングに真剣に取り組むようになるのは，あるいは体力の低下を自覚したとき，あるいは運動不足による病気の兆候が現れたときであろう．そういう状態になってさえ，なんの行動もとれないことが多いのが現実である．

実際，健康づくりを第一義的な目的として運動を行っているのは，特に若い人では少ない．一般の人は，スポーツとして，それ自体になんらかの魅力を感じて運動を行っていることが多いようである．また，体力に不安を感じ始めた中高年者が運動を継続して行うようになっても，やはりスポーツとしての運動を目的としており，体力トレーニングという考え方をきちんともって行っていることは少ないのが現状である．

さらに，ここで注意しておきたいのは，体力の増進と健康の状態とは必ずしも1対1の対応関係にないことである．つまり，体力と健康の対応関係はトレーニングの目的により異なっており，健康維持を主目的とした場合には1対1の関係に近くなるが，あるスポーツ種目の技能を習得することを目的とした場合には，トレーニングの内容によって，健康とは無関係，あるいは健康を害するようなことにもなりかねない．トレーニングによって健康状態を低下させるような場合には，トレーニング後の身体の手入れ（コンディショニング）や，機能回復などを併せて行う必要がある．

以下の章では，運動時のエネルギー代謝や筋活動，さらに実際のトレーニング法について述べていくことになるが，本書が，スポーツを単に愛好するだけではなく，健康と運動の関係やスポーツを科学的にとらえ，より効果的で充実した運動や，健康的な生活をおくるための一助となれば幸いである．

参考文献

1) Cureton, T. K.：Physical fitness appraisal and guidance. C.V. Mosby Co., St. Louis, 1947.

2) Darling, R. C., et al.：Effect of variation in dietary protein on the physical well being of men during manual work. J. Nutrition, 28, 230-236, 1949.

3) Christensen, F. H. and Hamsen, O.：Arbeitsfahigkeight und ernahrung. Skand. Arch. Physiol., 81：160-171, 1939.

4) 猪飼道夫：体力の科学．コロナ社，東京，1966.

5) 朝比奈一夫：運動とからだ．大修館書店，東京，1981.

6) 池上晴夫：新版運動処方：理論と実際．朝倉書店，東京，1990.

7) 松岡脩吉：体力の属性に関する研究－体力の概念の分析．体力科学，1：1-6，1951.

8) Karvonen, M. J., et al.：Longevity of endurance skiers. Med. Sci. Sports, 6：49-51, 1974.

4章　運動におけるエネルギー代謝

目的とする身体活動（運動）に適した生理的能力を発達させるには，作業筋へのエネルギー供給とその回復過程を知っておくことも大切である．これらの過程の特性をもとにトレーニングの内容を組み立てれば，効果的なトレーニングの成果を得ることができる．

4.1　エネルギーの発生システム

走ったり，跳んだり，投げたりする運動は，骨格筋の収縮によって発生する力を利用してなされる．このような筋の収縮にはエネルギーが必要であるが，これに直接的に用いられるのは，ATP（アデノシン三リン酸）が分解して ADP（アデノシン二リン酸）とリン酸になる過程で発生するエネルギーである．

しかし，体内に貯蔵されている ATP は少なく，消費された ATP をなんらかの方法で補給する必要がある(図 4-1)．ATP は ADP とリン酸とから再合成されるが，そのためのエネルギーは次の 3 つのルートによって補給される[1,2]．

1)　**ATP-PC 系**（リン原質系）（無酸素系）

ルートのひとつは，筋細胞に貯蔵されているクレアチンリン酸（PC）の分解である．PC がクレアチンとリン酸に分解するときに発生するエネルギーが ATP の再合成に利用される．ATP と PC をあわせてリン原質とよび，エネルギーの発生機構が似ているので，これらをまとめて ATP-PC 系，あるいはリン原質系とよんでいる．

ATP-PC 系の特徴は，酸素を必要としない無酸素過程でエネルギーを発生する（無酸素エネルギー）ことである．このエネルギー発生はきわめて速いので，すぐに利用できる．しかも，大きなエネルギーが爆発的に放出されるので，強いパワーを発揮することができる．ただし，筋内の ATP および PC の総貯蔵量はきわめて少ないので，エネルギー発生の持続性は低く，強い運動では 10 秒前後しか持続しない．

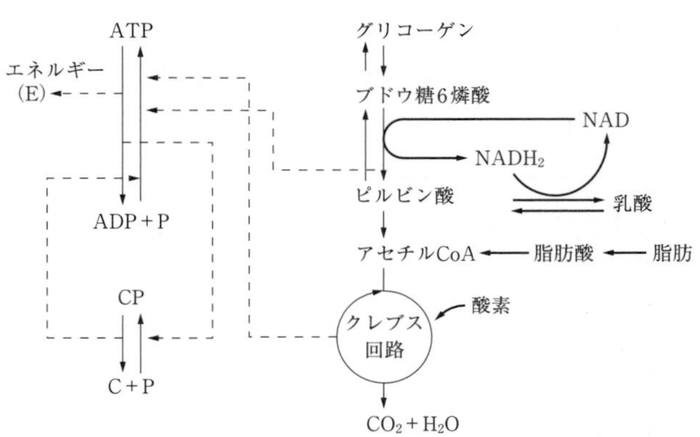

図 4-1　筋収縮におけるエネルギー（E）供給機構

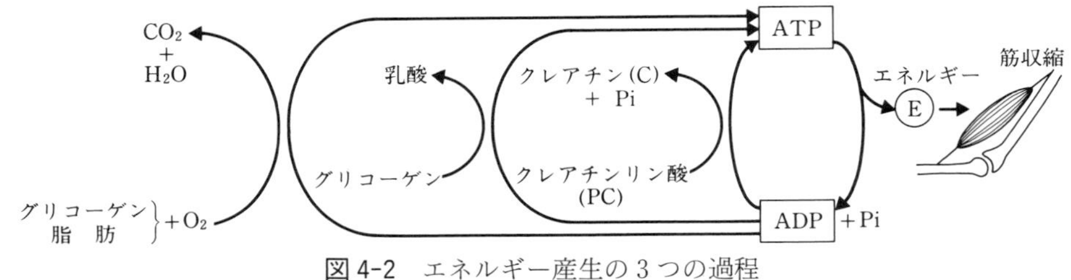

図 4-2　エネルギー産生の 3 つの過程

2)　乳酸系（無酸素系）

2 つめは，グリコーゲン（炭水化物）が無酸素的に分解してピルビン酸となり，さらに乳酸にまで分解する無気的解糖過程で発生するエネルギーを，ATP の再合成に利用するものである．この過程は乳酸系とよばれる．

乳酸系の特徴は，ATP-PC 系と同じように酸素を必要としない無酸素過程であることで，エネルギーの発生速度は ATP-PC 系ほどではないが速く，比較的強いパワーを発揮できる．ただし，エネルギーの発生効率はあまりよくない．たとえば 180 g のグリコーゲンが分解しても，そのエネルギーで 3 モルの ATP しか合成されない．また，筋や血液中に乳酸が多量に蓄積すると，一時的な筋疲労を起こす．したがって乳酸系によるエネルギー供給にも限界があり，乳酸系のエネルギー発生を中心とする運動は，通常 1 〜 2 分くらいしか続かない．

3)　有酸素系

3 つめは，グリコーゲンが有酸素的に分解して二酸化炭素と水になる過程であり，このとき発生する大量のエネルギーを ATP の再合成に利用するものである．酸素を必要とするため有酸素系とよばれ，発生したエネルギーを有酸素エネルギーという．この反応は細胞質内のミトコンドリアで営まれ，エネルギー源（燃料）としてはグリコーゲンのほか，脂肪やタンパク質も用いられる．

有酸素系はエネルギーの発生効率が高く，180 g のグリコーゲンの分解によって 39 モルの ATP が生産される．これは乳酸系の 13 倍である．また，筋疲労を起こさせる乳酸を生じないので，酸素供給があれば，燃料のある限り持続的にエネルギーを発生することができる．つまり強いパワーは発揮できないが，持続的に運動することができるのが特徴である．

さらに，有酸素系は反応の立ち上がりが緩徐なので，必要な水準に達するのに 2 〜 4 分間かかる．これは，有酸素エネルギーの発生に必要な酸素を供給するには，まず呼吸循環器系の機能が高まることが必要だからである．したがって即座のエネルギー供給はできない．

なお，必要とする酸素の量は，ATP を 1 モル合成するのに，グリコーゲンなら 3.5 l，脂肪ならばおよそ 4.0 l である．

これら 3 つのエネルギー発生システムを図 4-2 にまとめて示した．無酸素系は，反応が速やかなので強いパワーを迅速に発揮することができるが，持続性がないのが欠点である．また，有酸素系は，強いパワーは発揮できないが，持続性の点で優れている．

4.2　運動の種類とエネルギー供給

運動に必要とされる ATP の供給ルートは上述の 3 つであるが，運動の種類によって，主に関与するエネルギー系が異なることが知られている．

たとえば，100 m 走のような短時間・高強度の運動では，大部分のエネルギーはすぐに利用できる ATP-PC 系（無酸素系）によって供給される．これとは対照的に，マラソン（42.195 km）のような長時間・低強度の運動では，ほとんどが有酸素系によって供給される．さらに，これらの中間的な運動である 400 m 走や 800 m 走では，乳酸系（無酸素系）のエネルギー供給に強く依存している．

また，無酸素系と有酸素系のエネルギー供給が混合して行われるものもある．たとえば 1,500 m 走においては，レースの最初と最後のダッシュでは ATP の大部分は無酸素系によって供給され，走行中間部では有酸素系が優先的に供給する．このように，持続的運動であっても，一般に運動の初期には無酸素エネルギーでまかなわれ，それが枯渇したり，血中の乳酸濃度が高くなったりする前に有酸素系のエネルギー供給がさかんとなって，無酸素系と交替していき，数分後には主として有酸素エネルギーにより運動が続けられる．

ただし，この移行がスムーズにいかない場合には運動を放棄せざるをえないこともある．運動不足の人などでは血中の乳酸濃度が異常に高くなり，有酸素系が働き始める前に無酸素系が限界に達してしまい，運動を続けられなくなることが多い．

このような場合を除いて，各種の運動のエネルギーは前述の 3 つのエネルギー発生ルートのいずれかによって，または組み合わせて連続的に供給されるのである．以下では，ランニングと水泳を例にとり，運動距離，スピード，持続時間，パワーとエネルギー供給系の関係についてみてみよう．

1)　運動距離・速度とエネルギー供給系

図 4-3 に運動距離と運動に必要な ATP 供給総量（エネルギー能力）の関係を，また，図 4-4 に運動のスピードと ATP 供給速度（パワー）の関係を示した[1]．

100 m 走の場合，図 4-3 から，要求される ATP 総量は ATP-PC 系の上限内にあること，図 4-4 から，ATP の供給速度もその能力の限度内に収まっているが，有酸素系と乳酸系をあわせた供給速度の上限は超えていることがわかる．つまり 100 m 走においては，主に働くエネルギー系は ATP-PC 系である．

200 m 走の場合には，ATP の供給速度については 100 m 走と同様のことがいえるが，ATP の供給総量は ATP-PC 系単独ではまかないきれず，乳酸系も働いている．すなわち，200 m 走では 2 つの無酸素系がエネルギー供給に貢献しているのである．

このように，運動速度が低下するにつれ，または運動距離が増すにつれて，主に働くエネルギー系は ATP-PC 系から乳酸系，そして有酸素系へと移っていく．図 4-3 より 400 m 走では ATP-PC 系と乳酸系が働き，800 m 走や 1,500 m 走では乳酸系と有酸素系が優位を占めるようになることがわかる．マラソンでは有酸素系が優位となる（図 4-3 右上）．

水泳では，ランニングに比べて運動距離当たりに必要な ATP 供給総量が多い．100 m の競泳では ATP-PC 系のほかに乳酸系を使わざるをえず，200 m 以上では有酸素系が働くことになる．また

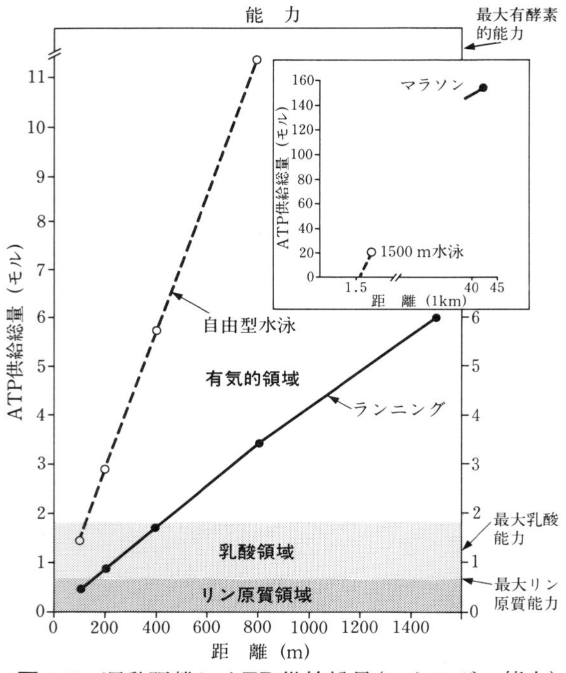

図 4-3　運動距離と ATP 供給総量（エネルギー能力）．ATP 総量は消費エネルギーの計測値から算出．右側矢印：各エネルギー系単独で供給できる ATP の絶対値（Fox，1984）

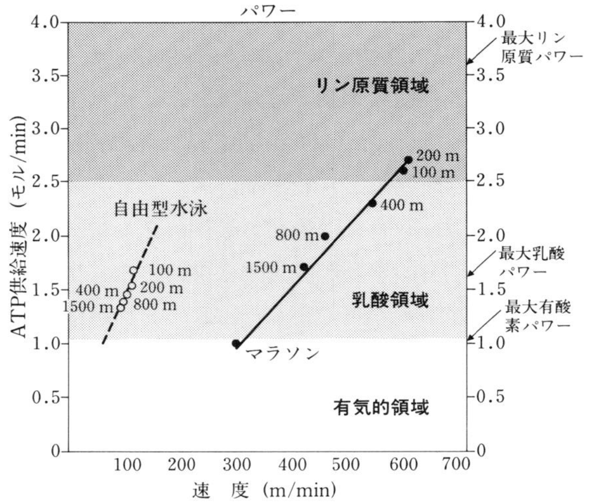

図 4-4　運動速度と ATP 供給速度．各種目の速度は世界記録から，ATP の供給速度はエネルギー消費量から算出．右側矢印：各エネルギー系単独で供給できる ATP の絶対値（Fox，1984）

ATP の供給速度については，100〜1,500 m の競泳はすべて乳酸系を使わざるをえない中程度の供給速度が必要である．したがって，100 m の競泳では ATP-PC 系，乳酸系，有酸素系がともに働き，それ以上の距離では乳酸系と有酸素系が優位を占めることになる．

表 4-1 は，無酸素エネルギーと有酸素エネルギーの供給割合が運動の種類と距離によって異なることを示したものである[3]が，距離が増すにつれて有酸素エネルギーの比率が増加していることがわかる．

2)　運動持続時間・パワーとエネルギー供給系

運動の持続時間とパワーによって，主に働くエネルギー系を分類することもできる．

図 4-5 に，運動の持続時間・パワーと，3 つのエネルギー系の ATP 供給率の関係を示した[1]．持続時間が短くパワー出力が大きい場合には，ATP-PC 系によって供給され，持続時間が長くパワー出力が小さい場合には，有酸素系が主に貢献する．また，これらの中間の運動では，乳酸系が大きな割合を占めている．

乳酸系は，エネルギーを供給できるようになるまでに，ある程度時間を要するので，運動持続時間が活性化にかかる時間より少なければ，乳酸系が供給できるエネルギーはわずかである．また，産生された乳酸によって筋疲労を起こすため，運動持続時間が制限される．

表 4-2 は，運動種目をその持続時間とエネルギー系により，便宜的に 4 つに区分したものである（領

表 4-1　各種の運動における有酸素的・無酸素的エネルギーの供給割合 (Leinonen, 1978)

運　動	無酸素的エネルギー(%)	有酸素的エネルギー(%)	運動の分類
25 m 水泳 50 m 疾走	95	5	スピード，力
50 m 水泳 100 m 疾走	85	15	スピード，力
100 m 水泳 200 m 疾走	80	20	スピード，力 無酸素的持久力
200 m 水泳 400 m 疾走	70	30	無酸素的持久力 スピード，力
400 m 水泳 800 m 走	60	40	無酸素的持久力 有酸素的持久力，スピード
800 m 水泳 1,500 m 走	40	60	有酸素的持久力 無酸素的持久力
1,600 m 水泳 3,000 m 走	15	85	有酸素的持久力 無酸素的持久力
マラソン	＜1	＞99	有酸素的持久力

域番号は図 4-5 に対応)[1]．瞬間的に強いパワーを発揮する運動から，持続的に弱い力を発揮する運動になるにつれて，ATP-PC 系から ATP-PC 系＋乳酸系，そして乳酸系＋有酸素系，さらに有酸素系へと移行していく様子がわかる．

4.3　運動と燃料

運動の種類，持続時間，パワーによって，用いられるエネルギー供給ルートが異なるのと同様に，ATP の産生に用いられる栄養素（燃料）も異なっている．ATP 産生に用いられる栄養素は炭水化物（グリコーゲン），脂肪，そしてタンパク質である．ただし，タンパク質が燃料として重要な役割を果たすのは，運動が長引いたり，極度の飢餓状態にあって，他の栄養素が利用できない場合だけである．炭水化物は有酸素系の主要な燃料であり，また，乳酸系においてもエネルギー源として利用されるのは炭水化物だけである．脂肪はトリグリセリドとして脂肪組織と骨格筋に貯蔵されており，これがグリセロールと脂肪酸に分解され，その遊離脂肪酸が酸化されてエネルギーを産生する．つまり脂肪は有酸素系による ATP 産生の燃料となる．

図 4-6 は，運動の強度および持続時間と消費されるエネルギー源の割合を示したものである[1]が，優先的に消費される栄養素は，強度が強く持続時間が短い運動ほど，脂肪側から炭水化物側に移っている．この理由のひとつは，短時間の激しい運動では ATP 産生は主に乳酸系に依存し，その乳酸系の燃料は炭水化物のみだからである．ただし，100 m 走のような非常に激しく短時間で終了する運動では，ATP 産生は主にクレアチン（PC）の分解によってなされ，炭水化物はほんのわずかしか利用されな

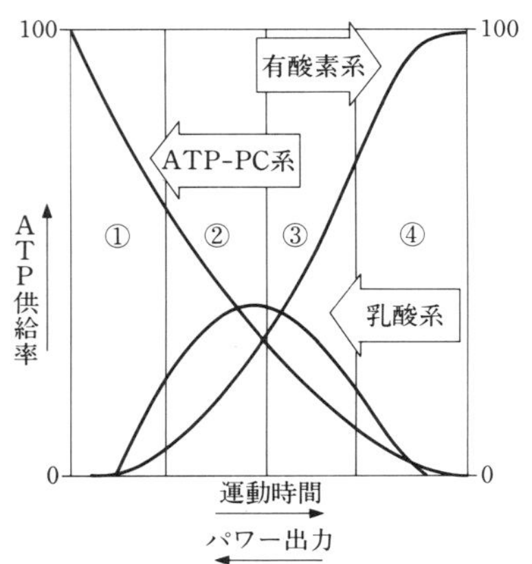

図 4-5　運動持続時間およびパワーと ATP 供給率（Fox, 1984）

い．

図 4-7 は，炭水化物と脂肪の燃料供給の割合を歩行時間の経過でみたものである[1]．運動の開始時あるいは初期の段階では，炭水化物が大きな役割を担っている．運動の継続とともに，ゆっくりと，しかし着実に脂肪の供給が大きくなっている．この割合が逆転するのは，運動開始後 20〜30 分である．ただし，持久性の運動においても，終了間際に運動強度を急に増した場合には，乳酸系が主に働いて炭水化物が燃料となる．

図 4-8 は，摂取した食事内容によって，運動中に利用される燃料，および疲労困憊にいたるまでの時間が異なることを示したものである[4]．ここで，標準食とは炭水化物 55 %，脂肪 30 %，タンパク質 15 %の食事，高糖質食とは炭水化物 91 %，脂肪 2 %，タンパク質 7 %の食事，そして高脂肪食とは炭水化物 7 %，脂肪 90 %，タンパク質 3 %の食事をいう．

食事内容と燃料としての利用のされ方を比較すると，標準食では，初めは炭水化物が優先的に使用され，時間の経過とともに脂肪が多く使われるようになる．この傾向が顕著なのは高糖質食である．

表 4-2　エネルギー供給の 4 つの領域（Fox, 1984）

領域	運動時間	主たるエネルギー系	運動種目の例
①	30 秒以内	ATP-PC 系	砲丸投げ，100 m 走，盗塁，ゴルフとテニスのスイング，フットボールのバックスのランニングプレイ
②	30 秒〜 1 分 30 秒	ATP-PC と乳酸系	200〜400 m 走，スピードスケート，100 m 競泳
③	1 分 30 秒〜 3 分	乳酸と有酸素系	800 m ダッシュ，体操種目，ボクシング（3 分間のラウンド），レスリング（2 分間のピリオド）
④	3 分以上	有酸素系	サッカーとラクロス（ゴールキーパーを除く），クロスカントリースキー，マラソン，ジョギング

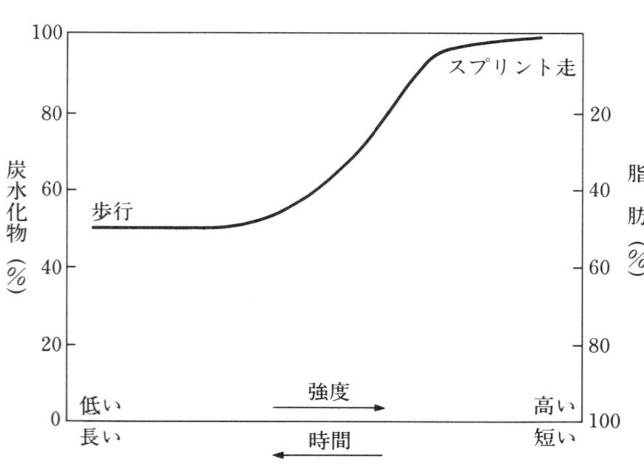

図 4-6　運動持続時間と消費される栄養素（Fox, 1984）

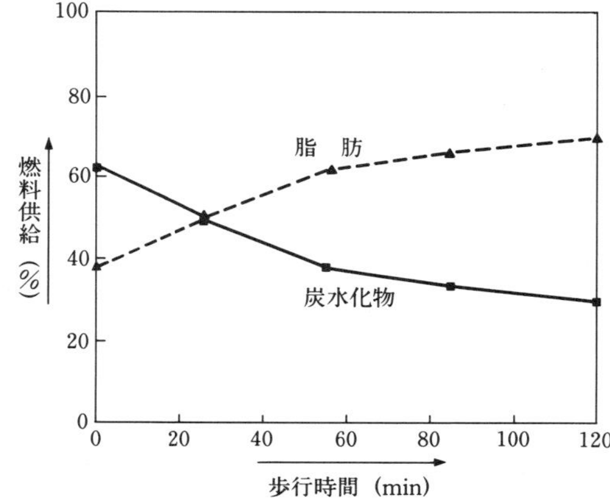

図 4-7　歩行時間と燃料供給の割合（Fox, 1984）

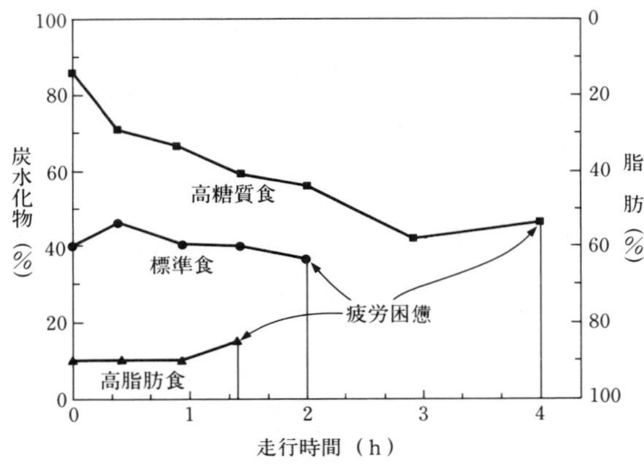

図 4-8　食事の質と疲労困憊にいたるまでの時間 (Christensen and Hansen, 1978)

また高脂肪食では，運動の初期でも脂肪が多く使われることがわかる．

また，疲労困憊にいたる時間を比較すると，高糖質食では4時間も走ることができるのに対し，標準食では2時間，高脂肪食では約1時間25分となっている．高糖質食では標準食の2倍，高脂肪食の3倍近く走り続けることができるのである．

4.4　エネルギーの回復

トレーニングを行う場合には，その運動のエネルギー産生の特徴とともに，エネルギー回復の特性についても知っておく必要がある．エネルギーの回復については，エネルギー産生に関連して，①筋の貯蔵リン原質（ATP，PC）の回復，②産生された乳酸の除去，③消費された炭水化物（グリコーゲン）の回復の3つが重要である．そのほか，筋ポンプ作用および酸素負債についても述べておく．

1)　リン原質（ATP，PC）の回復

図4-9に，10分間のサイクリング（最大下運動：ばてない程度の運動）を行った後の，筋内のリン原質の回復の様子を示した[1]．運動中に使用されたATPとPCの大部分は2分以内に筋に返還・貯蔵され，3分以内には完全に回復していることがわかる．

2)　乳酸の除去

図4-10は，乳酸系の強く関与する運動を行った後の血中乳酸濃度の変化を示したものである[1]．半分になるのにおよそ15分，30分で75％，1時間後に95％が返済されていることがわかる．このように運動後，安静にしていた場合には，運動前の状態に近づくのに1時間以上を要することになる．

ところが，有酸素系の軽い運動（乳酸を産生しない程度）を行った場合には，乳酸は30分くらいの間に急速に除去される（図4-11）[6]．これは軽い運動のエネルギーとして乳酸が消費されるためであり，動的回復のほうが，静的回復より時間的に2倍以上速いことになる．

したがって，激しい運動のあい間に急いで回復を図らなければならない場合には，安静にしているよりは，軽い運動を行ったほうが効果的である．これを積極的回復という．

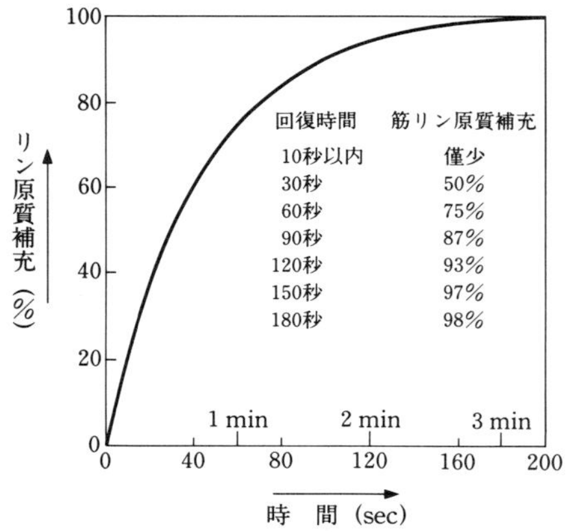

図 4-9　リン原質補充の時間(Fox, 1984). ハーフタイムは 20〜30 秒

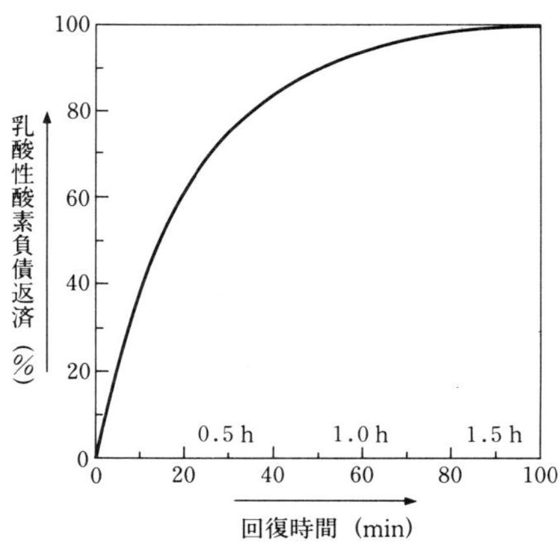

図 4-10　乳酸性酸素負債の返済率（疲労困憊にいたる運動の場合）（Fox, 1984）. 半減期は約 15 分，75 %は 30 分以内に，95 %は 1 時間以内に返済される

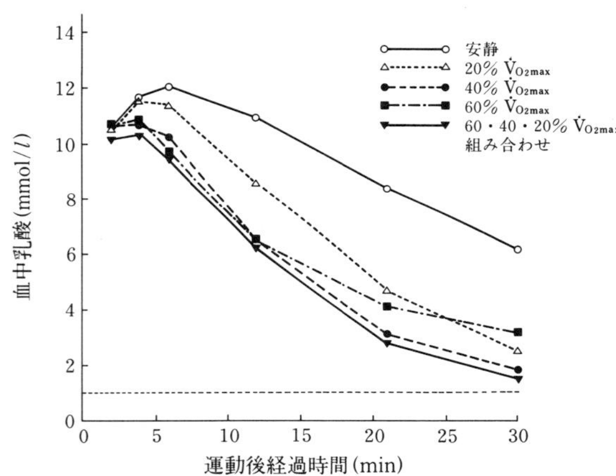

図 4-11　激運動後の血中乳酸の変化(池上ほか, 1986). 軽い運動を行うと血中乳酸を早く除去できる

3) グリコーゲンの回復

炭水化物はグリコーゲンとして筋や肝臓に蓄えられており，これが乳酸系や有酸素系のエネルギー産生の燃料となる．筋運動の燃料となる筋グリコーゲンの場合，運動後の合成速度，合成量は運動の強度と時間，および食事内容の影響を受ける．

持久性運動と高強度断続的運動では，筋グリコーゲンの回復の速さが異なり，この回復速度の差は，肝グリコーゲンを消耗したかどうかによる．肝グリコーゲンの消耗は特に持久性運動で大きく，その回復には多くの時間を要する．

(1) 長時間（持久性）運動の場合

図 4-12 に，長時間（2 時間）の運動を行った後の筋グリコーゲン量の回復過程を示した[1]．運動内容は長距離水泳，スキー，ランニング，サイクリングで 1 時間，自転車エルゴメータを使った短時間高強度運動の繰り返し 1 時間である．この図から次のことがわかる．

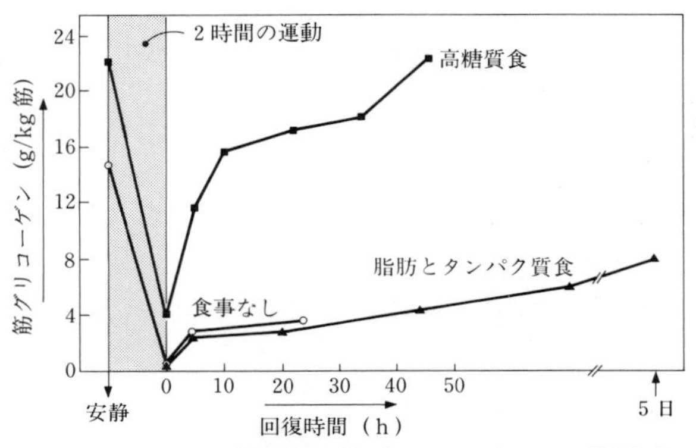

図 4-12　持続性運動後の筋グリコーゲンの回復速度に及ぼす食事の影響（Fox, 1984）

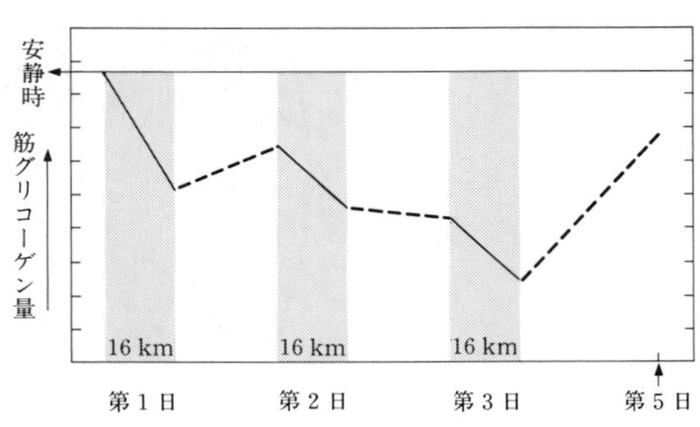

図 4-13　持続性運動を続けた場合の筋グリコーゲン量の変化（Fox, 1984）

(1)　筋グリコーゲンの完全な回復には，高糖質食が最も適している．

(2)　高糖質食をとっても，筋グリコーゲンが完全に回復するには約 46 時間が必要である．

(3)　炭水化物（糖質）を全くとらず，脂肪とタンパク質食の場合には，5日後にも筋グリコーゲンの回復はきわめて不十分である．

(4)　筋グリコーゲンの回復は，回復初期の 10 時間（高糖質食の場合）に最も急速に行われる．

また図 4-13 は，強い持久性運動（16 km 走）を 3 日間続けた場合の，筋グリコーゲンの貯蔵量を示したものである[1]．1日目の急激な減少は完全には回復せず，その後もどんどん減少を続けて非常に低いレベルとなっている．その後，通常の混合食をとって休養しても，5日目でも筋グリコーゲン量はもとの状態にもどっていない．

(2)　断続的（高強度）運動の場合

図 4-14 に，短時間高強度の断続的運動（サイクリング）を行った場合の，筋グリコーゲン量の回復過程を示した[1]．図 4-14 右は終了直後に普通の混合食をとった場合と，2時間後に高糖質食をとった場合である．また図 4-14 左はまったく食事をしなかった場合である．この図からは以下のことがわかる．

(1)　終了後 2 時間以内に食事による炭水化物の摂取がなくても，かなり多量の筋グリコーゲンが貯

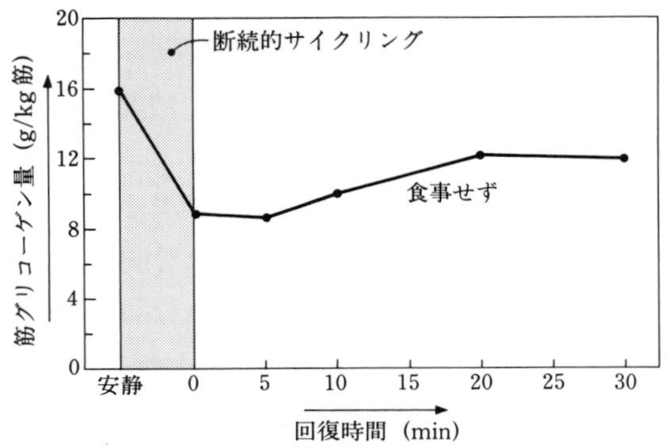

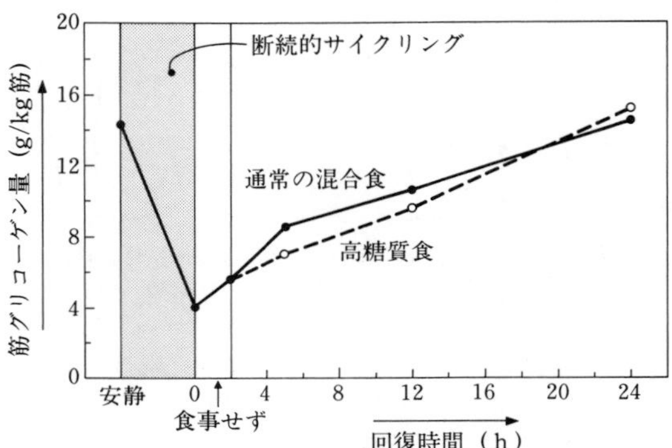

図 4-14　短時間高強度の断続的運動後の筋グリコーゲンの回復速度に及ぼす食事の影響（Fox, 1984）

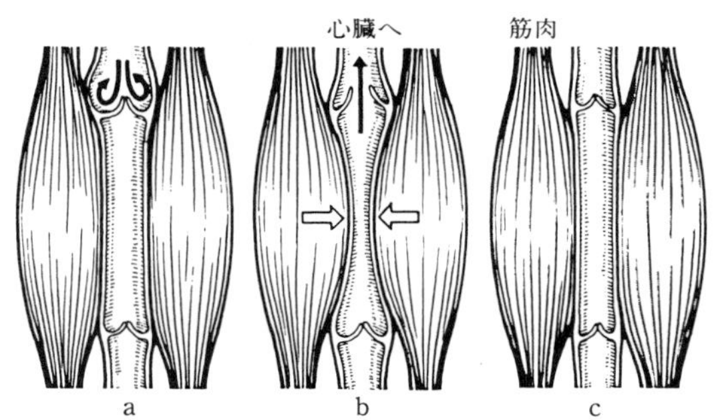

図 4-15　筋ポンプ作用の原理（中野，栗原，1982）[5]

蔵される．これは肝グリコーゲンから補充されるためである．

(2)　筋グリコーゲンを完全に回復させるためには，通常食に含まれる以上の炭水化物は必要でない．

(3)　通常食でも高糖質食でも，筋グリコーゲンの完全な回復には 24 時間が必要である．

(4)　筋グリコーゲンの回復は，回復初期の 5 時間に最も急速に行われる．

4)　筋ポンプ作用の利用

回復においては，筋ポンプ作用の利用を忘れることはできない．激しい運動を急に中止すると，立ちくらみ，悪心，めまい，意識障害を起こすことが多いが，これは筋の弛緩に伴って，それまで働いていた筋ポンプ作用がなくなり，多量の血液が下肢に貯留したままになるからである．血液が心臓にもどらないので血圧が低下し，脳貧血の状態になる．

図 4-15 に，下肢筋を例に筋ポンプ作用の原理を示した[5]．筋が弛緩した状態では，下肢の静脈に多量の血液が貯留するが(図 4-15 a)，筋が収縮すると静脈が圧迫され，静脈圧が高まって血液が心臓方向に押しやられる(図 4-15 b)．筋が再び弛緩しても，静脈弁の作用により血液は逆流せず，末梢から再び血液が貯留する(図 4-15 c)．これを繰り返すことで心臓に血液がもどるので，血圧の低下を防ぐことができる．

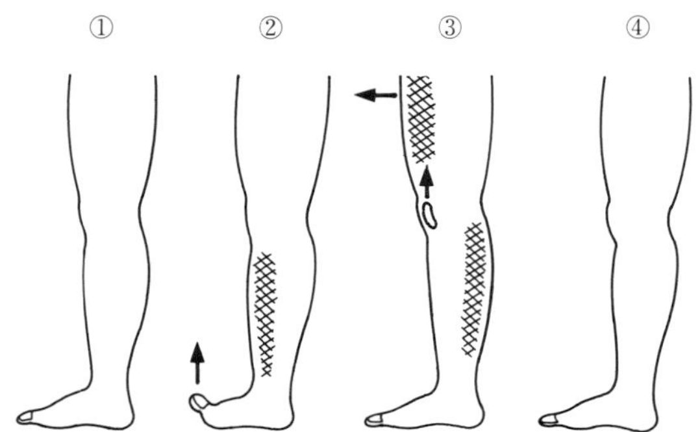

図 4-16　筋収縮法. 次の順序で筋を収縮させ，規定の頻度で反復する. ①安静. ②足指を強く背屈させる（1 秒間). ③足指を元にもどし，体をやや前傾して重心をかかとのほうに移動させるとともに大腿四頭筋を強く収縮させる（1 秒間). ④元の姿勢にもどり休息する（3 —18 秒間)

激しい運動の後に，歩いたり，軽く走ったりするのは，この筋ポンプ作用を利用して，血液の身体下部への貯留を防ぎ，血液循環を円滑に行わせようとするものである．運動後でなくとも，起立性低血圧（立ちくらみ）などは，下肢筋をときどき収縮させてやれば，効果的に予防することができる．

西保・藤原[7] (1987) によると実際に，3 つの室温 (18°C，24°C，34°C) で約 30 分間の安静座位をとった後，安静立位姿勢を 10 分間保持したところ，収縮期血圧 (最高血圧) は 4〜7 mmHg 低下し，1 回心拍出量は 20 ml 前後減少した．ところが図 4-16 の順序で下肢の筋を 3 つの頻

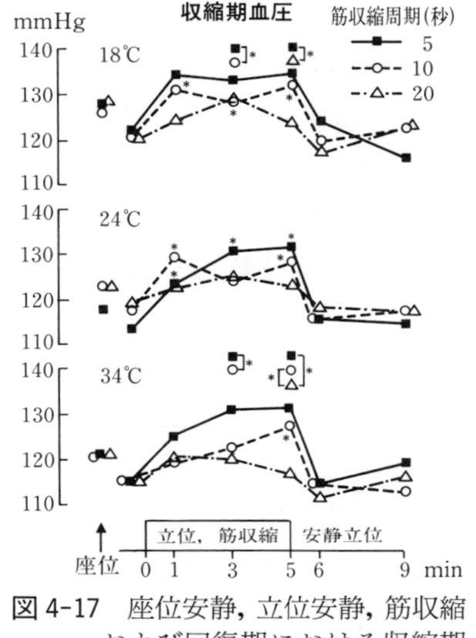

図 4-17　座位安静，立位安静，筋収縮および回復期における収縮期血圧の変化

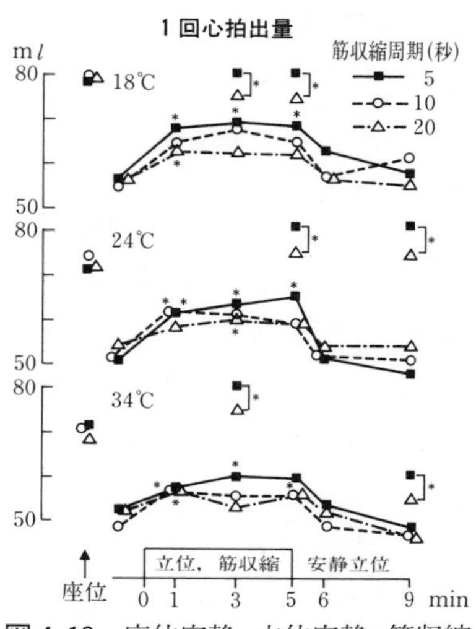

図 4-18　座位安静，立位安静，筋収縮および回復期における1回拍出量の変化

度（1回/20秒，1回/10秒，1回/5秒）で，80％位の強さで1回2秒間，5分間にわたって収縮したところ，収縮期血圧の上昇と，1回心拍出量の増加が室温が18°Cと24°Cで認められた（図4-17，18）．これは筋ポンプの作用によるものと考えられ，その効果は筋収縮頻度が多いほど顕著であった．34°Cの高温では，体表面のほうに血液が多く分配されることによって，心臓への静脈還流が低下し，筋ポンプの効果が低下したものと考えられる．

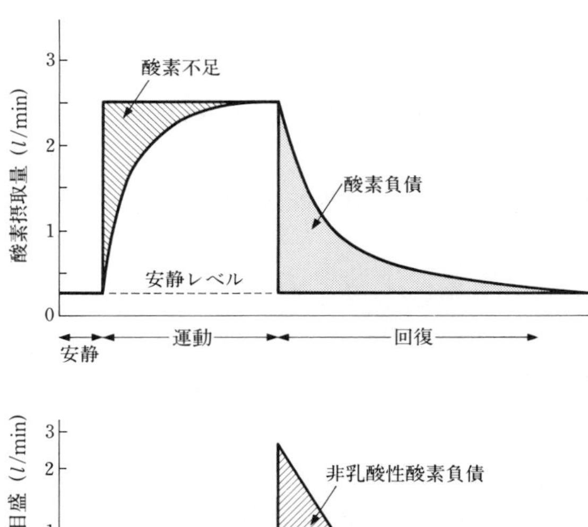

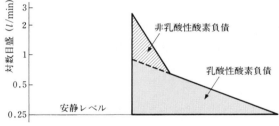

図 4-19　酸素不足と酸素負債（池上，1987）[7]

5) 酸素消費と回復

図 4-19 に運動前の安静中，運動中（最大下運動），運動後の安静中（回復期）に消費された酸素の量を示した[8]．

運動初期には酸素の供給が不足するので，有酸素系ではエネルギーをまかないきれず，無酸素系も働いている(酸素不足の部分)．また，運動を中止しても，酸素の消費はすぐには安静時と同じレベルにはもどらない．これは，運動中に低下した ATP や PC，発生した乳酸，さらには貯蔵酸素量の減少などの回復に用いられているからである（酸素負債）．

この酸素負債は非乳酸性酸素負債と乳酸性酸素負債に分けられ，前者は ATP や PC，あるいは貯蔵酸素の回復過程，後者は乳酸の処理過程である．乳酸の処理は非乳酸性の回復よりゆっくりとなされる．

なお，酸素不足と酸素負債とはおおよそ等しいので，酸素負債を測定することによって，運動中に使用された無酸素エネルギーを推定することもできる．運動強度が小さい場合には，運動の継続中に酸素需要量と酸素摂取量とが一致するが，運動強度が大きくなるにつれて，そのバランスが崩れ，運動中に酸素摂取量が酸素需要量に達しなくなる．その場合には，酸素負債量はきわめて増大する．たとえば，運動時間が 60 秒の 400 m 走では．酸素需要量の 20 %だけが運動中に摂取され，残り 80 %が酸素負債でまかなわれることになる[9]．

参考文献

1) Fox, E. L.：Sports physiology (2nd ed.). CBS College Publishing, Holt, 1984.

2) 池上晴夫：新版運動処方：理論と実際．朝倉書店，東京，1990.

3) Leinonen, H. S., et al.：Capillary permeability and maximal blood flow in skeletal muscle in athletes and nonathletes measured by local clearance of ^{133}Xe and ^{131}I. Scand. J. Clin. Lab. Invest., 38：223-227, 1978.

4) Christensen, F. H. and Hansen, O.：Arbeitsfähigkeit und ehrnahrung. Skand. Arch. Physiol., 81：160-171, 1939.

5) 中野昭一，栗原　敏：運動に対する生理機能の変化．中野昭一編：図説・運動の仕組みと応用，医歯薬出版，1982.

6) 池上晴夫ほか：乳酸消失からみたクーリング・ダウンに関する研究，特に漸減強度の回復期の効果について．筑波大学体育科学系紀要，9：151-158，1986.

7) 西保　岳，藤原勝夫：起立性低血圧の予防法とその奏効メカニズムに関する研究．体力研究，65：140-148，1987.

8) 池上晴夫：運動生理学．現代人の栄養学 18，朝倉書店，東京，1987.

9) 宮下充正，石井喜八編著：運動生理学概論．大修館書店，東京，1983.

5章　運動時の筋活動

筋力トレーニングを行おうとする場合，どの筋を標的とし，それをどのような性質に鍛えあげるかを明確にしておく必要がある．そのためには種々の運動が，どの筋のどのような活動によって支えられているかを知っておきたい．図5-1に身体の表層にある主な筋を示した[1]ので，まず，これを覚えていただきたい．

本章では，ヒトの基本的な運動を支えている筋活動について，その強さや個人差について概観する．なお，筋活動の状態は，筋が活動するときに発生する電位（筋電）を測定することで知ることができる．

5.1　立位姿勢保持時の筋活動

立位（直立）姿勢の保持は多くの運動の基本である．これを保持しているのは，下から順に長母指屈筋，母指外転筋，ヒラメ筋，腓腹筋，大腿二頭筋，大臀筋，小臀筋，腸腰筋，脊柱起立筋，外腹斜筋，僧帽筋，胸鎖乳突筋などである（図5-2）[2,3]．これらの筋は，重力に抗して姿勢を保持するという意味から抗重力筋ともよばれる[4]．

直立姿勢を保持するのに筋力が必要とされるのは，直立時の身体各部位の重心が，重力方向に一直線に並んでいるわけではなく，重力によって身体が前方に回転するような配列になっているからである．したがって，これを支える抗重力筋は，主に身体の背面に位置している．

これら抗重力筋の筋活動レベルについては，筋電の平均振幅をもとに検討されている[5]．筋活動レベルは，ヒラメ筋や腓腹筋を除いて一般に低く，最大筋力の2～3％以下である．ヒラメ筋は10～20％の活動を示しているが，15％以下の筋活動であれば，持続して（10分以上）活動することができるといわれている[6]．ただし，筋痛を起こさ

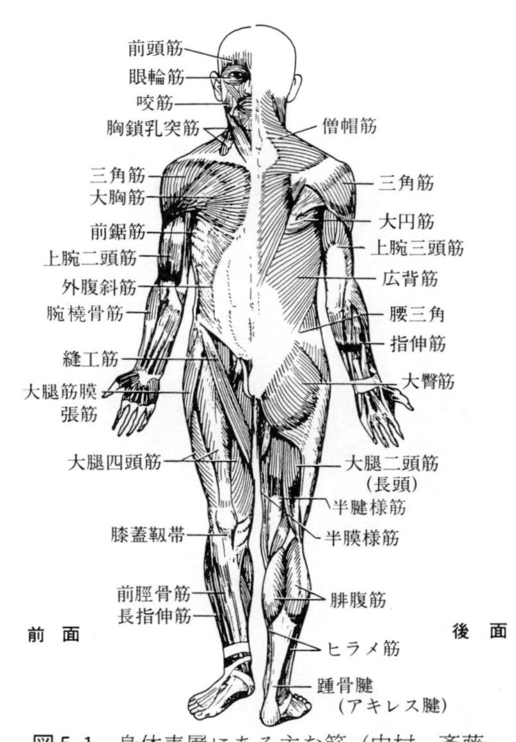

図5-1　身体表層にある主な筋（中村，斉藤，1987）．左：前面の筋，右：後面の筋

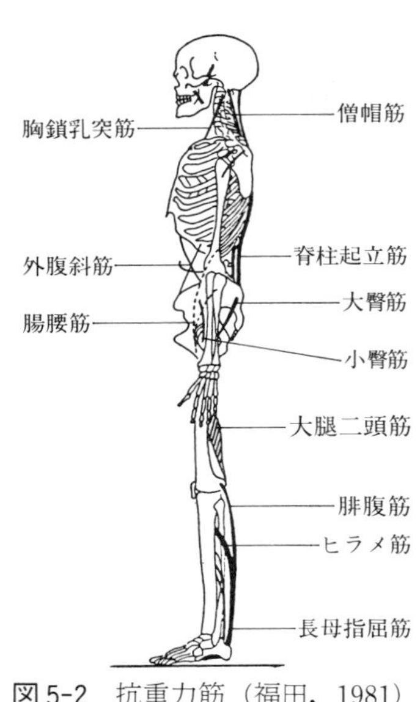

図 5-2　抗重力筋（福田，1981）

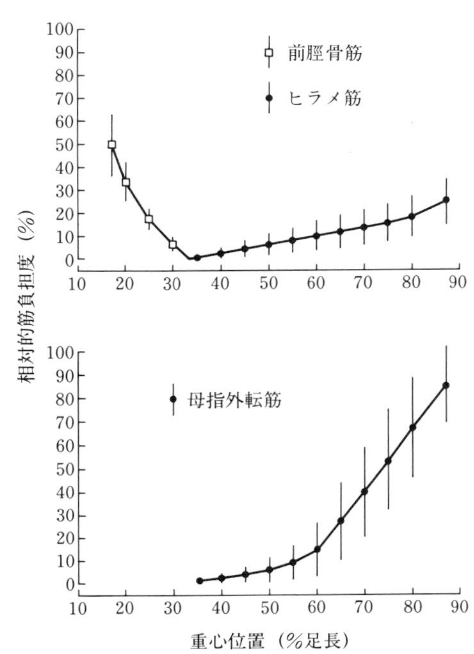

図 5-3　重心位置（重心の前後位置）と下腿筋の活動水準（藤原ら，1985）

ずに持続できる筋活動レベルは，これよりずっと低いとみてよい．

また，抗重力筋の筋活動量は，重心の前後位置によっても大きく異なる．特に足や下腿の筋ではこの傾向が顕著である（図 5-3）[7]．重心の位置が足長の 30 数%より後方にある場合には，前脛骨筋（前面の筋）が活動し，これより前方ではヒラメ筋が活動するようになる．つまり，重心位置が前方にあるほど，ヒラメ筋の活動は大きくなるのである．また，足の筋のひとつである母指外転筋は，重心の位置が 60 数%より前方にあると，活動量が急激に増加することが示されている．

さらに，これら抗重力筋が同時に同様な活動様式を示すかというと，そうではない．たとえば，ヒラメ筋は持続的に活動しているが，腓腹筋は突発性の活動を示す．そのため，ヒラメ筋は姿勢維持筋，

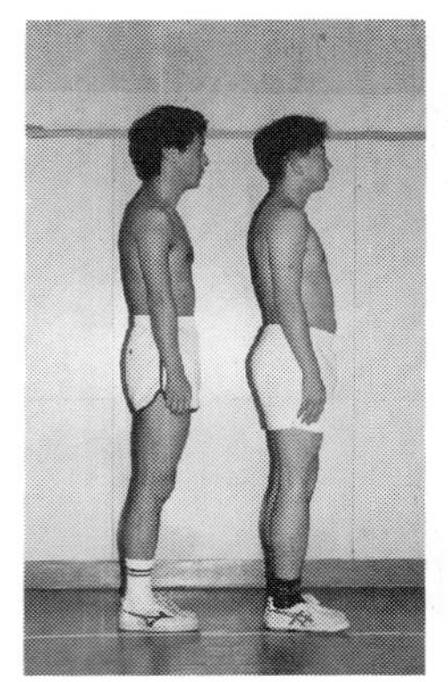
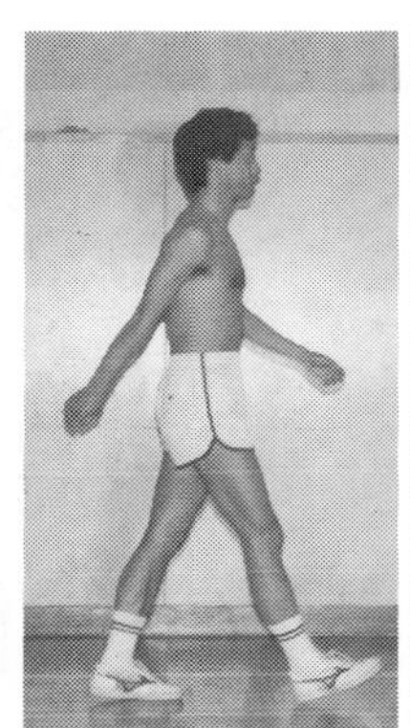
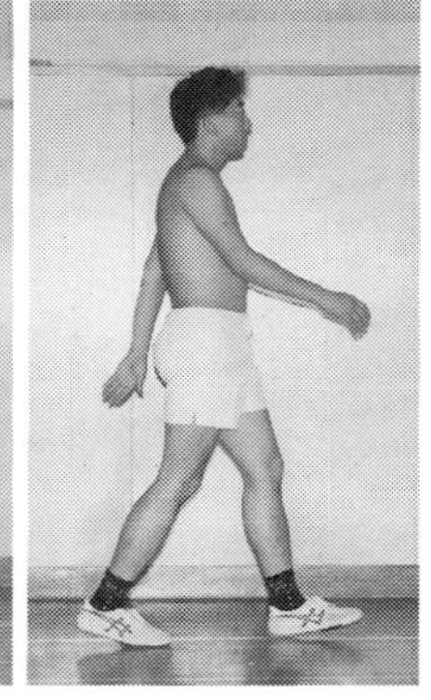

図 5-4　立位姿勢の個人差と歩行・走行フォームの違い（右：後傾）

腓腹筋は姿勢調節筋とよばれることもある．

ところで，上述したような抗重力筋の筋活動は，すべての人に共通しているわけではない．なかには，立位時の重心位置が普通の人よりも後方にあり，身体前面の筋を主に働かせて立位姿勢を保持している人もいる．このような人は歩くときも，走るときも，身体を後方に反る傾向がみられる（図5-4）．また，筋力の発達の様相も異なっており，普通の人に比べて底屈力が弱く，背屈力が強い傾向にある．つまり日常生活全般にわたって，身体前面の筋によって立位姿勢を保持し，それを基本とした運動を行っていると推察される．

多くの場合，立位における運動の原動力は床や地面からの反力によって得られるから，特に上下方向の運動能力は床や地面への加圧能力によって大きく左右されるものと考えられる．運動にも安静立位姿勢の保持と共通した機序が働いているとすると，運動に最適な姿勢と安静立位姿勢との間になんらかの関係があるのかもしれない．これを検証するために，安静立位姿勢での前後重心位置の異なる9名の成人男子を被験者として，オシロスコープに表示される所定の位置（踵から足長の30％，45％，60％）に足圧中心（CFP）を一致させながら，メトロノームの発する周期音（1～4 H_2）に合わせて，踵を床から離さずに，反復して床を強く加圧するようにさせ，床への加圧力を評価した[8]．安静立位姿勢の前後重心位置によって，被験者を後方に位置するB群（踵から足長の35％），中間に位置するM群（同じく46％），前方に位置するF群（同じく52％）に分けた．

図5-5に，安静立位姿勢のCFP位置での加圧力を1.0として，30％，45％，60％のCFP位置での加圧力の相対値の平均値を示した．比較的大きな加圧力が得られる1～3 H_2 では，M群では45％のCFP位置の値がほかの位置の値よりも高く，B群では60％のCFP位置で，F群では30％のCFP位置で最も低かった．すなわち，日常その人が基本姿勢としている安静立位姿勢におけるCFP位置が，上下方向の運動を遂行するうえで最も適しているのである．

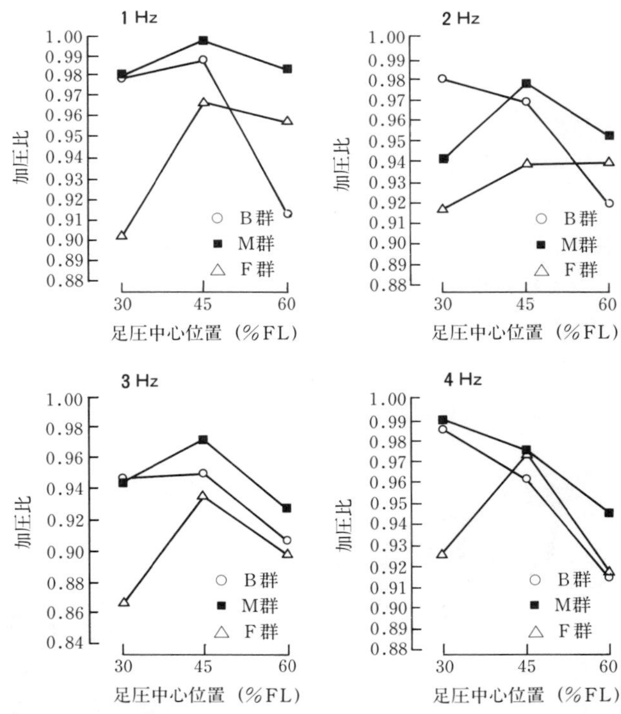

図5-5　安静立位姿勢での加圧力に対する所定の足圧中心位置での加圧力の比

5.2　歩行時の筋活動

1)　歩行周期

一連の歩行運動については，これを側面からみて特定の時期に区分し，その特徴が分析されている．なお，一歩行周期とは2歩分のことである．歩行周期には左右それぞれの脚に立脚相と遊脚相があり，各相はさらにいくつかの期に分けられている（図5-6）[9]．

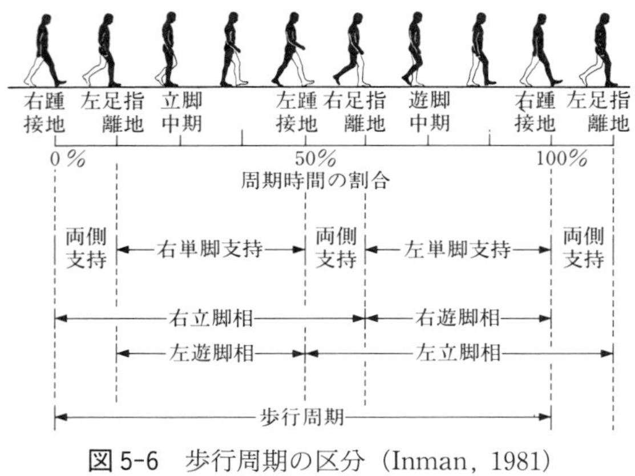

図 5-6　歩行周期の区分（Inman, 1981）

(1)　**立脚相**（抑制期＋立脚中期＋推進期）

立脚相は，踵接地，足底接地，立脚中期，踵離地，足指離地などの要素からなる．立脚中期より前半は，遊脚相で失われた体幹の平衡をもとにもどそうとする時期であり，抑制期とよばれている．また立脚中期から後半は，足指が地面を蹴って推進力のかかる時期であるため，推進期とよばれている．また，立脚相は左右どちらかの脚で支持する一側(単脚)支持期と，両脚で支持する両側支持期に分けられる．

一歩行周期のなかで立脚相の占める時間の割合は約 60 ％であり，踵接地を 0 ％とすると，足底接地は 15 ％，踵離地は 30 ％，足指離地は 60 ％の時点で起こっている．

(2)　**遊脚相**（加速期＋遊脚中期＋減速期）

遊脚相とは，足指が地面を離れて脚が振りだされている時期をいい，脚が体幹より後方にある加速期，体幹の直下にある遊脚中期，体幹より前方に振りだされている減速期からなる．遊脚期の一歩行周期に占める割合は約 40 ％である．

2)　歩行時の筋活動

歩行時の筋活動には，歩容，歩行速度，履物，年齢，性別，歩きぐせによって個人差があるが，各筋群の活動する時期，活動量は一定の傾向を示す．図 5-7 は歩行のそれぞれの段階で働いている筋を示したもの[9]，図 5-8 は下肢および体幹の主な筋の活動時期と活動量を模式的に示したもの[10]である．

下肢筋群は，大別すると遊脚相に活動する筋と立脚相に活動する筋に分けられる．足関節の背屈筋群（前脛骨筋）は遊脚相に，底屈筋群（ヒラメ筋，腓腹筋）は立脚相に活動している．また大腿四頭筋（大腿直筋，大腿広筋群）は立脚相初期に働き，大腿二頭筋など（ハムストリングス）は主に遊脚相に働いている．なお，脊柱起立筋は全歩行周期を通じて活動が認められる．

また，歩行時には下肢筋群や体幹の筋ばかりでなく，上肢の筋も活発に活動している．図 5-9 に歩行時の肩，上肢筋群の活動を示した[11]．上肢筋(三角筋，広背筋，大円筋，棘上筋，僧帽筋)の活動に

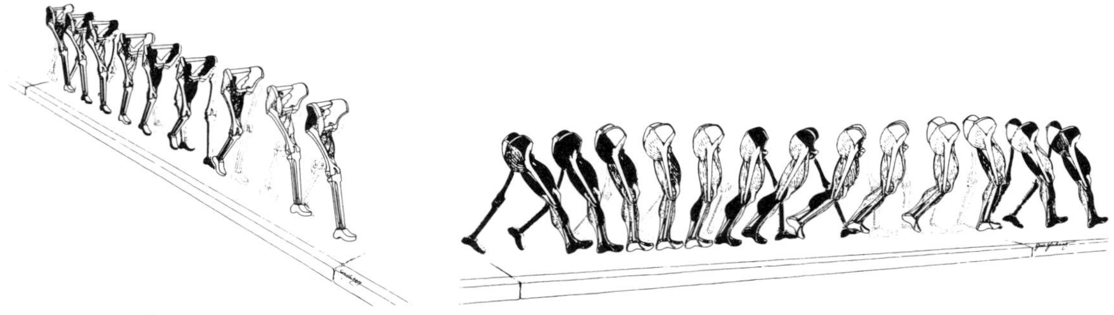

図 5-7　歩行時の下肢筋の活動の模式図（Inman, 1981）．黒い部分が活動している

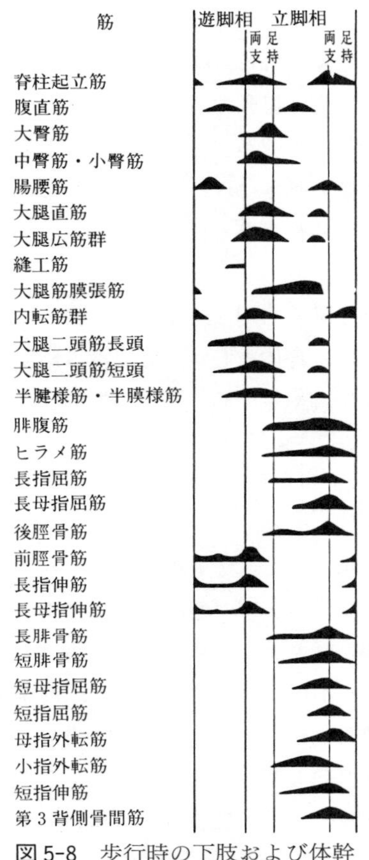

図5-8　歩行時の下肢および体幹の主な筋の活動時期と活動量（Calsoo, 1972）

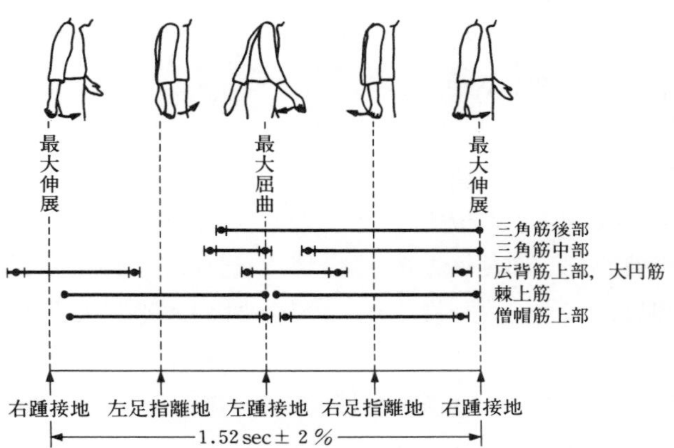

図5-9　歩行時の肩，上肢筋群の活動（Ballesteros, et al., 1965）．上はシネマトグラフによる腕の位置

よってもたらされる腕の振りは，体幹の回旋に対抗するように働いている．このように歩行は，実に多くの筋が活動する総合的運動である．

筋の活動量については，歩行時および階段昇降時における大腿四頭筋の活動量が報告されている[12]．筋活動量は，若年者（22～35歳）の場合，歩行時で最大筋力の10％程度，階段昇降時では40％近くになっている．また老年者（64～82歳）の場合には，歩行時でも約30％の活動である．このように筋の活動量は年齢によって，また，歩く場所や歩き方によって異なっている．

5.3　走行時の筋活動

1)　走行周期

走運動は歩行運動の延長であるが，歩行運動には両足ともに地につく時期（両側支持期）があり，少なくともいずれか一方の足は必ず地についている（一側支持期）のに対し，走行運動では，両足ともに地を離れて身体が空中に浮いている時期がある点が異なる．

走行の一周期は，片足が離地して空中を移動する滞空期と，その足が着地して再び離地するまでの接地期とに大きく区分することができる[13]．

(1)　滞空期

滞空期はフォロースルー相，前方への移動相，振り降ろし相に分類される．フォロースルー相は，地面をキックし終わって足先が離れた直後から始まり，脚が後ろ上方へ移動する相である．このとき大腿は減速し，膝は屈曲する．前方への移動相は，股関節が屈曲して大腿が前方へ運ばれる相である．膝の屈曲はさらに強くなり，足は後方で最も高い位置に達し，大腿の動きに伴って前方へ運ばれる．振り降ろし相は，脚が地面に向かって下方に振り降ろされ，着地する相である．

(2)　接地期

接地期は着地相，支持相，キック相に分類される．着地相は振り降ろし相に続く相で，膝が伸展しながら着地する．支持相では，膝はやや屈曲し，股関節が伸展して，身体重心が前方に滑らかに移動する．キック相では，腰椎や骨盤付近の伸筋群の強い収縮，および脚や足の筋の強い収縮により，身体全体が空中に押しだされる．

2)　走行時の筋活動

走行時の筋活動は，歩行と同様，周期の各相で異なり，また走速度によっても異なる．たとえば着地相には大臀筋，大腿直筋，腓腹筋が，フォロースルー相には腸腰筋，大腿二頭筋，前脛骨筋が，それぞれ一系列として働く．また，前方への移動相の後半では，膝を伸展するために前脛骨筋と大腿直筋が活動する．着地に先立つ振り降ろし相には，腹直筋と腹斜筋も活動を開始する．また，走速度と筋活動については，一般に，遅い場合には大臀筋，大腿直筋，腓腹筋が，または大腿二頭筋と前脛骨筋が，それぞれ同時に活動するが，速い場合には前脛骨筋，大腿直筋などが持続的に活動する[14)]．

図 5-10 に，トレッドミルを使って走ったときの下肢筋の活動を示した[15)]．被験者は活動的な女性ジョガーで，速度は 150 m/min と 210 m/min の 2 種である．

被検筋は，大腿の前面の筋である大腿直筋，外側広筋，内側広筋，および大腿の後背面の筋である大腿二頭筋，半膜様筋，半腱様筋，下腿では後面の下腿三頭筋と前面の前脛骨筋である．縦軸は筋活動量（筋電図積分値），横軸は時間経過であるが，運動の推移を動作相ごとに相対的に示してある．

内側広筋，外側広筋，大腿直筋といった大腿前面の筋（図 5-10 上）は，踵の接地時から離地時にかけて筋活動量が増大し，ピークに達した後に足先が離地している．そして大腿が地面(トレッドミル)に垂直となる時点にかけて筋活動量は減少していく．

大腿二頭筋，半膜様筋，半腱様筋の大腿後背面の筋（図 5-10 中）は，踵の着地時から離地時にかけて筋放電量が増大し，足先が離地すると急速に減少する．また，半膜様筋と半腱様筋については，滞空期の脚伸展の開始時点から次の着地までの間，筋活動量は比較的高い水準に保たれている．

下腿の筋では（図 5-10 下），下腿三頭筋は支持期に強く活動し，踵が離地した時点が筋活動量のピークとなっている．また前脛骨筋は支持期において強く働くが，滞空期でも脚伸展の開始時点から次の着地に向かって活動量を増している．

走速度との関係では，全般的傾向として，速度が大きいほうが筋活動量も大きい．ただし，半腱様筋だけは，滞空期において脚伸展が開始してから終了するまでの間は，速度が小さいほうが筋活動が大きい．また，内側広筋と大腿直筋は，接地期では速度が大きくなっても増加が認められない．さらに，内側広筋，外側広筋，大腿直筋，半膜様筋，下腿三頭筋は，伸張性収縮の生じる接地期前半に比

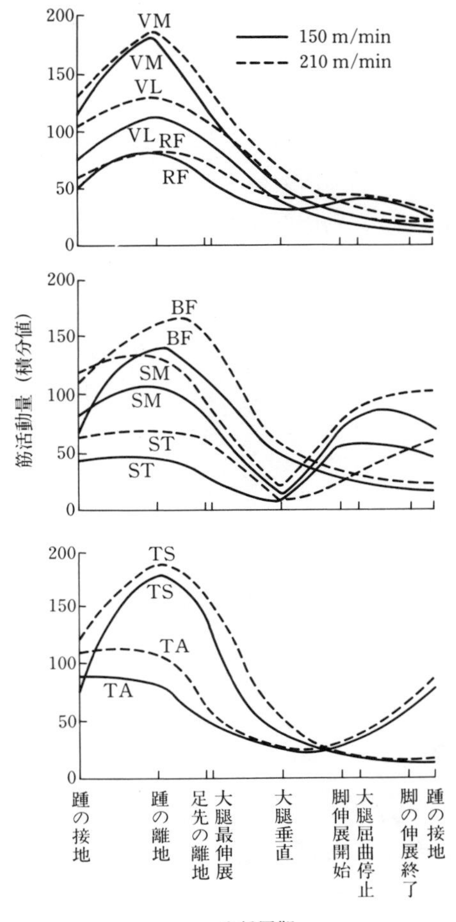

図 5-10　走行周期と筋活動(Elliot and Blanksby, 1979)
上：大腿前面の筋
（大腿直筋 RF，外側広筋 VL，内側広筋 VM）
中：大腿後背面の筋
（大腿二頭筋 BF，半膜様筋 SM，半腱様筋 ST）
下：下腿の筋
（下腿三頭筋 TS，前脛骨筋 TA）

べて，短縮性収縮が主となる接地期後半で筋活動量が大きくなるが，その差は速度が増加すると小さくなる．

このように，走運動でも歩行運動とほぼ同様の筋が活動するが，筋活動量は歩行よりかなり大きく，かつ走速度によって変化する．また，個人差が大きく，走技能による差も認められている．走技能については筋活動に焦点をあてた研究がさかんに行われており，フォームだけでなく，シューズや走路の材質の改善も進んでいる．

5.4　水泳時の筋活動

水泳では泳法により筋活動が大きく異なる．ここでは代表的な平泳ぎとクロール泳について述べる．

1)　平泳ぎ

平泳ぎの一周期は大きく 4 つに区分することができる．すなわち，膝関節が屈曲した状態から伸展される間をキック期(K-G)，キック終了後に，上肢および下肢の関節がそれぞれ，ほぼ一直線に保たれている間をグライド期(G-P)，続いて下肢の各関節を保持しながら肘関節を屈曲し，上腕を体側に引きつける間をプル期（P-R)，膝関節を曲げ始めてから最屈曲にいたるまでの間をリカバリー期(R-K）という．

図5-11に熟練者（成人）と未熟練者（幼児）の平泳ぎにおける筋活動を示した[16]．熟練者の筋電図をみると，キック期の前半では前脛骨筋，内側広筋，大腿直筋に顕著な活動がみられ，キック期後半では腓腹筋，大腿二頭筋に強い活動がみられる．グライド期に強い活動がみられるのは三角筋(後側)のみである．プル期では，熟練者・未熟練者とも上腕二頭筋に顕著な活動がみられ，その拮抗筋である上腕三頭筋にも強い活動が同時にみられる．

熟練者と未熟練者とを比較すると，肘関節を屈曲し始める時点(P)において，上肢の伸展筋である広背筋の活動の様相が異なり，熟練者のほうがかなり小さくなっている．また，リカバリー期には，大腿二頭筋に顕著な活動がみられることが多いが，熟練者では途中で消えたり，減少したりすることがある．

2) クロール泳

クロール泳は，上肢で水をかく動作（ストローク）と下肢で水をあおる動作（キック）に区分することができる．ストロークは左右の腕で交互に行われ，一方の腕がストロークしているとき，他方の

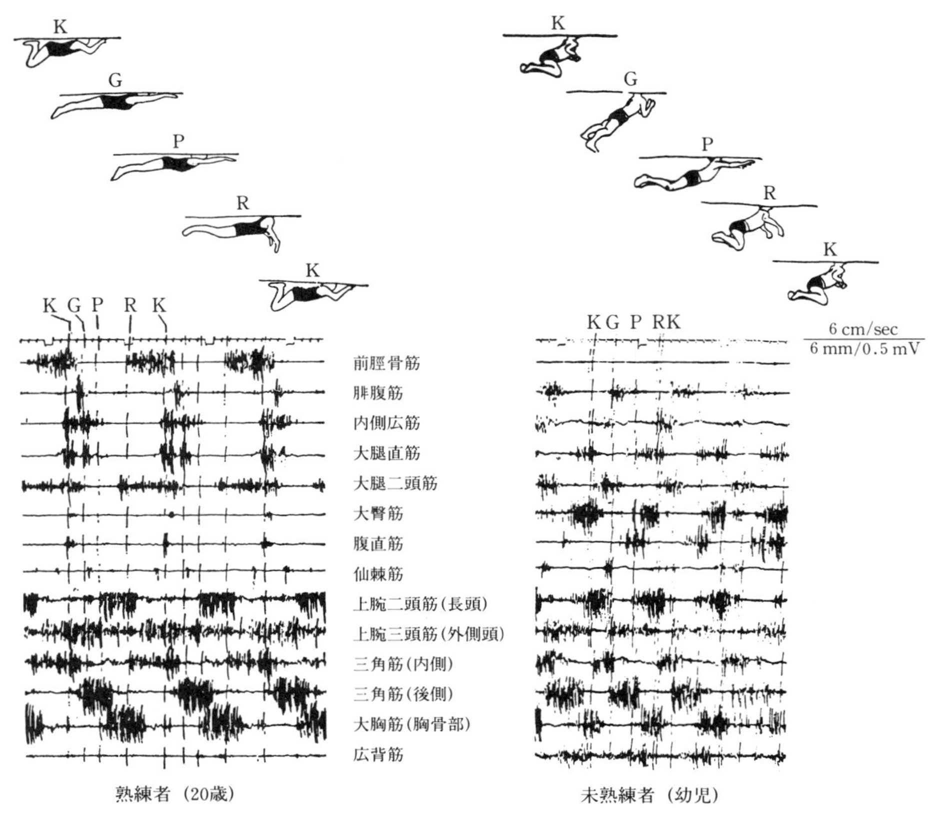

図5-11　平泳ぎ時の筋活動（成人熟練者と幼児未熟練者）（岡本ら，1976）[16]

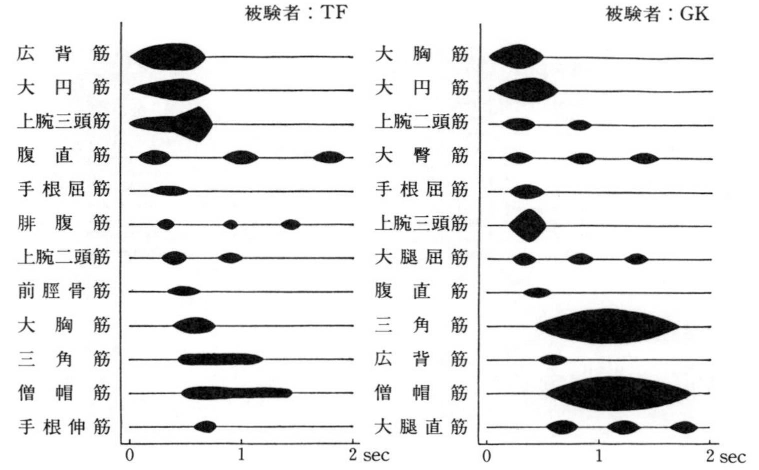

図 5-12　クロール泳時の筋活動（活動順位と持続時間）（三木，時実，1967）[14]

腕は空中で前方に運ばれる（リカバリー）．キックは蹴り上げと蹴り下ろしに分けられ，膝関節は，前者では伸展，後者ではやや屈曲している．

クロール泳における主な筋の活動順位と持続時間を図 5-12 に示した[14]．被験者 TF は国際級の選手，被験者 GK は一般の選手である．両者に共通しているのは，ストローク時に上腕三頭筋，大円筋，大胸筋が活発に働き，リカバリーでは三角筋と僧帽筋が働いていることである．一方，両者で異なるのは，被験者 TF では，ストローク時に上腕三頭筋，大円筋のほかに，広背筋が強く活動していること，また，大胸筋の活動が被験者 GK に比べて小さいことである．さらに，リカバリー時に三角筋と僧帽筋が活動するのは同じであるが，その活動量は被験者 TF ではきわめて小さくなっている．このように国際級の選手と一般の選手の泳ぎを，筋活動という点から比較すると，より有効な筋の使い方や筋力トレーニングなど，示唆される点が多い．

図 5-13 にキック時の下肢の筋活動を示した[17]．キックでは，各筋の活動が時間的にずれていることがわかる．大腿の伸筋（大腿直筋など）と屈筋（大腿二頭筋など）の活動，および下腿の前脛骨筋と腓腹筋の活動の時間的ずれは，それぞれ前者は蹴り下ろしに，後者は蹴り上げに関与していることを示している．また，大臀筋は蹴り上げ時の股関節伸展に関与している．

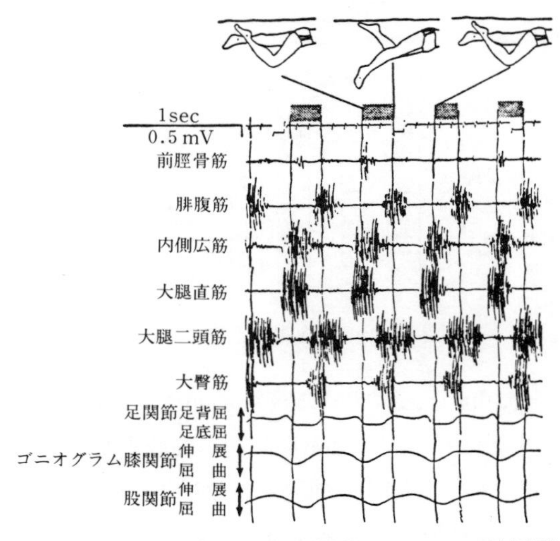

図 5-13　キック時の下肢の運動パターンと筋活動（成人熟練者）（岡本ら，1979）[17]

5.5　その他の運動時の筋活動

上肢および下肢の種々の運動時の筋活動について，応用範囲の広い宮畑ら[18]の資料を示す．黒い部分の太さで筋活動パターンを，正負記号で筋活動の有無を示してある．

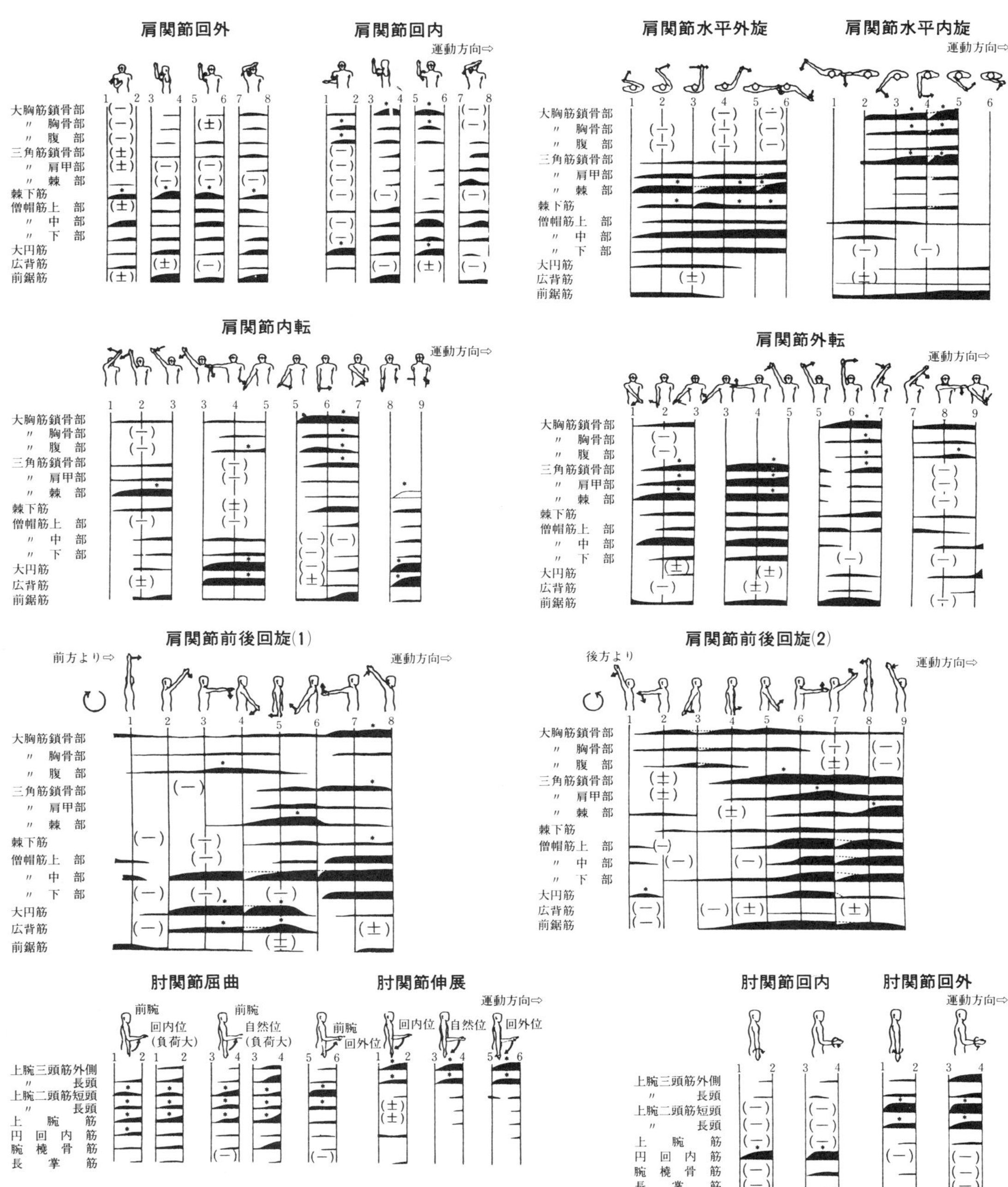

図 5-14 上肢運動と筋活動（宮畑ほか：身体運動学，学芸出版社，1967）．＊：主働筋

図 5-14 は，肩関節の回外・回内，水平回旋（外旋・内旋），内転・外転，前後回旋動作，肘関節の回外・回内，屈曲・伸展動作時の筋活動であり，図 5-15 は，股関節の回外・回内，内転・外転，伸展・屈曲動作，膝関節の伸展・屈曲動作，足関節の内転・外転，足底屈，足背屈動作時の筋活動である．これらの運動時の筋活動を組み合わせることで，投運動やサッカーにおけるキック時などの複雑な筋活動についても，ほぼ見当をつけることができる．

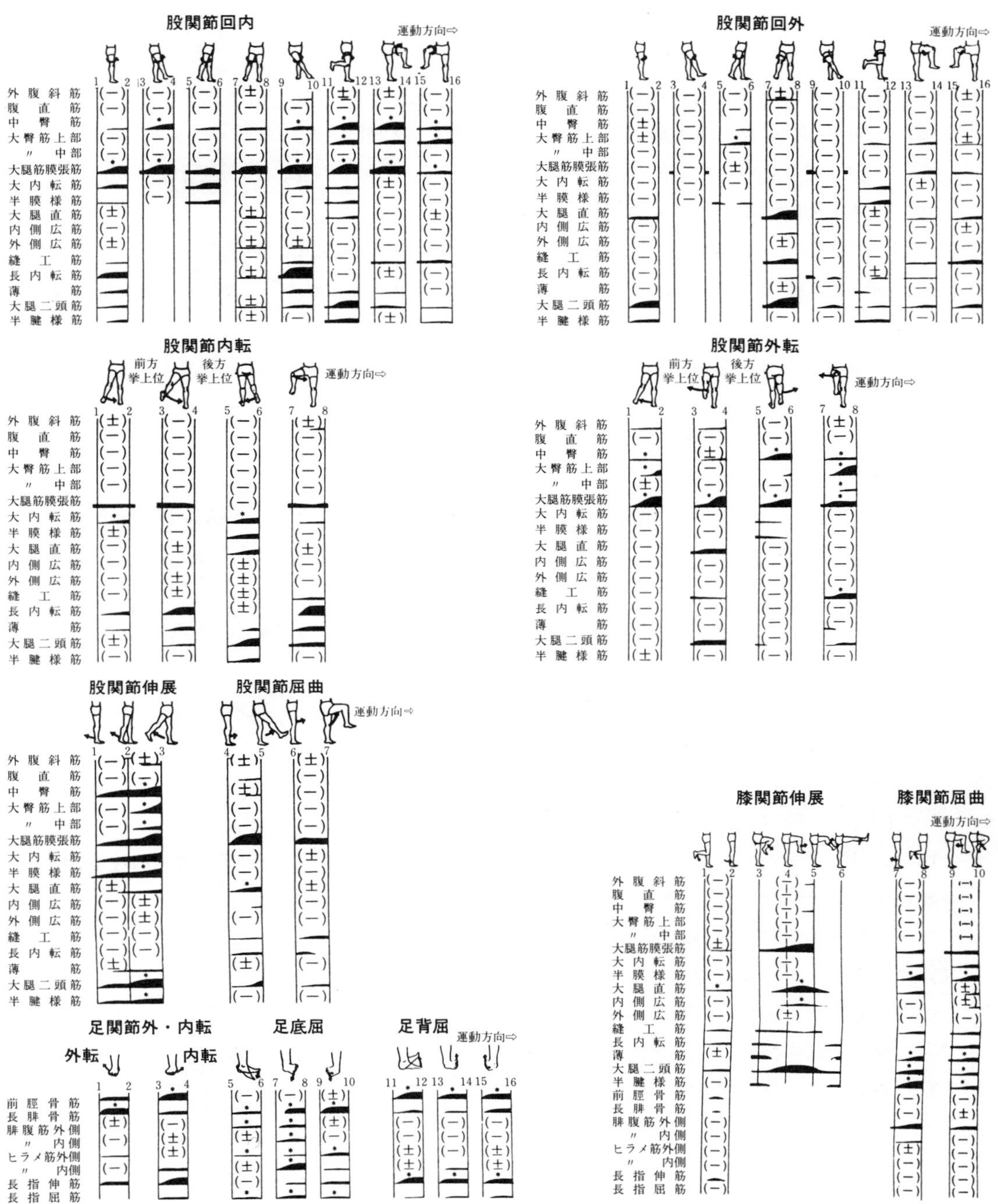

図 5-15　下肢運動と筋活動（宮畑ほか：身体運動学，学芸出版社，1967）．＊：主働筋

参考文献

1) 中村隆一，斉藤　宏：基礎運動学．医歯薬出版，東京，1987.

2) 福田　精：運動と平衡の反射生理．医学書院，東京，1981.

3) 小片　保：筋活動電流による直立姿勢に関する研究．人類学雑誌，62：61-72，1951.

4) 藤原　知：運動解剖学．医歯薬出版，東京，1979.

5) 岡田守彦：姿勢保持における筋負担度．姿勢シンポジウム論文集，姿勢研究所，25-36，1971.

6) Monod, D. H. and Scherere, J.：The work capacity of a synergic muscular exercise. Ergonomics, 8：329-338, 1965.

7) 藤原勝夫ほか：立位姿勢の安定性と下肢筋の相対的筋負担度との関係．筑波大学体育科学系紀要，8：165-171，1985.

8) 藤原勝夫ほか：反復床加圧運動からみた動的立位姿勢の検討，日本バイオメカニクス学会第11回大会論文集，動きとスポーツの科学，561-566，杏林書院，東京，1992.

9) Inman, V. T., et al.：Human walking, Williams & Wilkins, Baltimore, 1981.

10) Calsöö, S.：How man moves. Kinesiological studies and methods. Williams Heinemann, London, 1972.

11) Ballesteros, M. L. F., et al.：The patterns of muscular activity during the arm swing of normal walking. Acta Physiol. Scand., 63：296-310, 1965.

12) 伊藤　元ほか：筋活動からみた膝関節機能評価，第2部　若年者と比較した老年者の特徴．リハビリテーション医学，19(39)：159-164，1982.

13) 小林寛道，山下　文：走る科学．大修館書店，東京，1990.

14) 三木威勇治，時実利彦：筋電図入門．南山堂，東京，1967.

15) Elliot, B. C. and Blanksby, B. A.：The synchronization of muscle activity and body segment movements during a running cycle. Med. Sci. Sports Exercise, 11：322-327, 1979.

16) 岡本　勉ほか：幼小児の水泳の筋電図的研究．キネシオロジー研究会編：身体運動の科学II　身体運動のスキル，杏林書院，東京，115-126，1976.

17) 岡本　勉ほか：幼小児における水泳運動の習熟過程の筋電図的研究．日本バイオメカニクス学会編：身体運動の科学III　運動の制御，杏林書院，東京，249-260，1979.

18) 宮畑寅彦ほか：身体運動学．学芸出版社，京都，1967.

6章　筋の収縮特性と筋線維組成

ヒトの運動は，筋が長時間にわたって弱い力を発揮し続ける立位姿勢保持のようなものから，ジャンプ動作のように短時間にきわめて大きな力を発揮するものまで，さまざまである．これらの運動には，それぞれ特定の収縮特性をもつ筋が関与しており，筋力トレーニングの理論は，この筋の収縮特性が背景になっている．

6.1　筋と筋線維

筋は，多数の筋線維が束になった組織であり（図6-1）[1]，1本の筋線維の直径は20〜150 μm（1 μmは1/1,000 mm），長さは1 mmから30 cmと，さまざまである．1本の筋線維は1個の細胞なので筋細胞とよんでもよいが，細長いことから筋線維とよばれている．

筋線維はミオシンフィラメントとアクチンフィラメントから構成されており，アクチンフィラメントがミオシンフィラメントの間へ滑りこむことで，収縮力が発生すると考えられている．

1)　赤筋と白筋

筋は全体の色調によって，赤味を帯びた筋（赤筋）と白味を帯びた筋（白筋）に分類できる．この色調の違いは，筋に含まれるミオグロビンの量と関係しており，赤筋では多く，白筋では少ない．ミオグロビンは筋タンパクの一種で，筋細胞への酸素の輸送を助ける働きをしている．

筋の色調はヒトに限ったことではなく，日常の食卓をにぎわす魚でも同様である．たとえば，マグロやカツオのような外洋を回遊する魚の筋には赤筋が多く認められる．ところが岩場にすみついて，すばやい泳ぎを断続的に行う近海魚，たとえばタイなどでは，大部分が白筋である．ただし，近海魚でも常に動かしているヒレの部分には赤筋がある．

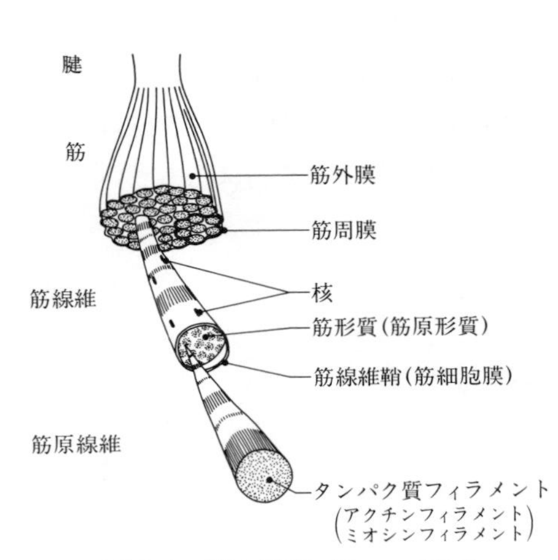

図6-1　筋の構造（Fox，1984）

赤筋と白筋では，収縮速度，収縮力の強さ，収縮の持久性などの収縮特性が異なる．収縮速度は，赤筋で遅く，白筋で速い．また，赤筋は疲労しにくく持久性に富み，逆に白筋は持久性に乏しい．このような収縮特性の違いは筋を構成する筋線維レベルでも検討されており，赤筋では赤味を帯びた筋線維の割合が高く，白筋では白味を帯びた筋線維の割合が高いこと，そして，それぞれの筋線維にも収縮特性の違いがあることが明らかにされている．

2) 筋線維の種類と特性

身体のほとんどの筋には各種の筋線維が混在しており，それらの割合によって筋全体の特性が規定される．筋線維の収縮特性は収縮に必要なエネルギーを得る方法と密接に関係しており，現在ではエネルギー代謝に関係する酵素の違い（組織化学的性質）に基づいて分類されている．一般にはSO線維，FG線維，FOG線維の3種に分けているが[2]，これにより筋線維の収縮特性，すなわち収縮速度，収縮力の強さ，収縮の持久性をうまく説明することができる．

なお，収縮速度の違いによって遅筋線維（SO線維）と速筋線維（FG線維，FOG線維）に分類することも多い[3]．この遅筋線維と速筋線維は赤筋と白筋にほぼ相当する．

(1) **SO線維**（slow-twitch oxidative fiber）（遅筋線維）

SO線維は線維が細く，発揮する収縮力も小さく，しかも収縮速度は遅い．ただし，疲労しにくく，持続して収縮することができる．

SO線維の持久性が高いのは，毛細血管がよく発達し，血液中の酸素やエネルギー源が供給されやすいこと，また有気的代謝過程に関与する酵素と，そのエネルギー源となるトリグリセリドが多量に含まれているためである．逆に無気的代謝過程に関与する酵素は少なく，そのエネルギー源となるグリコーゲンの含有量も少ないため，短時間に多量のエネルギーを産生することはできない．したがって，強い収縮力は発揮できない．

(2) **FG線維**（fast-twitch glycolytic fiber）（速筋線維）

SO線維とは対照的に，FG線維は線維が太く，強い収縮力を発揮することができ，しかも収縮速度は速い．ただし，すぐに疲労し，持続的に収縮することはできない．

強い収縮力をすばやく発揮するには，短時間に多量のエネルギーが必要であり，そのエネルギーは無気的代謝過程で得られる．FG線維にはこれに関与する酵素と，その燃料として使われるグリコーゲンが多く含まれている．ただし，毛細血管はあまり発達しておらず，酸素やエネルギー源を十分に供給することはできない．また，トリグリセリドおよび有気的代謝過程に関与する酵素は少ないので，エネルギーはすぐに枯渇してしまう．

(3) **FOG線維**（fast-twitch oxidative glycolytic fiber）（速筋線維）

FOG線維は，SO線維とFG線維の両方の特性をもっている．すなわち，収縮速度は比較的速く，収縮力は大きく，また持久力も高い．エネルギー代謝的には無気と有気の両方を利用している．

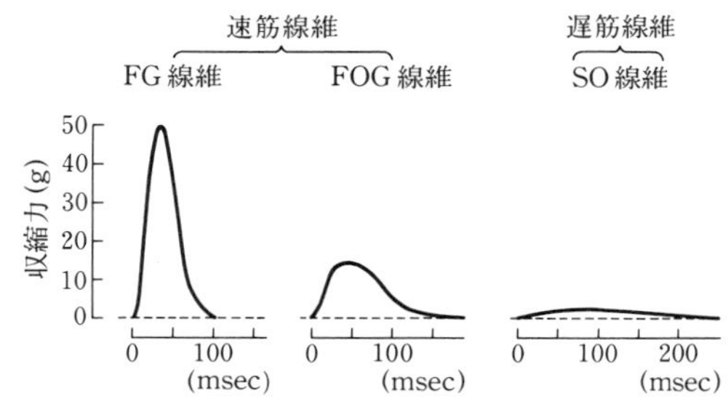

図6-2　筋線維タイプ別の収縮特性（Edington and Edgerton, 1976）

図6-2に各筋線維の収縮特性を示した[4]．FG線維は短時間に強い収縮力を発揮するが，すぐに疲労すること，SO線維は収縮力が弱く，最大値に達するまでに時間を要するが，長時間にわたって収縮が可能であること，そしてFOG線維はこれらの中間の特性をもつことが，端的に示されている．

強い筋力はごく短時間しか持続できず，すぐに低下してしまうことは，日常よく経験するところである．これは，強い収縮力を発揮するFG線維が疲労しやすいからである．また，ある程度筋力が低下した後でも，弱い力がかなり持続できるのは，FG線維に比べて収縮力は弱いが疲労しにくいFOG線維とSO線維によって力が発揮されているからである．

6.2　筋としての特性

ひとつの筋としての特性が，各種の筋線維が含まれる割合によって決まることは前述したとおりである．図6-3は，一般人の上肢筋と下肢筋における遅筋線維の割合を示したものである[3]．全体に遅筋線維の割合は下肢で高く，上肢で低くなっている．また，下肢筋のなかではヒラメ筋，上肢筋のなかでは三角筋と上腕二頭筋で，遅筋線維の割合が比較的高くなっている．なお，遅筋線維の割合が低い場合には速筋線維が多く含まれていると考えてよい．

(1)　下肢の筋

上肢に比べて，下肢の筋で遅筋線維の割合が高いのは，姿勢保持や移動などの持続的活動が多いことを反映するものである．立位姿勢や運動中の姿勢維持に働く抗重力筋のなかでも，ヒラメ筋は最も活動度の高い筋であるが，その遅筋線維の割合は約90％にもなっており，ヒラメ筋が持久性に優れ，疲労しにくい筋であることがわかる．実際，長距離選手ではヒラメ筋がよく発達している．一方，同じ下肢の筋であっても，腓腹筋には速筋線維が比較的多く含まれており（約50％），また短距離選手で腓腹筋の発達が著しいことが知られている[3]．

図6-4に垂直跳びにおける下腿の筋活動と床に加わる力を示した．力の発揮が弱い初期段階では，遅筋線維の多いヒラメ筋がまず活動し(△印)，力がピークに達するあたりで速筋線維の多い腓腹筋の活動が急激に増加している(▲印)．なお，前脛骨筋と腓腹筋では，着地以前のかなり早い時点で予測

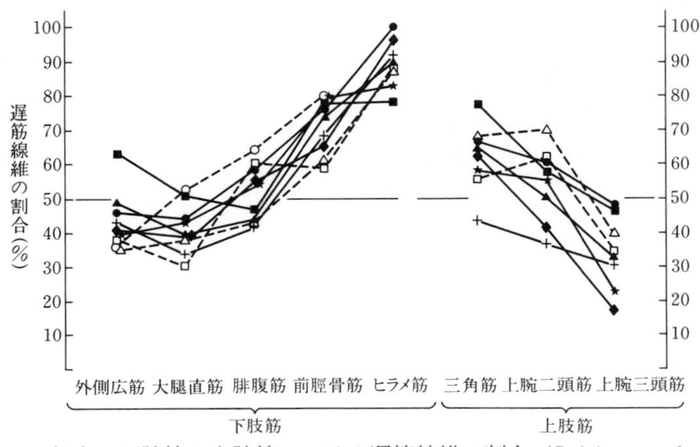

図6-3　一般人の下肢筋と上肢筋における遅筋線維の割合（Saltin, et al., 1977）

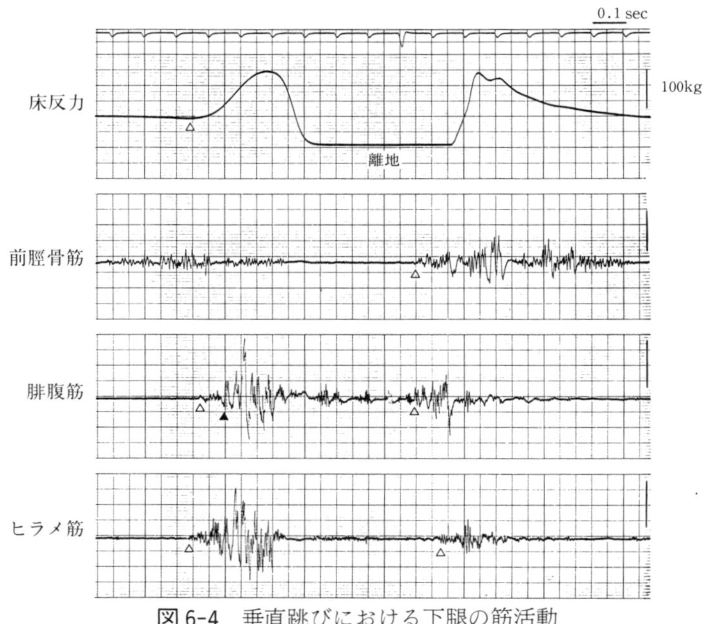

図 6-4　垂直跳びにおける下腿の筋活動

的な筋活動が認められる．

(2)　上肢の筋

上肢の筋では速筋線維の割合が高くなっているが，これは単発的動作が多いことを反映するものである．ただし，手作業を行う際に上肢の位置を維持する三角筋，および物を抱える際に持続的に活動する上腕二頭筋では，遅筋線維の割合が比較的高いことがわかる．

ところで，筋線維の割合は身体の表層部の筋と深層部の筋でも異なっている．一般に深層部の筋には遅筋線維が，表層部の筋には速筋線維が多く含まれている[5]．抗重力筋群のある深層部に，疲労しにくい遅筋線維が多く含まれていることは，その機能に合致したものといえよう．

6.3　筋線維の収縮と運動神経

1)　収縮力の強さと筋線維の役割

筋全体の収縮力の強さは，収縮に参加する筋線維の数に対応する．すなわち，弱い収縮力を発揮しているときには関与する筋線維の数が少なく，強い収縮力を発揮しているときには多い．

また，収縮力を弱い状態から徐々に強くしていく場合には，まず SO 線維が収縮し，ついで FOG 線維が加わる．FG 線維が加わるのは，かなり強い収縮力を発揮している場合である（図 6-5）[6]．ところが，同種の筋線維であっても，いっせいに収縮に参加する

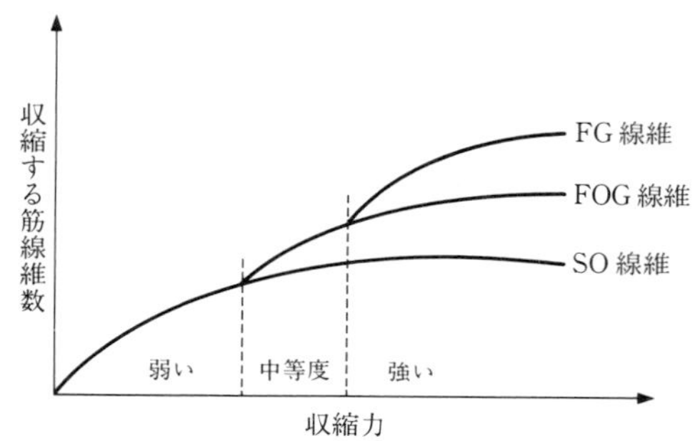

図 6-5　収縮力と収縮に参加する筋線維数を示す模式図（ヴィルヘート，1986）

わけではない．たとえばSO線維のなかにも，ごく弱い収縮のときから参加するものと，多少強い収縮のときに参加するものがある．これはFOG線維やFG線維でも同様で，各線維が徐々に参加していくことで，滑らかな収縮力の発揮が可能となっている．

各筋線維の収縮順序を実際の運動でみてみると，立位姿勢の保持や歩行のように，下肢の筋が弱い力を発揮しているときにはSO線維が収縮しており，これよりも強い力が必要なジョギングでは，SO線維のほかにFOG線維が収縮に加わる．さらに，全力疾走やジャンプのように，非常に強い力を発揮する場合には，FG線維も収縮に加わっている．このように筋線維は，発揮する力の強さによって役割を分担しているのである．

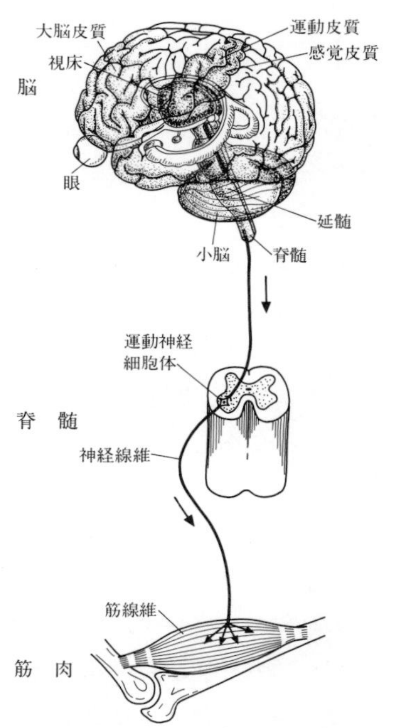

図6-6　筋収縮を起こす電気信号の流れ

2)　筋線維の収縮と運動神経

筋の収縮が起こるのは，脳からの刺激が脊髄にある運動神経を興奮させ，これが電気信号となって，神経線維を通して筋線維に伝えられるからである（図6-6）．

筋線維には，その種類に対応した運動神経が連結しており，SO線維には弱い刺激ですぐに興奮する運動神経が，FG線維には強い刺激があってはじめて興奮する運動神経がつながっている．FOG線維につながる運動神経はこれらの中間である．同様に，運動神経と筋線維をつなぐ神経線維も，筋線維の種類によって異なり，SO線維には細い神経線維，FG線維には太い神経線維，FOG線維には中間の太さの神経線維がつながっている[7,8]．そして，電気信号が伝わる速度は，神経線維が太いほど速い．一方，運動神経の興奮のしやすさは，その細胞の大きさに規定されており，小さな細胞ほど弱い刺激で興奮するというメカニズムが知られている[9]．

これらの筋線維を支配する運動神経と神経線維の特性を表6-1にまとめて示した．このように筋線維の収縮特性は，運動神経の興奮特性，神経線維の伝達特性と対応しており，神経-筋系という収縮力調節のメカニズムをもっている．したがって，トレーニングによって筋線維に変化が起こったとすれば，神経機構にも変化が起こっていると考えられる．

表6-1　筋線維を支配する運動神経と神経線維の特性

筋線維	運動神経		神経線維	
	細胞の大きさ	興奮のしやすさ	太さ	伝導速度
SO線維	小さい	しやすい	細い	遅い
FOG線維	｜	｜	｜	｜
FG線維	大きい	しにくい	太い	速い

6.4　筋の収縮様式

筋の収縮は大きく等尺性収縮と等張性収縮に分けられ，等張性収縮はさらに短縮性収縮と伸張性収縮に分けることができる．

1)　等尺性収縮（isometric contraction）

等尺性収縮とは，筋がその長さを変えずに，したがって関節角度の変化を伴わない筋の収縮をいう．たとえば，カバンなどをぶら下げているときにみられる指の屈曲力がこれに相当する．握力や背筋力などの測定は，関節の角度に多少の変化はあるものの，この等尺性収縮による最大筋力を求めようとするものである．

2)　等張性収縮（isotonic contraction）

等張性収縮とは，筋の長さを変えながら，したがって関節角度の変化を伴う筋の収縮である．ふだんの動作やスポーツのなかで最も頻繁に行われているのが，この等張性収縮である．

(1)　短縮性収縮（concentric contraction）

筋が短縮しながら力を発揮するものを短縮性収縮という．たとえば物を持ち上げるときに肘を曲げる上腕二頭筋や，坂道や階段を昇るときに曲げた膝をのばす大腿四頭筋の収縮が，この短縮性収縮である．トレーニングで最も多く用いられる筋の収縮様式でもある．

短縮性収縮では，筋の収縮速度は負荷の大きさと一定の関係にある．すなわち，無負荷のときに収縮速度は最大となり，負荷が大きいほど遅くなる（図 6-7）[10]．

(2)　伸張性収縮（eccentric contraction）

短縮性収縮とは逆に，筋が伸張しながら力を発揮するものを伸張性収縮という．たとえば抱えている荷物を下ろす場合，上腕二頭筋は力を発揮しながら，伸ばされている．また，坂道や階段を降りる場合，足底が接地した直後に膝が屈曲するが，このとき，膝を伸展する大腿四頭筋は力を発揮しつつ，膝の屈曲によって引き伸ばされている．

3)　収縮様式と筋力，筋への影響

同じ筋であっても，収縮様式によって発揮できる筋力は異なる．伸張性収縮では，等尺性収縮や短縮性収縮より，かなり大きい力を発揮することができる（図 6-8）[11]．

たとえば，体操選手が片手で大車輪をしているとき，手指の屈筋群は伸張性収縮によって力を発揮しており，このときの力は握力測定で得られた値（等尺性収縮による測定値）より大きい．それゆえ，遠心力などに抗して鉄棒を握り続けることができるのである．

また，伸張性収縮を積極的に行った後には筋痛が顕著に現れる（図 6-9）[12]．伸張性収縮では，過度の筋伸張によっ

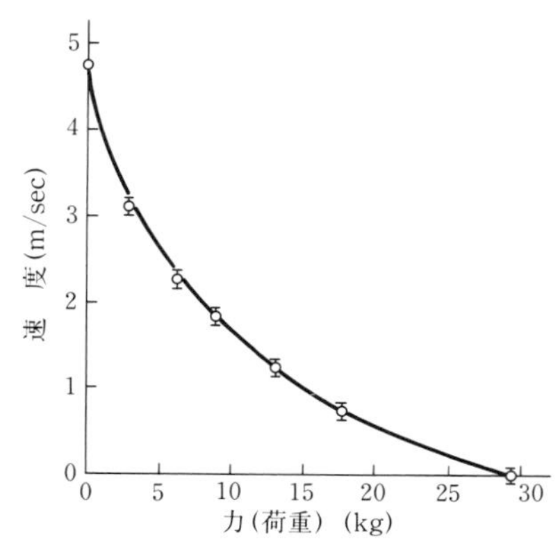

図 6-7　筋の収縮速度と負荷との関係（Kaneko, 1970）

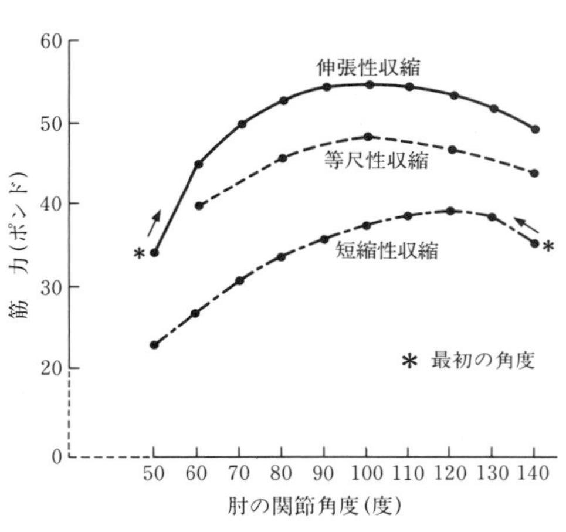

図 6-8　筋の収縮様式と肘の最大屈曲力
(Singh and Karpovich, 1966)

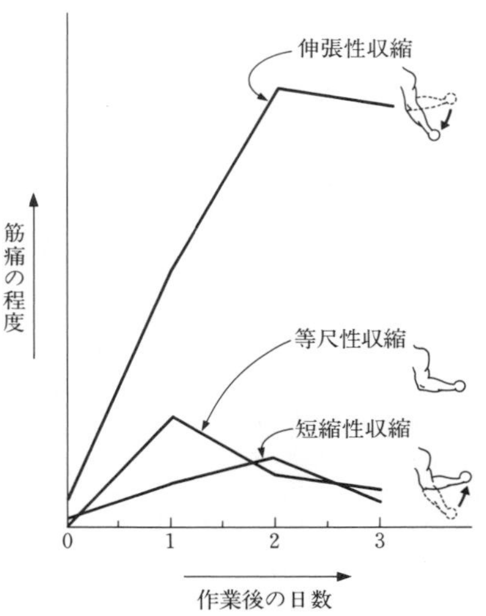

図 6-9　筋の収縮様式と筋痛の程度
(Talag, 1973)

て筋線維が引き裂かれたり，筋や腱をとりまく結合組織が損傷することがある．たとえば，屈曲している膝を無理に引き伸ばすと，大腿二頭筋などの大腿屈筋群に伸張性収縮を強いることになり，このとき強い痛みがはしる．このことから伸張性収縮では筋のダメージが大きいことがわかる．

6.5　トレーニング法と筋線維組成の変化

トレーニングを継続していくと，筋は肥大し，筋力（等尺性収縮）が増加する．これは図 6-10 に示すように，筋線維の 1 本 1 本が太くなったからである[13]．一般に，筋線維の肥大による筋力の増加は，負荷に対する筋の疲労耐性と収縮速度を高めることになる．なぜなら，筋力が増加すれば一定の負荷に対する負担度は相対的に小さくなるので，筋の疲労は少なくなり，筋の収縮速度は筋の負担度が低

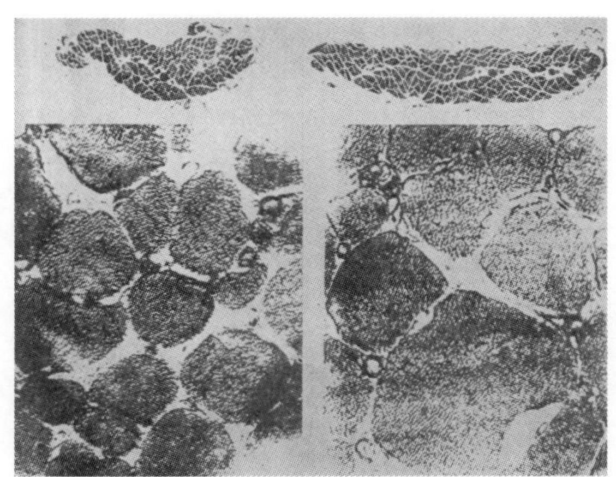

図 6-10　トレーニングなし(左)とトレーニング後(右)のイヌの縫工筋．上段：断面像，下段：その拡大像（Morpurgo，1897 より猪飼引用，1973）[13]

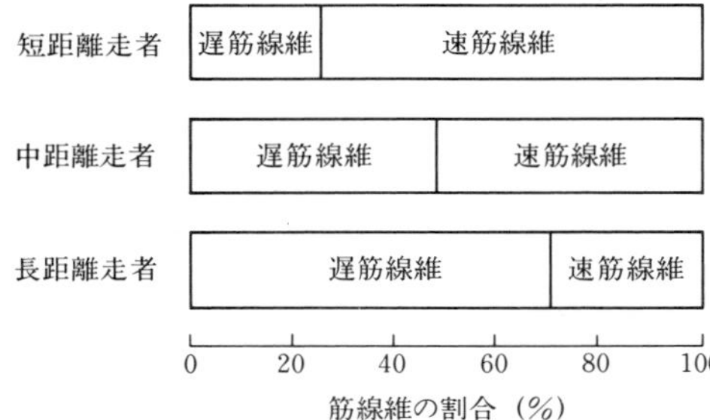

図 6-11　短・中・長距離走者における遅筋線維と速筋線維の割合（勝田，志手，1984）

いほど速くなるからである．

ここで注意しなくてはならないのは，トレーニング法の違いによって肥大する筋線維の種類が異なることである．筋肥大の程度が同じであっても，肥大した筋線維の種類によって，向上する筋機能も違ってくる．どの筋線維が肥大したかは，筋断面積に占める各筋線維の割合によって知ることができる．

主に SO 線維と FOG 線維が肥大した場合には，それほど強い筋力を発揮することはできないが，疲労耐性が高まる．したがって，筋持久力を高めたいときには，SO 線維と FOG 線維を特に鍛えるようなトレーニングが行われる．一方，FG 線維が肥大した場合には，筋の疲労耐性はそれほど高くならないが，強い収縮力を発揮するのに適した筋となり，収縮速度も著しく向上する[14)]．したがって，筋の収縮力や収縮速度を高めたいときには，FG 線維の肥大を目指してパワートレーニングが行われる．

実際，高度にトレーニングされたスポーツ選手の筋線維組成を調べてみると，スポーツ種目によって大きな違いが認められる．図 6-11 は短・中・長距離走者の筋線維の割合を示したものであるが[15)]，クロスカントリーやマラソンなどの長距離を走る持久性の高いスポーツ選手では，速筋線維より遅筋線維の割合が高く，反対に，短距離走のように短時間に強い力を発揮しなくてはならないスポーツ選手では，速筋線維の割合が高くなっている[3,16)]．

ところで，筋線維の数は遺伝の影響を強く受けており，トレーニングを行っても変わらないという考え方もある．図 6-12 は，筋線維組成の遺伝的影響を調べるために，双生児間で遅筋線維の数の割合

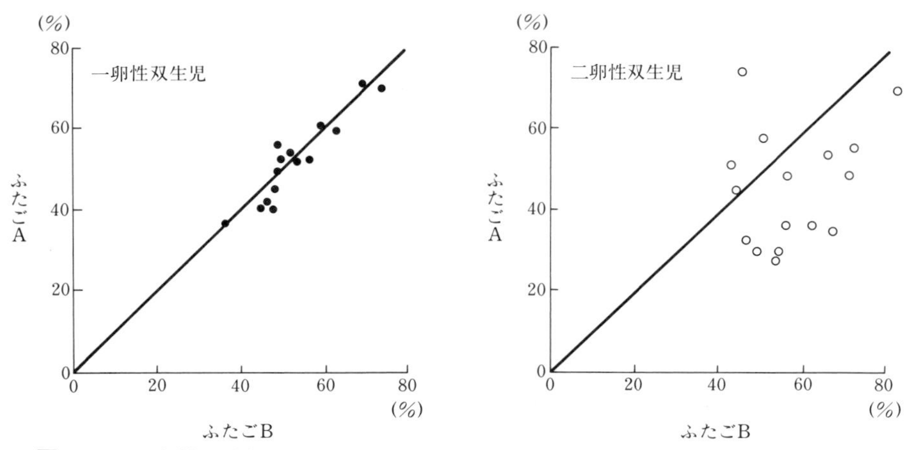

図 6-12　一卵性双生児と二卵性双生児の遅筋線維数の割合（Komi, et al., 1977）

を比較したものである[17]．遺伝特性を同じくする一卵性双生児では互いによく似た組成が示されているが，二卵性双生児ではかなりの違いが認められる．一般に，遺伝の影響を無視することはできないとされているが，筋線維の数はトレーニングによって増加するという報告もある．筋線維数に及ぼすトレーニングの影響については，今後の研究が待たれるところである．

参考文献

1) Fox, E. L.：Sports physiology (2nd ed.). CBS College Publishing, Holt, 1984.

2) Peter, J. B., et al.：Metabolic profiles of three fiber types of skeletal muscle in guinea pigs and rabbits. Biochemistry, 11：627-633, 1972.

3) Saltin, B., et al.：Fiber type and metabolic potentials of skeletal muscles in sedentary man and endurance runners. Ann. N.Y. Acad. Sci., 301：3-29, 1977.

4) Edington, D. W. and Edgerton, V. R.：The biology of physical activity. Houghton Mifflin, 1976.

5) Henneman, E. and Olson, C. B.：Relations between structure and function in the design of skeletal muscles. J. Neurophysiol., 28：581-598, 1965.

6) ヴィルヘート，R.（金子公宥，松本迪子訳）：目で見る動きの解剖学．大修館書店，東京，1986.

7) Campa, J. F. and Engel, W. K.：Histochemistry of motor neurons and interneurons in the cat lumbar spinal cord. Neurology, 20：559-568, 1970.

8) Granit, R., et al.：Tonic and phasic ventral horn cells differentiated by post-tetanic potentiation in cat extensors. Acta Physiol. Scand., 37：114-126, 1956.

9) Henneman, E., et al.：Functional significance of cell size in spinal motoneurones. J. Neurophysiol., 28：599-620, 1965.

10) Kaneko, M.：The relation between force, velocity and mechanical power in human muscle. Res. J. Physical. Ed., 14(3)：143-147, 1970.

11) Singh, M. and Karpovich, P. V.：Isotonic and isometric forces of forearm flexors and extensors. J. Appl. Physiol., 21：1435-1437, 1966.

12) Talag, T.：Residual muscular soreness as influenced by concentric, eccentric and static contractions. Res. Quart., 44：458-469, 1973.

13) 猪飼道夫編：身体運動の生理学．杏林書院，東京，1973.

14) Jansson, E., et al.：Changes in muscle fiber type distribution in man after physical training. Acta Physiol. Scand., 104：235-237, 1978.

15) 勝田　茂，志手典之：スポーツ種目と筋線維組成．体育の科学，34(3)：172-177，1984.

16) Bergh, U., et al.：Maximal oxygen uptake and muscle fiber types in trained and untrained humans. Med. Sci. Sports., 10(3)：151-154, 1978.

17) Komi, P., et al.：Skeletal muscle fibers and muscle enzyme activities in monozygous and dizygous twins of both sexes. Acta Physiol. Scand., 100：385-392, 1977.

7章　体力測定の方法および測定値

トレーニングを始めるにあたっては，まず体力測定を行い，自らの体力を客観的に把握しておく必要がある．体力測定は専門家によってなされることが多いが，一般の人でも体力測定の項目と意味を理解し，さらには自ら実施して，得られた結果を正しく解釈できることが望まれる．

体力測定の値は，日常生活の行動内容とその量を反映するものである．トレーニングを行っているか否かによって測定値が大きく異なるのは当然であるが，特別にトレーニングを行っていない人でも，測定値にはかなりの個人差が認められる．これは個々人の日常の行動内容とその量に著しい差があるからである(14，15章参照)．したがって，体力測定によって体力を把握することで，トレーニングのための基礎データを得るだけでなく，日常生活のあり方を見直し，改善することもできる．

また，トレーニングを開始したら，その効果をみるために定期的な体力測定を行う．体力の変化に応じて，トレーニングメニューを変更することも大切である．

(1)　測定項目とその要件

体力の測定項目は多種多様であるが，測定しようとする体力の属性，能力を的確に表すものでなくてはならず（妥当性），また，疲労や体力の変化がない場合には測定値が安定していること（信頼性），さらに，誰が測定しても同じ値が得られること（客観性）が要求される[1]．これら3要件は測定方法を考案するときに考慮すべきものであるが，実際の測定にあたっても，練習して測定に精通する必要のあることがわかる．

これまで体力の測定法は種々開発されており，上記の要件については十分な検討がなされている．しかし，なかには器具の取り扱いが煩雑であったり，費用や時間がかかって，実用性，簡便性という点で問題の残るものもある．そこで本章では，器具などの取り扱いが比較的簡単で，測定時間のかからない方法を紹介する．このなかには，筆者らが器具を開発し，繰り返し実験して改善を行い，実用性を高めたものが一部，含まれている．

なお，巻末には資料として①体力測定記録票，②トレーニング実施計画票，③トレーニング実施状況記入票を掲載してある．

7.1　形　　態

形態計測では，一般的な身長，体重のほかに，トレーニングとの関係を重視して身体各部の周径囲，および皮下脂肪厚を計測する．

周径囲の値には骨の太さ，筋の断面積，皮下脂肪厚などが反映されるが，なかでも筋の断面積は，基本的に筋の強さと比例する．そこで皮下脂肪厚を計測することによって，おおまかではあるが，筋

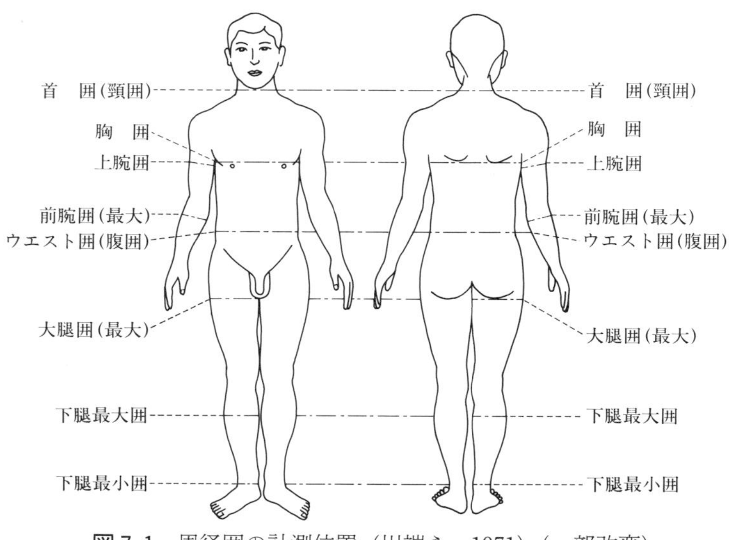

図 7-1　周径囲の計測位置（川端ら，1971）（一部改変）

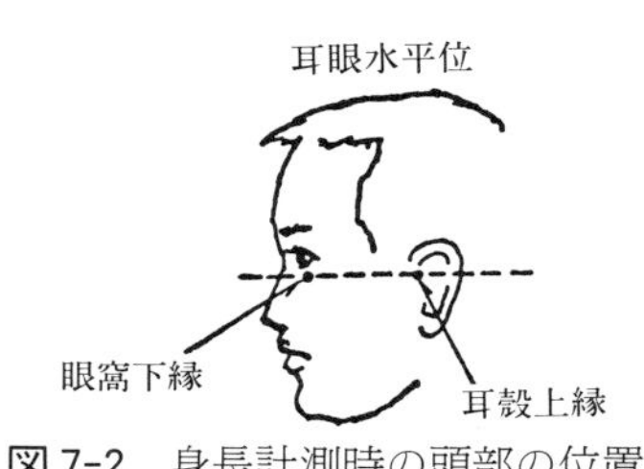

図 7-2　身長計測時の頭部の位置

の発達程度を判断することができる．

1)　形態計測の部位と方法

主な形態計測の部位と方法[2,3]について以下に述べる．各周径囲の計測位置を図 7-1[4]に示した．筋の名称については図 5-1 を参照されたい．

(1)　身　長（cm）

身長は，長軸方向の成長の指標であり，瞬間的な最大作業能力と比例関係にある．

身長の測定にあたっては，顎を突き出したり，引いたりすると正確な値が得られないので，耳殻上縁と眼窩下縁が水平となる耳眼水平位（図 7-2）とする．

また，身長は時刻によって 1 ～ 2 cm 変化し，夜間では朝の測定値より小さくなる．したがって，身長の変化を重視する場合には時刻を決めて測定する．なお，午前 10 時頃の測定値は 1 日の平均値を表す．

(2)　胸　囲（cm）

胸囲には，心臓や肺などを覆う胸郭の大きさと，その周囲の筋の発達程度が反映される．胸郭の大きさは心臓や肺の大きさと密接な関係にあることから，胸囲の大小から呼吸循環器系の機能の優劣を知ることができる．胸囲の値に影響する主な筋は，肩関節の水平位内転を起こす大胸筋，同じく伸展（上肢の後方挙上）を起こす大円筋である．

測定は，安静状態で軽い呼吸をさせ，呼気と吸気の中間位で行う．巻尺は，前面では乳頭の直上部，背面では肩甲骨下角直下部を通るように当てる．

(3)　上腕囲（cm）

右腕を下垂させ，上腕二頭筋の最も膨らんだ部位を水平に測定する．上腕囲の値に影響する主な筋は，肘関節の屈曲筋である上腕二頭筋，同じく伸展筋の上腕三頭筋である．

(4)　前腕最大囲（cm）

右腕を下垂させ，肘関節より数 cm 下の最も太い部位を水平に測る．このとき指をそらしたり，拳をつくったりすると正確な値が得られない．前腕最大囲には，主に手関節の屈曲を起こす手根屈筋群と伸展を起こす手根伸筋群，および手指の屈筋群と伸筋群の発達程度が影響する．

(5)　腹　囲（cm）

臍の高さにおける水平周径を，安静状態で軽い呼吸をさせ，呼気と吸気の中間位で測る．測定値には，体幹の屈曲を起こす腹直筋，回旋を起こす腹斜筋群，および体幹の伸展筋群の発達程度が主に影響する．また，脂肪の付着程度は個人差が大きく，測定値に影響する．

(6)　大腿囲（cm）

踵を 5 〜10 cm くらい離して立ち，体重を左脚に移して，右大腿部の内側の最も膨らんだ部位を，大腿の軸に直角に測る．大腿囲には，膝関節を伸展する大腿四頭筋，股関節の伸展と膝関節の屈曲を起こす大腿二頭筋，および股関節の内転筋群の発達程度が主に影響する．また女性では，大腿部の内側に脂肪がつきやすい．

(7)　下腿最大囲（cm）

踵を 5 〜10 cm くらい離して立ち，体重を左脚に移して，右下腿腓腹部の最も膨らんだ部位を水平に測る．下腿最大囲には，足関節の底屈を起こすヒラメ筋，足関節の底屈と膝関節の屈曲を起こす腓腹筋，および足関節を背屈する前脛骨筋の発達程度が主に影響する．

(8)　下腿最小囲（cm）

右下腿の内果および外果の直上で，最も細い部位を水平に測る．測定値には皮下脂肪の付着程度が主に影響する．

(9)　皮下脂肪厚（mm）

測定には栄研式の皮下脂肪計が用いられることが多いが，最近では簡易型のものが市販されている（図 7-3）．測定部位は右上腕部背面（S_1）と右肩甲骨下端（S_2）の 2 カ所である（図 7-4）．上腕部背面では，測定部位より約 1 cm 上方を長軸方向に，肩甲骨下端では測定部位より約 1 cm 上方を 45°斜めにつまみ上げ，皮下脂肪計がつまみの軸に垂直になるように測定する．このとき注意しなくてはならないのは，脂肪層を筋から分離するようにつまみ上げること，また，つまむ力をあまり強くしないことである．この点に注意して十分練習してから測定し，さらに数回測定して平均値を求めるとよい．

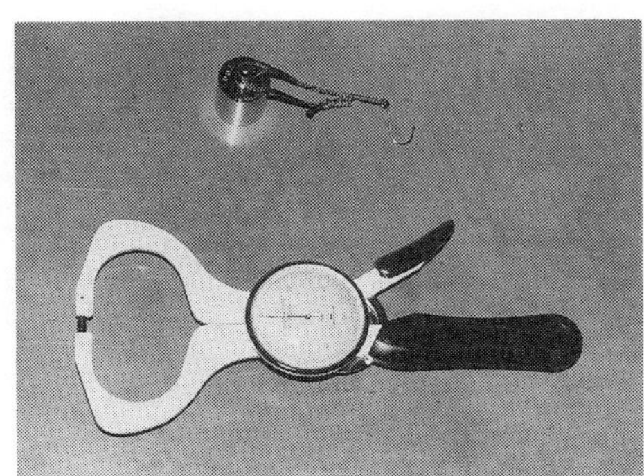

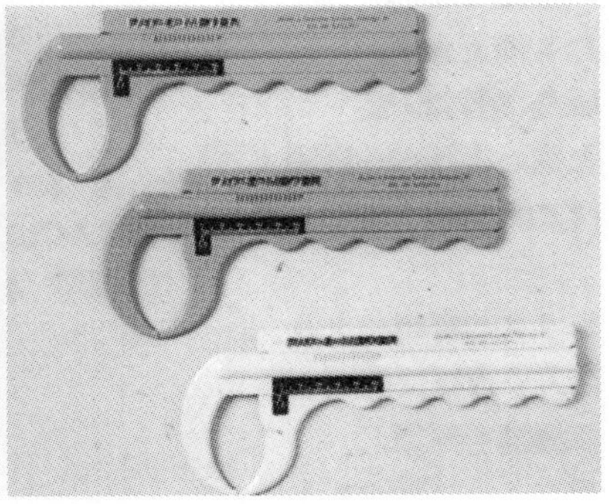

図 7-3　皮下脂肪計．左：栄研式，右：簡易型

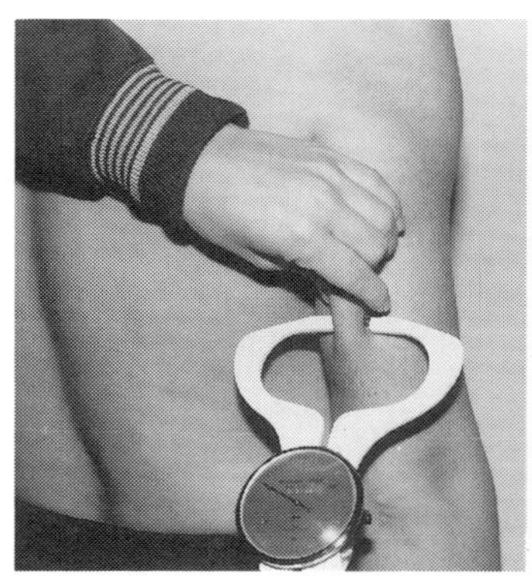
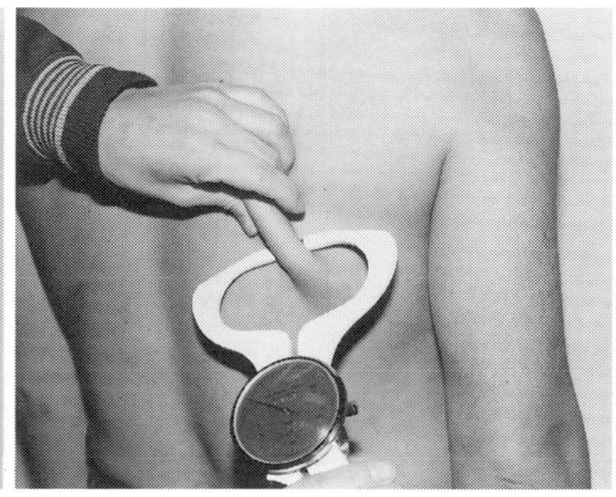

図 7-4 皮下脂肪厚の計測．左：右上腕部背面，右：右肩甲骨下端

2) 体脂肪量と除脂肪体重

一般に，健康のバロメーターとして体重が測定されている．しかし，体重は脂肪，筋，骨，内臓，脳，血液など，すべてをあわせた重量であり，体重を測っただけでは，その増減が脂肪量の変化によるものか，筋量の変化によるものかは不明である．そこで，全身の体脂肪量と高い相関関係にある皮下脂肪厚を体重とともに測定して，身体組成（筋量と脂肪量）を把握する．

体脂肪量については，屍体から直接測定されたデータ[5]があり，生体では水中で測定した体重および体積から算出したデータ[6]がある．また，X 線撮影や超音波を用いた精度の高い測定法もあるが，頻繁に測定するのは困難である．そこで，上記の方法とほぼ同じ値が得られ，しかも簡便な皮下脂肪厚を測定して，体脂肪量を算定する方法が広く行われている．

(1) 体脂肪率と体脂肪量

体脂肪率（%）とは体重に占める脂肪の割合であり，体重と皮下脂肪厚から算出する．

⑴ 前述の方法で右上腕部背面（S_1）と右肩甲骨下端（S_2）の皮下脂肪厚を計測する．

⑵ これらの合計値（S）を鈴木-長嶺の式[7]に代入して身体密度を求める．

年　齢	男　子	女　子
9～11 歳	身体密度＝1.0879－0.00151×S	1.0794－0.00142×S
12～14 歳	1.0868－0.00133×S	1.0888－0.00153×S
15～18 歳	1.0977－0.00146×S	1.0931－0.00160×S
19 歳以上	1.0913－0.00116×S	1.0897－0.00133×S

⑶ 身体密度の値から Brozek の式[8]を用いて体脂肪率を算出する．

$$体脂肪率（\%）＝(4.57/身体密度－4.142)\times 100$$

⑷ 体重に体脂肪率を乗じて体脂肪量（kg）を求める．

表 7-1 に 19 歳以上の人について皮下脂肪厚を仮定して体脂肪率を計算した結果を，また表 7-2[9]に皮下脂肪厚および体脂肪率から肥満を判定する基準を示した．

(2) 除脂肪体重

体重から体脂肪量を引いた値が除脂肪体重（Lean Body Mass：LBM）である．この値には筋や骨はもちろん，臓器，血液，脳などの脂肪以外のものがすべて含まれる．ただし，筋以外の重量が大き

表7-1　皮下脂肪厚と体脂肪率の関係（19歳以上）

皮脂厚（mm）S_1+S_2	体脂肪率（%）男子	体脂肪率（%）女子	皮脂厚（mm）S_1+S_2	体脂肪率（%）男子	体脂肪率（%）女子	皮脂厚（mm）S_1+S_2	体脂肪率（%）男子	体脂肪率（%）女子
5	6.8	7.8	25	16.0	18.4	45	25.6	29.6
6	7.3	8.3	26	16.5	18.9	46	26.1	30.1
7	7.7	8.8	27	16.9	19.5	47	26.6	30.7
8	8.2	9.3	28	17.4	20.0	48	27.1	31.3
9	8.6	9.8	29	17.9	20.6	49	27.6	31.9
10	9.1	10.4	30	18.4	21.1	50	28.1	32.4
11	9.5	10.9	31	18.8	21.7	51	28.6	33.0
12	10.0	11.4	32	19.3	22.2	52	29.1	33.6
13	10.4	11.9	33	19.8	22.8	53	29.6	34.2
14	10.9	12.5	34	20.3	23.3	54	30.1	34.8
15	11.4	13.0	35	20.7	23.9	55	30.6	35.4
16	11.8	13.5	36	21.2	24.5	56	31.1	35.9
17	12.3	14.1	37	21.7	25.0	57	31.6	36.5
18	12.7	14.6	38	22.2	25.6	58	32.1	37.1
19	13.2	15.1	39	22.7	26.1	59	32.6	37.7
20	13.7	15.7	40	23.2	26.7	60	33.1	38.3
21	14.1	16.2	41	23.6	27.3	61	33.6	38.9
22	14.6	16.8	42	24.1	27.8	62	34.1	39.5
23	15.1	17.3	43	24.6	28.4	63	34.6	40.1
24	15.5	17.8	44	25.1	29.0	64	35.1	40.7

表7-2　皮下脂肪厚および体脂肪率による肥満の判定基準（長嶺，1966）

性　別	年　齢（歳）	軽度の肥満		中等度の肥満		極度の肥満	
		皮脂厚(mm)	体脂肪(%)	皮脂厚(mm)	体脂肪(%)	皮脂厚(mm)	体脂肪(%)
男	6～ 8	20	20	30	25	40	30
	9～11	25	20	35	25	45	30
	12～14	30	20	40	25	50	30
	15～18	35	20	45	25	55	30
	成　人	40	20	50	25	60	30
女	6～ 8	25	25	35	30	45	35
	9～11	30	25	40	30	50	35
	12～14	35	25	45	30	55	35
	15～18	45	30	55	35	65	40
	成　人	50	30	60	35	70	40

皮脂厚＝上腕部背面＋肩甲骨下端

く変化することはまれなので，除脂肪体重の変化は，そのまま筋量の増減を示していると考えてよい．

7.2　有酸素的体力

ヒトの身体が持久性の運動に適していることは2章で述べたとおりであるが，このときヒトは，酸

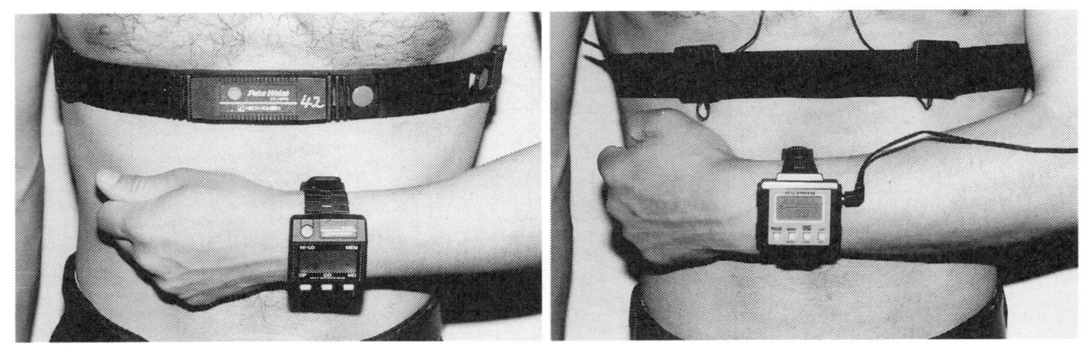

図 7-5　簡易型心拍計．左：無線，右：有線

素を体内に取り込み，燃料（主に炭水化物と脂肪）を分解して，必要なエネルギーを得ている．この酸素を取り込んでエネルギーを産生する能力が有酸素的体力である．有酸素的体力は肺や心臓，血管などの呼吸循環器系の機能と密接な関係にあり，さまざまな体力要素のなかでも，日常の行動や健康を支えるものとして特に重要である．

有酸素的体力を評価する方法は数多いが，ここでは簡便かつ短時間ですむものとして，運動時の心拍数を測定する方法を紹介する．心拍数の測定には心拍計を用いる（図 7-5）．

1)　PWC_{170}テスト法

PWC_{170}とは，心拍数が 170 拍/min のときの身体作業能力（仕事量，kg・m/min）をいう．心拍数が 170 拍/min 以下の運動では，エネルギーの大部分が有気的代謝過程によってまかなわれるので，このときの身体作業能力を測定して，有酸素的体力を知ろうとするものである．

運動負荷を加える機器として自転車エルゴメータ（モナーク社製）を用いる．図 7-6 に測定の様子を示した．

(1)　負荷強度の設定

負荷強度は 3 段階とし，強度の弱いものから順次負荷していくが(負荷漸増法)，被験者によって体力が異なるので，負荷強度を一律に定めることはできない．これは，体力の低い場合は心拍数がすぐに上昇するが，体力の高い場合にはなかなか上昇しないからである．したがって，負荷強度は体力の低い人では軽く，高い人では強くする．

心拍数と仕事量がほぼ直線的な対応を示す範囲は 110～170 拍/min なので，心拍数がほぼ 120，140，160 拍/min になるような 3 段階の運動を負荷する．なお，設定範囲は±10 拍/min が目安である．

負荷強度は，自転車エルゴメータの回転数とブレーキの強さにより調節する．回転数は一般に 50 回転，または 60 回転/min で，メトロノームを用いて設定する．

50 回転/min の場合，ブレーキの強さは，成人男子で 2，2.75，3.5 kp(kg)，成人女子で 1.5，2，2.5 kp(kg)を目安とする．この場合の仕事量は，以下の式より成人男子で 600，825，1,050 kg・m/min，成人女子では 450，600，750 kg・m/min となる．

仕事量（kg・m/min）= 6 ×回転数×ブレーキの強さ

図 7-6　PWC_{170}テストの測定

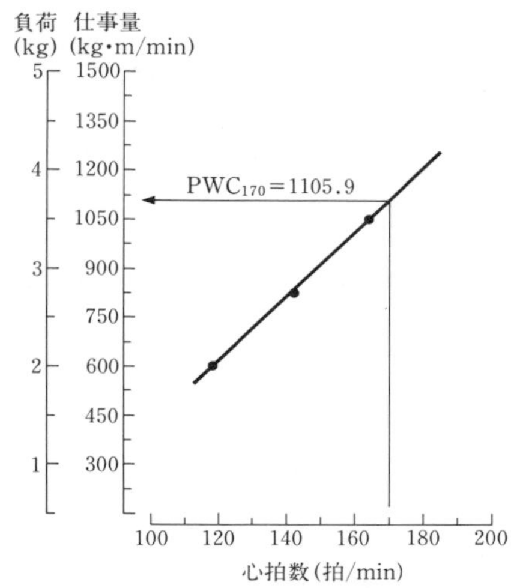

図 7-7　仕事量と心拍数の対応

回転数とブレーキの強さを設定したら，被験者に自転車をこがせて心拍数を測定する．ただし，心拍数がその運動強度に対応して安定するには3分程度を必要とするので，各負荷強度について3～4分間，運動を行わせ，運動終了直前の値を測定する．

2)　PWC_{170}の計算方法

図 7-7 に測定結果の一例を示した．PWC_{170}は，仕事量とその心拍数から一次回帰等式を求め，これに心拍数 170 拍/min を代入して計算する．一次回帰等式は最小自乗法によって求める．以下のデータが得られたと仮定して，PWC_{170}の計算方法を示す．

〔例〕

	第1段階	第2段階	第3段階	
仕　事　量（X）	600	825	1,050	(kg・m/min)
運動時心拍数（Y）	118	142	164	(拍/min)

一次回帰等式を下式とすると，係数 a，b は(1)，(2)式のように置き換えられる（n は負荷段階）．

$$Y=bX+a \quad (a,\ b：係数)$$

$$b=\frac{n\sum XY-\sum X\ \sum Y}{n\sum X^2-(\sum X)^2} \tag{1}$$

$$a=\frac{\sum Y}{n}-b\frac{\sum X}{n} \tag{2}$$

測定値から以下の値が求められる．

$$n=3$$

$$\sum X=600+825+1,050=2,475$$

$$\sum Y=118+142+164=424$$

$$\sum XY=600\times118+825\times142+1,050\times164=360,150$$

$$\sum X^2=600^2+825^2+1,050^2=2,143,125$$

これを(1)，(2)式に代入すると，

$$b=\frac{3\times360,150-2,475\times424}{3\times2,143,125-2,475^2}=\frac{31,050}{303,750}=0.102$$

$$a=\frac{424}{3}-0.102\times\frac{2,475}{3}=57.2$$

よって，一次回帰等式は以下のようになる．

$$Y=0.102\,X+57.2 \tag{3}$$

これを X について解き，170 拍/min（Y=170）を代入すると以下のようになる．

$$X=(170-57.2)/0.102=1,105.9\ (kg\cdot m/min)$$

3) ステップテスト（踏台昇降運動）法

男子では 40 cm，女子では 33 cm の踏台を用い，90 テンポのメトロノーム音にあわせて（昇降回数 22.5 回/min），5 分間の昇降運動を行い[10]，運動終了直前（運動開始後 4 分 30 秒～5 分）に心拍数を測定する．この心拍数と体重から，ノモグラム（図 7-8）を用いて最大酸素摂取量を推定する[11,12]．なお，心拍計のない場合には，運動終了直後の 5 ～20 秒（15 秒間）の心拍数を胸部あるいは手首に触れて数え，この値を 4 倍したものに 8 拍を加えた値を代用する[13]．

心拍数の上昇が著しい者ほど，有酸素的体力は低いということができる．

7.3 無酸素的体力（最大無気的パワー）

無気的パワーは，有酸素的体力と対比される体力要素である．運動を始めて最初の 4 ～ 6 秒間は，有酸素系のエネルギーを発生することができないので，酸素供給のない無酸素運動となる．このとき発揮される体力は，ATP-PC 系（リン原質系）が発生するエネルギーによるもので，このパワー値はリン原質の分解量とその速度の指標となる．ここでは下肢筋を例に，最大無気的パワー（kg•m/sec）を求める方法について述べる．

1) 自転車エルゴメータによる方法

自転車エルゴメータを用い，ブレーキ強度を設定して全速力でペダルをこがせ，車輪の最高回転数を測定する．ブレーキ強度にかかわらず，最大値は 3 ～ 4 秒で得られるので，6 秒間こがせるのがよい．なお，このときサドルから臀部を上げないように注意する．

種々のブレーキ強度で得られたパワーの最大値を比較すると，成人男子では 6 kp(kg)，成人女子では 5 kp(kg) のときの値が最も大きい[14]．

(1) 最大無気的パワーの計算法

自転車エルゴメータの車輪の最高回転数を求め，次式により各負荷強度における最大無気的パワーを計算する．

$$\text{最大無気的パワー}\ (kg\cdot m/sec)=L\times6\times14/52\times N$$

L：負荷強度（kg），6：ペダル 1 回転による車輪の移動距離（m），14/52：車輪とペダルのギヤ比

N：1 秒当たりの車輪の最高回転数〔1,000 msec/ 1 回転に要した最短時間（msec）〕

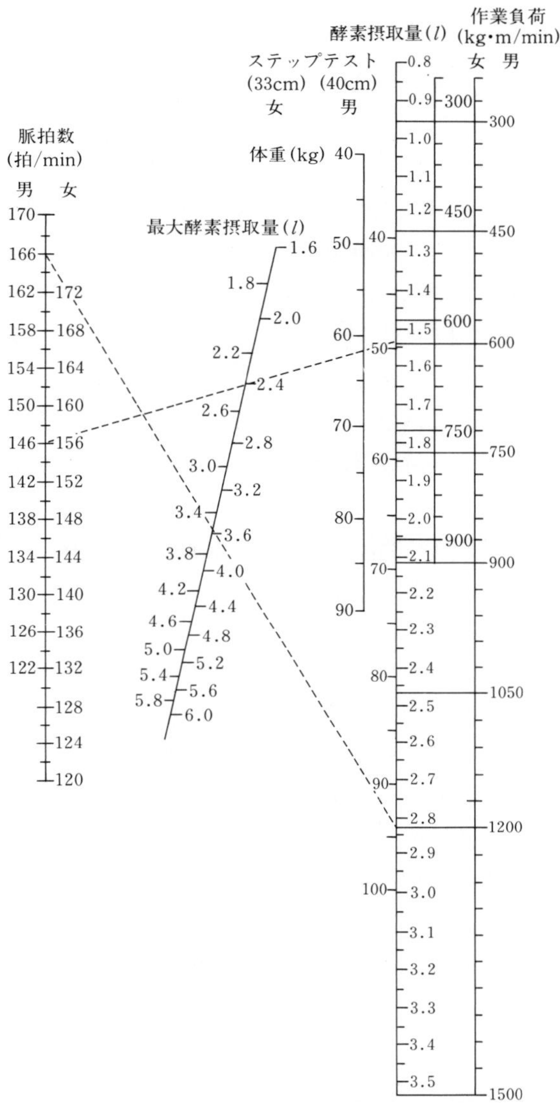

図 7-8　心拍数（踏台昇降運動時）から最大酸素摂取量を推定するためのノモグラム（Åstrand and Rodahl, 1986）

(2)　ヒトのパワー特性

パワーは，力とスピードの 2 つの要素によって決定されるが，ヒトのパワー特性としては，力の要素が優れている場合（ローギヤー）とスピードの要素が優れている場合（ハイギヤー）がある．たとえば綱引きやラグビーのスクラムでは，力の要素が大きく発揮され，全力疾走や垂直跳びなどではスピードの要素が大きく発揮されている．

下肢筋の最大無気的パワーがスピード型か力型かを知るには，負荷強度を変えて測定する．負荷強度は，男子では 2，4，6 kp，女子では 1，3，5 kp の 3 種を設定すれば，おおむね把握できるであろう．軽い負荷で大きなパワー値を示す者はスピード型，強い負荷で大きなパワー値を示す者は力型ということができる．

2) 垂直跳びによる方法

垂直跳びには強く，すばやい筋の収縮（パワー）が必要とされるので，下肢筋のパワーを評価する方法として，古くから垂直跳びが採用されてきた．この場合，跳躍高に体重を乗じたものが仕事量（kg・cm）となる．これを床をキックした時間で除せばパワーの平均値が算出できる．

最も普及している垂直跳びの測定法は次のとおりである．まず指先にチョーク粉をつけておき，壁から 20 cm 離れたところに，壁に対して横向きに立つ．その場で跳躍し，最高点に達したときに壁に指先のチョークで印をつける．跳躍は，膝と体幹を屈曲させて前かがみとなり，上肢をすばやく振りあげて行うが，このとき助走をつけてはならない．跳躍後には，体側を壁につけて腕を上へ伸ばした状態で指先のチョークの印をつける．跳躍時の最高点と立位時の指先の位置との距離を測定して跳躍高とする．

なお，最近ではチョーク粉を使わずに計測できる器具も種々開発されている．

7.4 筋　　力

筋力の強さには，日常の活動内容や活動量などの行動特性がよく反映され，また，短期間にトレーニング効果が現れる．最大筋力は基本的には筋の断面積に比例する．最大筋力を筋の断面積で割った値を絶対筋力といい，その平均値は 4 ～ 8 kg/cm²で，性や年齢による差はほとんどみられない．女性や幼児，高齢者の筋力が弱いのは，筋の断面積の小ささに関係していることが確かめられている．

測定にあたっては，筋の長さ（関節角度）や各種の反射（他の関節の動きによる）の影響を受けるので，測定部位の関節角度を正確に設定し，測定部位以外の関節の動きを十分に制限する．

握力，背筋力については簡便な測定器具が開発され，測定も広く行われている．ほかに，上肢および下肢の筋力はぜひ測定しておきたい．これらの測定には特殊な器具が必要であるが，以下に測定法を述べる．

1) 腕屈曲力（kg）

図 7-9 に腕屈曲力の測定の様子を示した．測定は右腕で行う．

測定には力変換器とワイヤーを用いる．力変換器の一端をワイヤーを介して壁あるいは支柱に固定し，他方にワイヤーを介して握りバーを取りつける．ワイヤーの長さは右肘が 90°に屈曲するように調節し，最大の力で右肘を曲げる．このとき，左手や脚によって身体を後方に移動する力を加えないように注意する．

2) 下肢筋力

膝の伸展力・屈曲力，足の背屈力・底屈力は，日常の行動様式によって著しく異なっている．これらの下肢筋は，普段から歩行，ジョギング，自転車乗りなどを多く行っている人では大きな値を示すが，オートバイや自動車などを多用している人では低い．また，行動様式の変化によって短期間に大

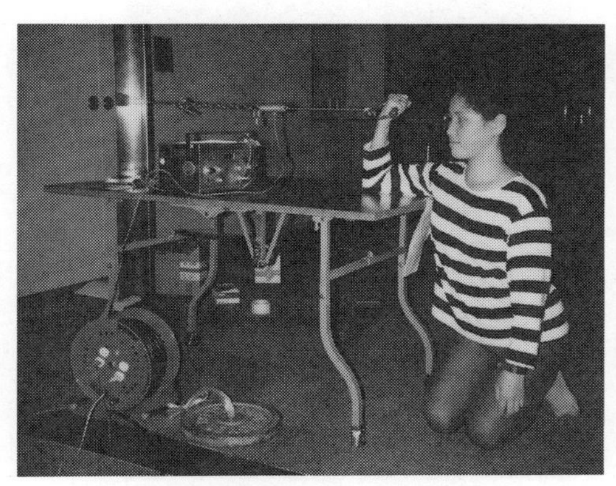

図7-9　腕屈曲力の測定

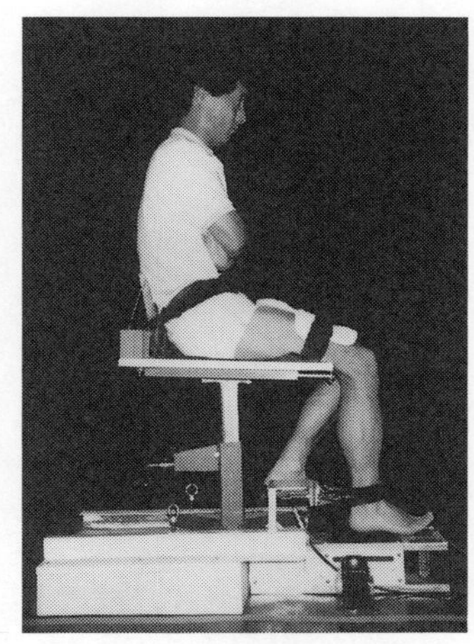

図7-10　膝の伸展力の測定

きな影響を受ける．

下肢筋力の測定には，著者（藤原）が考案した下肢筋力測定器を用いる[15,16]．この測定器は，膝の伸展力・屈曲力，および足の背屈力・底屈力を測定することができ，それぞれ1個の力変換器が組み込まれている．

(1)　膝の伸展力・屈曲力（kg）

膝の伸展には大腿四頭筋，屈曲には大腿二頭筋，半腱様筋，半膜様筋が主に関与する．

図7-10に測定の様子を示した．測定は右脚，姿勢は椅座位とし，膝関節は90°に屈曲しておく．このとき左脚は床から離し，上肢は胸の前で組んでおく．伸展力の測定では膝関節を最大の力で伸ばし，屈曲力の測定では最大の力で曲げる．

いずれも，頸および体幹の屈伸・回旋，左脚の交差，骨盤の前傾・後傾が測定値を著しく変化させる[17]ので，姿勢には特に注意する．

(2)　足の底屈力・背屈力（kg）

足の底屈動作にはヒラメ筋と腓腹筋が，背屈動作には前脛骨筋が主に関与する．

ヒラメ筋は膝下の背面（腓骨小頭の後面）から踵骨に付着しており，足関節をまたぐ単関節筋である．一方，腓腹筋は膝上背面（大腿骨遠位後面）から踵骨に付着しており，膝関節と足関節をまたぐ二関節筋である．膝関節を屈曲した状態では，腓腹筋は緩んでしまうので筋力を十分に発揮することができないが，ヒラメ筋は膝関節屈曲の影響を受けない（図7-11）．ここで紹介する底屈力の測定法は，ヒラメ筋と腓腹筋の付着部位を考慮し，椅座位で行うことで，ヒ

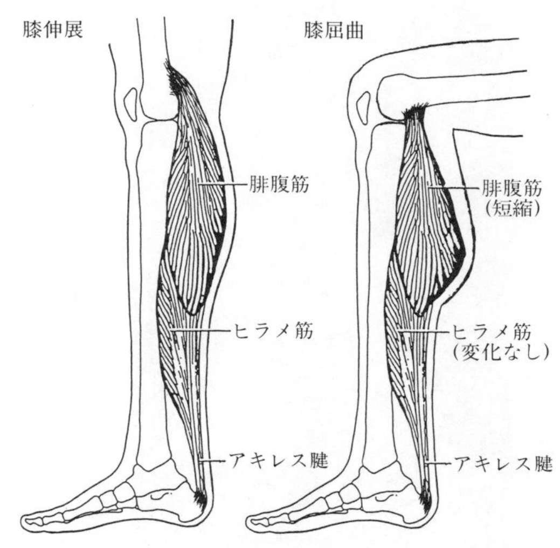

図7-11　膝関節の角度と腓腹筋の長さとの関係

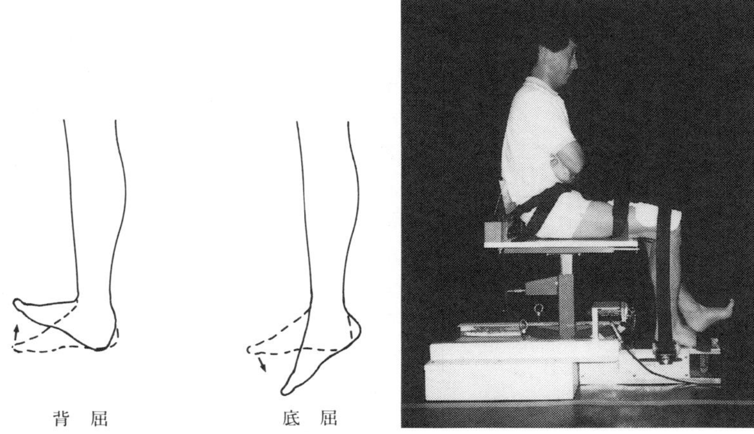

図 7-12　足の背屈動作と底屈動作および底屈力の測定

ラメ筋の発達程度に焦点をあてたものである[15]．

図 7-12 に測定の様子を示した．測定は右足とし，椅座位で，膝関節と足関節を 90°に屈曲しておく．左脚は床から離し，上肢は胸の前で組んでおく．背屈力の測定では足関節を最大の力で屈曲し，底屈力の測定では最大の力で伸展する．いずれも，腰の回旋，股関節の屈曲，体幹の前傾・後傾が測定値を著しく変化させる[15]ので，姿勢に注意する必要がある．

7.5　全身反応時間（msec）

全身反応時間の測定には，圧力変換器を内蔵した測定台と，光刺激装置を用いる．測定台の上で股関節と膝関節をやや屈曲し，いくぶん前傾した立位姿勢をとり（図 7-13），光刺激に反応してすばやく跳躍する．

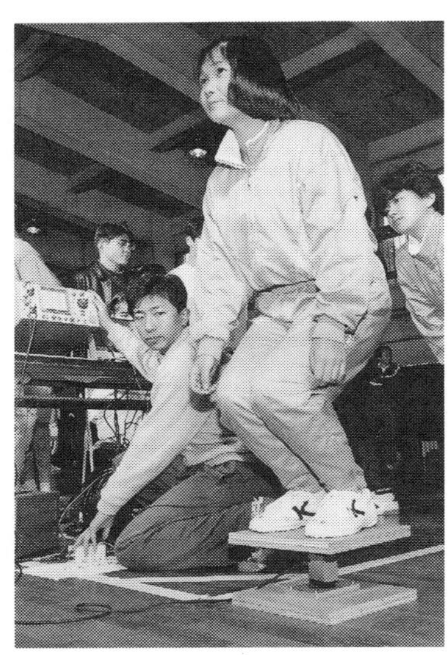

図 7-13　全身反応時間の測定

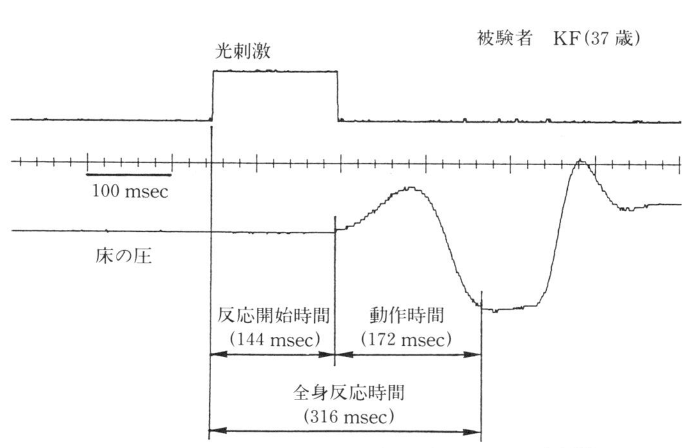

図 7-14　全身反応時間の分析（被験者 KF，37 歳男性）

測定結果の一例を図7-14に示した．全身反応時間には，中枢と末梢の神経系で費やされる時間と筋の収縮に要する時間が含まれており，前者は反応開始時間，後者は動作時間といわれる．

反応開始時間は光刺激を受けてから跳躍動作が開始されるまでの時間である．反応開始時間は成長・発達に伴って短縮していくが，成人では比較的一定の値が得られる．一方，動作時間は跳躍動作が開始されてから両足が測定台から離れるまでの時間であり，筋収縮に要した時間を示すものである．この値は筋線維の組成に関係し，また，同一個人でも筋疲労の程度によって変化する．

全身反応時間の値は，刺激に対する予測や集中力，さらにはわずかな姿勢の違いによって変動するので，測定は5回行って中間の3つの値をとり，その値を平均するとよい．

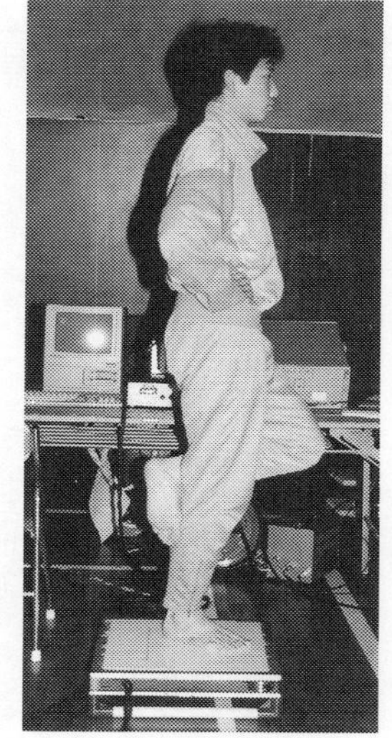

図7-15　平衡機能の測定

7.6　平衡機能 (mm/sec)

右片足で床反力計の中央部に立ち，左足を右膝の後ろに当てる．両手は腰にそえておく．視線は前方の一点を注視し，可能なかぎり安定した開眼片足立ちを保持する（図7-15)．

この状態で足圧中心（Center of Foot Pressure：CFP）の変動を10秒間測定する．床反力計には圧力変換器が3～4個内蔵されており，足圧中心の変動はコンピュータを用いて単位時間当たりの平均速度として算出される．なお，足圧中心の変動は重心高に比例するので，次式により簡易な身長補正をほどこす[18]．

身長補正値 (mm/sec)＝測定値×160/身長(cm)

7.7　計測値の処理と評価

著者らが実施した体力測定の結果を表7-3（男子大学生）と表7-4（女子大学生）にまとめて示した[19]．この表には被験者数，平均値，標準偏差値（SD）のほか，最大値と最小値を示してある．

測定値は各種の統計的手法を用いて処理されるが，各自の測定値（体力レベル）の優劣を客観的に評価するためには，平均値や標準偏差値の意味するところを理解しておく必要があろう．

ここでは，図7-16に示した下肢筋の最大無気的パワー（男子，4 kg）の分布図をもとに，平均値，標準偏差値について簡単に説明しておきたい．

(1)　平均値 ($\bar{X}$)

平均値は各自の測定値の優劣を判断するうえで，たいへん有用である．ただし，平均値と望ましい値とは，必ずしも同じではない．平均値は被験者集団の年齢構成や生活・環境要因などに大きく左右されるので，平均値自体が著しく偏っていることもありうるのである．したがって，どんな被験者集団で得られた平均値かを確かめることが大切である．ちなみに，表7-3, 4に示したデータの被験者は大学生であり，年齢は18～22歳である．被験者数は測定項目によって異なるので，各々表示した．

体力測定のようなデータは，一般に偏りのない正規分布となる．つまり平均値に近い値が多く，極端に小さな値や大きな値はわずかである．また，平均値を上回る値と下回る値は，ほぼ同数である．

表 7-3 体力測定値（男子大学生）（藤原，外山，1990．その後のデータも追加）

測定項目（単位）	被験者数	平均値	SD	最小値	最大値
形　態					
身　　長（cm）	358	170.97	5.358	155.4	184.5
体　　重（kg）	487	62.92	8.748	43.2	97.0
胸　　囲（cm）	240	87.36	6.144	75.5	110.0
上 腕 囲（cm）	239	26.58	2.840	20.6	37.0
前腕最大囲（cm）	240	25.34	1.740	20.0	30.0
腹　　囲（cm）	240	73.52	7.699	59.5	111.5
大 腿 囲（cm）	270	51.88	4.632	41.0	66.5
下腿最大囲（cm）	295	35.69	2.734	25.8	46.0
下腿最小囲（cm）	198	21.46	1.543	18.0	28.8
皮下脂肪厚・腕（mm）	341	10.16	4.675	3.0	30.0
皮下脂肪厚・背中（mm）	341	12.56	6.290	5.5	50.0
体脂肪率（%）	341	14.97	4.906	7.2	38.8
除脂肪体重（kg）	329	52.76	5.611	38.3	74.7
循環機能					
PWC_{170}（kg･m/min）	266	1036.5	197.61	527	1645
PWC_{170}/体重（m/min）	249	16.695	3.0491	8.25	25.57
心拍数（踏台昇降）（拍/min）	52	147.5	18.44	116	188
筋　力					
握　　力（kg）	162	45.86	6.762	30.5	65.5
腕屈曲力（kg）	108	21.32	3.065	14.8	31.5
背 筋 力（kg）	187	129.2	23.90	79	202
膝伸展力（kg）	118	61.13	11.664	35.2	105.7
膝屈曲力（kg）	119	16.62	3.650	8.7	28.0
底 屈 力（kg）	389	105.34	19.953	64.3	167.6
背 屈 力（kg）	264	23.11	4.608	8.9	35.3
握　　力/体重	159	0.736	0.1060	0.44	1.01
腕屈曲力/体重	101	0.344	0.0545	0.23	0.50
背 筋 力/体重	178	2.082	0.3697	1.26	3.50
膝伸展力/体重	113	0.978	0.1798	0.47	1.47
膝屈曲力/体重	114	0.267	0.0600	0.16	0.43
底 屈 力/体重	373	1.678	0.2819	1.09	2.64
背 屈 力/体重	249	0.373	0.0786	0.11	0.66
最大無気的パワー					
脚パワー（kg･m/sec）（2 kg）	255	36.85	2.680	25.2	40.4
脚パワー（kg･m/sec）（4 kg）	256	62.19	5.849	46.2	76.9
脚パワー（kg･m/sec）（6 kg）	288	69.47	12.165	32.6	96.9
垂直跳び（cm）	179	57.0	6.54	40	81
脚パワー/体重（m/sec）（2 kg）	245	0.598	0.0849	0.38	0.83
脚パワー/体重（m/sec）（4 kg）	246	1.005	0.1284	0.64	1.45
脚パワー/体重（m/sec）（6 kg）	275	1.109	0.1734	0.60	1.75
垂直跳び/体重（cm/kg）	146	0.939	0.1581	0.60	1.55
5 km ジョギング所要時間（min）（目標：135～150 拍/min）	86	40.3	4.90	30	55
神経機能					
反応開始時間（msec）	141	166.5	17.61	132	220
動作時間（msec）	141	164.0	19.75	118	240
全身反応時間（msec）	141	328.3	31.75	251	406
平衡機能（身長補正）（mm/sec）	38	42.78	9.520	26.1	65.3

表 7-4　体力測定値（女子大学生）（藤原，外山，1990．その後のデータも追加）

測定項目（単位）	被験者数	平均値	SD	最小値	最大値
形　態					
身　　長（cm）	251	158.54	5.109	142.5	174.0
体　　重（kg）	347	51.97	6.350	37.8	73.5
胸　　囲（cm）	103	81.73	4.567	72.0	95.0
上 腕 囲（cm）	101	24.18	2.292	19.8	31.6
前腕最大囲（cm）	100	22.86	1.500	20.0	29.0
腹　　囲（cm）	98	68.01	5.798	59.0	90.5
大 腿 囲（cm）	102	50.81	3.754	42.1	62.4
下腿最大囲（cm）	102	34.66	2.145	29.0	40.7
下腿最小囲（cm）	104	20.29	1.118	17.5	23.0
皮下脂肪厚・腕（mm）	478	17.10	4.492	6.0	34.5
皮下脂肪厚・背中（mm）	478	17.57	5.835	6.0	41.0
体脂肪率（%）	478	23.80	5.387	12.7	47.7
除脂肪体重（kg）	473	39.48	3.458	30.0	55.3
循環機能					
PWC_{170}（kg･m/min）	100	755.3	159.88	480	1369
PWC_{170}/体重（m/min）	93	14.755	2.9174	8.56	24.67
心拍数（踏台昇降）（拍/min）	315	151.9	14.63	116	188
筋　力					
握　　力（kg）	127	30.21	4.646	20.5	46.5
腕屈曲力（kg）	46	12.75	2.347	7.2	17.8
背 筋 力（kg）	140	88.0	20.43	41	156
膝伸展力（kg）	112	38.29	7.287	20.9	59.5
膝屈曲力（kg）	112	12.04	3.275	5.9	26.7
底 屈 力（kg）	241	88.00	15.866	54.7	150.8
背 屈 力（kg）	142	16.63	3.379	9.3	24.0
握　　力/体重	120	0.582	0.0781	0.41	0.80
腕屈曲力/体重	46	0.248	0.0455	0.21	0.40
背 筋 力/体重	133	1.674	0.3523	0.70	2.80
膝伸展力/体重	107	0.737	0.1054	0.52	1.00
膝屈曲力/体重	107	0.231	0.0552	0.12	0.40
底 屈 力/体重	241	1.688	0.3027	1.00	2.51
背 屈 力/体重	142	0.315	0.0758	0.18	0.48
最大無気的パワー					
脚パワー（kg･m/sec）（1 kg）	133	16.01	1.297	13.2	19.2
脚パワー（kg･m/sec）（3 kg）	133	37.96	4.461	25.8	50.5
脚パワー（kg･m/sec）（5 kg）	176	38.87	9.821	17.6	70.2
垂直跳び（cm）	55	42.5	5.13	32	61
脚パワー/体重（m/sec）（1 kg）	121	0.308	0.0462	0.23	0.40
脚パワー/体重（m/sec）（3 kg）	121	0.734	0.0824	0.56	0.94
脚パワー/体重（m/sec）（5 kg）	164	0.744	0.1495	0.40	1.30
垂直跳び/体重（cm/kg）	55	0.817	0.1230	0.60	1.10
5 km ジョギング所要時間（min）（目標：135〜150 拍/min）	125	44.5	4.13	30	54
神経機能					
反応開始時間（msec）	69	172.9	15.89	140	213
動作時間（msec）	69	172.6	21.79	118	262
全身反応時間（msec）	69	345.5	29.95	276	430
平衡機能（身長補正）（mm/sec）	42	35.36	7.298	21.2	58.1

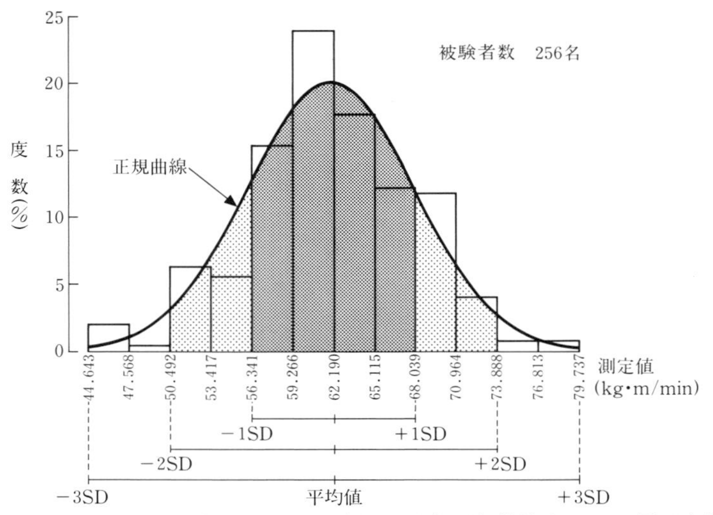

図 7-16　下肢筋の最大無気的パワー測定値の分布（負荷強度 4 kg，男子大学生）

(2)　標準偏差値（Standard Deviation：SD）

標準偏差値は，平均値からのバラツキの程度を表すもので，その値が小さいほど測定値が平均値近くに集中していることを示す．標準偏差値は次式により求める．

$$標準偏差値=\sqrt{\sum(x-\bar{X})^2/n}$$

x：個々のデータ，$\bar{X}$：平均値，n：データ数

測定値が正規分布している場合，標準偏差値の範囲に含まれる測定値は以下のようになる．

平均値± 1 SD の範囲　　全測定値の 68.26 %

平均値± 2 SD の範囲　　全測定値の 95.44 %

平均値± 3 SD の範囲　　全測定値の 99.74 %

これを図 7-16 でみてみると，被験者は 256 名，その分布は理論的な正規曲線と近似しており，統計的手法によっても正規分布していることが確認された．平均値は 62.19 kg•m/sec, 1 SD は 5.849 kg•m/sec なので，平均値± 1 SD の範囲は 56.341〜68.039 kg•m/sec となり，ここに含まれる測定値は 68.75 %(176 人)となった．これは理論値に近い結果である．また，平均値± 2 SD の範囲には 96.09 %（246 人）が，平均値± 3 SD の範囲には 100 %（256 人）の測定値が含まれていた．以上より，各自の測定値が平均値± 1 SD の範囲にあれば，ほぼ平均的であり，平均値± 2 SD の範囲にも含まれていない場合には，平均値から著しく隔たった値であると解釈できる．

参考文献

1)　松浦義行：体力測定法．朝倉書店，東京，1983.
2)　和才嘉昭，嶋田智明：測定と評価．医歯薬出版，東京，1978.
3)　保志　宏ほか：人体計測法，Ⅰ生体計測法．人類学講座編纂委員会編：人類学講座別巻 1，雄山閣出版，東京，1991.
4)　川畑愛義ほか：体力測定と健康診断．南江堂，東京，1971.

5) Ikai, M. and Fukunaga, T.：Comparison between ultrasonic and direct methods to measure the cross-sectional area of tissue. Med. Ultrason., 8：77-79, 1970.
6) Goldman, R. F. and Buskirk, E. R.：Body volume measurement by underwater weighing：description of a method, Techniques for measuring body composition. Brozek, J. and Henschel, A. (eds.), National Research Council, Washington, D. C., 78-89, 1961.
7) 長嶺晋吉：皮下脂肪厚からの肥満の判定．日本医師会雑誌，68(9)：919，1972．
8) Brozek, J., et al.：Densitometric analysis of body composition：Review of some quantitative assumptions. Ann. N. Y. Acad. Sci., 110：113-140, 1963.
9) 長嶺晋吉：体構成に基づく肥満の評価．民族衛生，32(6)：234-238，1966．
10) Ryhming, I.：A modified harvard step test for the evaluation of physical fitness. Arbeitsphysiol., 15：235-250, 1954.
11) Åstrand, I.：Aerobic work capacity in men and women with special reference to age. Acta Physiol. Scand., 49(Suppl. 169), 1960.
12) Åstrand, P. O. and Rodahl, K.：Textbook of work physiology (3rd ed.). McGraw-Hill Book Company, New York, 1986.
13) 外山　寛，松本純子：女子大生の体力に関する研究（第3報）－有気的作業能の変化について－．山口女子大学研究報告（自然科学），13：25-28，1987．
14) 生田香明，猪飼道夫：自転車エルゴメーターによるMaximum Anaerobic Powerの発達の研究．体育学研究，17(3)：151-157，1972．
15) 藤原勝夫ほか：下腿筋力測定の妥当性と信頼性及び大学生女子の下腿筋力．金沢大学教養部論集（自然科学篇），25：51-60，1988．
16) 藤原勝夫ほか：大学生の下腿筋力の簡易型筋力計による測定．北陸体育学会紀要，26：19-26，1990．
17) 山科忠彦，藤原勝夫ほか：下肢筋力の簡易測定法の検討．体力科学，38(6)：462，1989．
18) 藤原勝夫，池上晴夫：足圧中心位置と立位姿勢の安定性との関係について．体育学研究，26(2)：137-147，1981．
19) 藤原勝夫ほか：冬季における北陸地区大学生の身体活動と体力の変化．金沢大学教養部論集（自然科学篇），27：9-23，1990．

8章　トレーニングの原理とトレーニング法の基礎

前章まではトレーニング理論の基礎となる生理学やバイオメカニクス，さらに体力測定の方法などについて述べたが，本章ではトレーニングの原理，および種々のトレーニング法の基礎となる原則，構造，手順について簡単に触れておきたい．

8.1　トレーニングの原理

1)　恒常性と適応性の原理

私たちの身体には，恒常性と適応性という2つの性質が備わっている．恒常性とは，身体の内部環境を常に一定に保とうとする働きであり，適応性とは，外部環境や運動刺激に対して，恒常性が保てるように身体の形態や機能を適合させようとする働きである．

たとえば運動によって，血中の疲労性代謝産物（乳酸）が多くなった場合には，これを排除して血液性状を一定に保とうとする働き，体温の上昇を発汗によって抑えようとする働き，血液のpHが変化した場合には，これを運動前の状態に戻そうとする働きなどが恒常性である．ただし，一定の値を厳密に維持するという意味ではなく，ある程度の範囲をもっている．

トレーニングとは，身体の適応性，すなわち運動を負荷すると身体が運動に適応しようとする性質を利用して，体力や運動能力（身体の作業能力）を発達させようとするものである．適応性の利用はトレーニング原理の基礎をなす．ただし，運動負荷に適応するといっても，無制限に適応するわけではない．運動負荷による内部環境の変化が大きすぎないように，すなわち生命活動に支障をきたさない範囲で適応し，恒常性が保たれるのである．

2)　過負荷と過補償の原理

一般に，筋力の増加（筋線維の肥大）は，運動の反復回数の多さによって起こるのではなく，その強度が日常活動におけるもの以上であるときに初めて起こるといわれている[1]．これはトレーニングの基本となる過負荷の原理を示すものであり，筋力という語は身体作業能ないし体力と置き換えることができる．

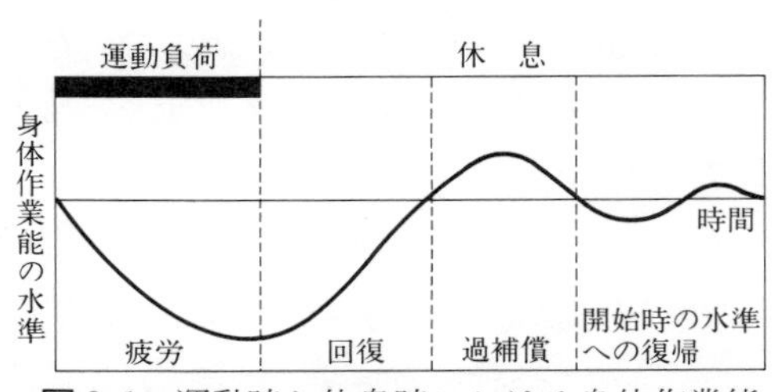

図8-1　運動時と休息時における身体作業能の変化（Matwejew, 1972）

図8-1に，運動時と休息時における身体作業能の変化を示した[2]．日常の活動よりも強い運動を負荷すると，疲労のために身体作業能は低下していく．

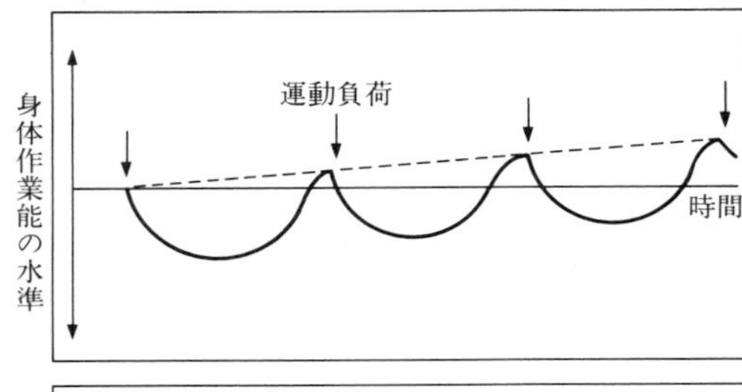

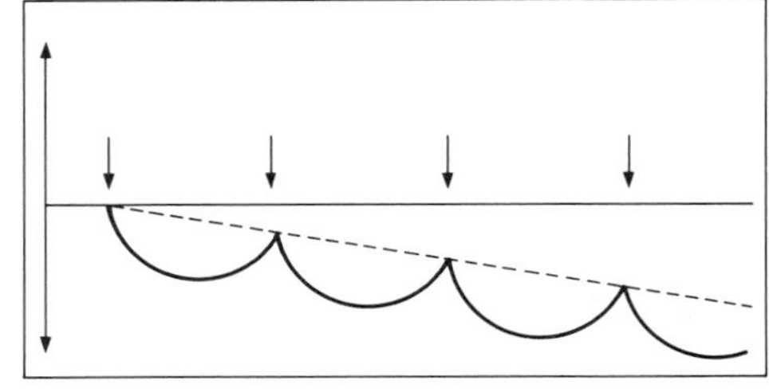

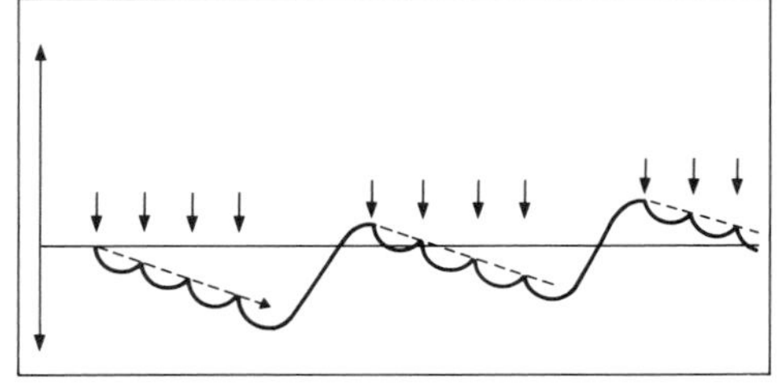

図 8-2　運動負荷のタイミングが異なった場合の身体作業能の推移（Matwejew, 1972）

しかし，休息をとると徐々に回復してもとにもどり，さらに開始時よりも高い水準に達する時期がある．これが過補償である．

トレーニングは，この過補償という特性を利用してなされる．たとえば，過補償の時期に再び運動刺激を負荷すると，その後の身体作業能の低下も小さくなり，回復して達するレベルは運動負荷以前よりも高くなる．これは運動に対する一種の適応でもある．

トレーニングでは，目的とする体力レベルに応じて，運動負荷の質および量，運動負荷のタイミングを変えてなされるが，図 8-2 に運動負荷のタイミングと身体作業能の推移を示した[2]．

上段は過補償の時期に運動負荷を繰り返し与えて身体作業能を高めていくもの，すなわちトレーニングの基本である．また，中段は完全に回復していない時期に運動負荷を繰り返し与えると，身体機能水準が下がり，過労に陥っていくことを示している．そして下段には，過労に陥る前に十分な休息をとることで過補償の水準があがり，身体作業能が徐々に向上していく様相が示されている．この図から，トレーニングにおける負荷のタイミング，逆にいえば休憩や休養のとり方がいかに重要かがわかる．

3)　特異性の原理

特異性の原理も，トレーニングの基本的原理のひとつである．Hettinger[3]はトレーニングの特異性について次のように述べている．

(1)　筋力の増大は，大きな抵抗に対する少ない回数の反復刺激によってもたらされる．

(2)　循環器系の機能の向上は，小さな抵抗に対する多くの反復刺激によってもたらされる．

(3)　これらの方法と効果の組み合わせは，入れ換えることができない．

実際，100 m 走とマラソンの両方で世界記録を出している人がいないことを考えれば，特異性の原理をよく理解することができる．すなわち，100 m 走とマラソンとでは，要求される生理的要因が全く異なり，これらをトレーニングする方法は当然違ったものになる．

100 m 走とマラソンでは，エネルギー代謝の面からはそれぞれ ATP-PC 系と有酸素系，筋組成の面からは FG 線維と SO 線維が関与しており，これらの機能的特性を高める方法は全く逆である．前者では高い強度の運動を短時間，後者では比較的低い強度の運動を長時間にわたって行うことで，機能を向上させることができる．

なお，これらの中間の特性を有する運動(800 m 走など)についても，それを支える生理的仕組み(乳酸系と FOG 線維)があり，これらをトレーニングすればよい．ただし，それだけでは 100 m 走やマラソンに必要な機能特性（両極）を完全に補うことはできない．

8.2　トレーニングの原則

トレーニングを安全で効果的なものにするために，Ozolin[4]は次のような原則をふまえる必要があると述べている．

(1)　全面性の原則：心身の機能が全面的に，調和を保って高められるようにする．この原則は特に発育期の青少年のトレーニングにおいて重要である．

(2)　意識性の原則：トレーニングの目的や意義をよく理解し，自ら積極的に行う．そのためには指導者のみならず本人が，トレーニングの目的，方法，理論などを十分に理解している必要がある．

(3)　漸進性の原則：体力や技術の向上とともに，運動の強さや量，技術のレベルなどをしだいに高めていく．すなわち軽い運動から強い運動へ，容易な運動から難しい運動へと，個人の到達レベルに応じて内容を高度にしていく．

(4)　反復性の原則：トレーニングは繰り返し行うことで効果を現すので，規則的に，長期間，継続して行う．

(5)　個別性の原則：個人差を考慮して，各人の体力や技能に応じたトレーニングを行う．そのためには個々の体力や技能を評価し，個人をよく理解する必要がある．

8.3　トレーニングの構造

トレーニングの内容は，一般の人とスポーツマンでは異なり，また，目的によってもかなり違ったものになる．健康増進を目的とする場合とスポーツ技能の向上を目的とする場合では，トレーニングの種目，強度，頻度などの内容が異なるのは当然であろう．

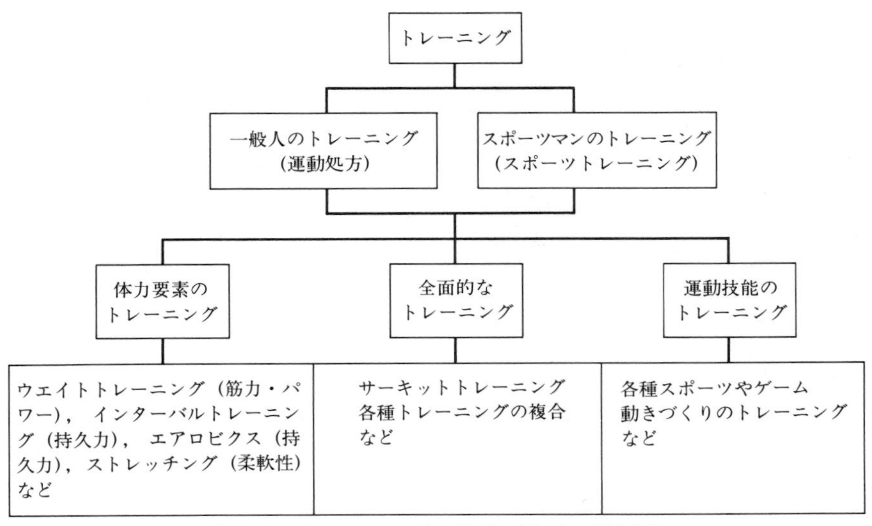

図 8-3　トレーニングの体系（金子，1984）[5]

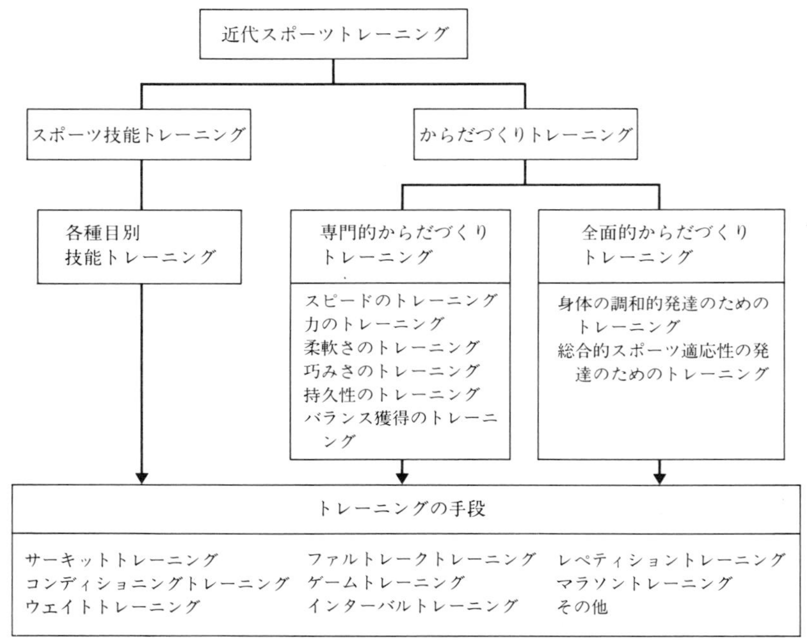

図 8-4　スポーツトレーニングの構造（猪飼，松井，1965）[6)]

トレーニング一般については図 8-3 のように体系化することができる[5)]．また，スポーツマンのためのトレーニングについては図 8-4 のようにとらえられている[6)]．スポーツトレーニングは，目的によってスポーツ技能トレーニングとからだづくりに分けられ，後者はさらに，専門的なからだづくりと全面的（総合的）なからだづくりに分けられる．

トレーニングの内容は対象や目的に応じてさまざまであるが，その原理，原則は共通である．ただし，運動生理学やバイオメカニクスの研究は急速に進んでおり，その成果によってトレーニング内容も変化している．今後も，より合理的な種々のトレーニング法が考案されることを期待したい．

8.4　トレーニングの手順

一般にトレーニングの手順は図 8-5 のように考えられている[5)]．

(1)　健康診断

一般人とスポーツマンでは多少異なる点もあるが，まず大切なのは疾病の有無，肥満の程度などの健康状態の確認である．特に，心電図の検査を忘れてはならない．専門家に依頼して，きちんとした検査を受ける．また，日頃の運動やトレーニングの状況を知っておくことも（14，15 章参照），トレーニングの内容を組み立てるうえで重要である．

(2)　体力・運動能力テスト

次に体力テストや運動能力テストによって，個人の体力，運動能力，競技能力を把握する．この方法については 7 章を参照されたい．

(3)　重点目標の設定

以上のデータをもとにトレーニングの重点目標を定める．健康づくりとか，競技能力の向上，また

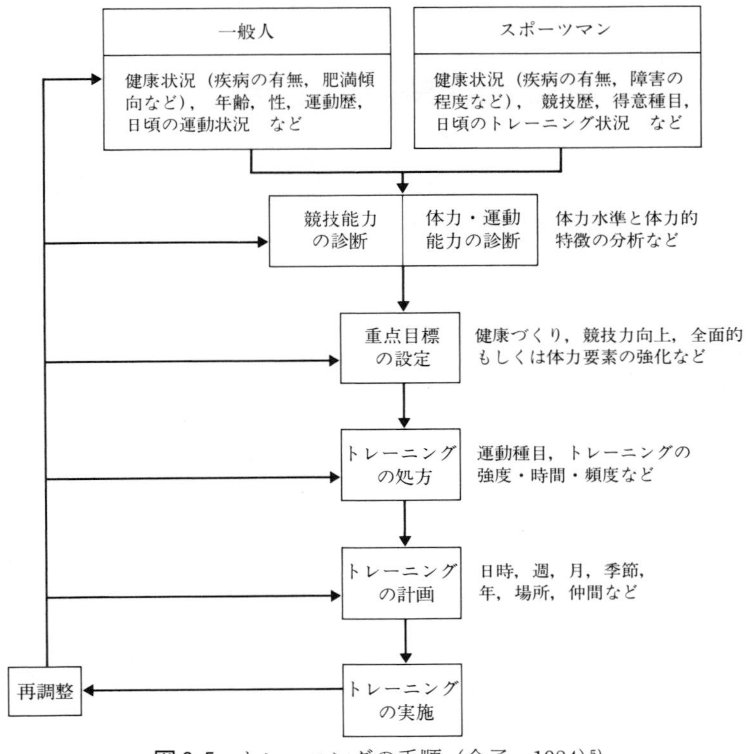

図 8-5　トレーニングの手順（金子，1984）[5]

は，もっと細かく持久力を高めるとか，下肢筋のパワーを高めるなどである．

(4)　トレーニング処方・計画

設定した重点目標に応じて，トレーニングの処方，すなわち種目，トレーニングの強度・時間・頻度などを決める．次に日時，週，月，季節，あるいは場所といったトレーニングの具体的な計画を立てる．

(5)　再調整

以上の手順をふんでトレーニングを実施したら，その効果の有無をチェックすることも忘れてはならない．体力の変化に応じてトレーニングの内容を見直し，常に最適なトレーニングになるよう調整する．

参考文献

1)　Roux, W.：Gesammelte alhandlungen uber entwicklungsmechanik der organismen, band I：funktionelle anpassung. Leipzig, 1895.

2)　Matwejew, L.：Periodisierung des sportlichen trainings. Bartels & Wernitz Verlag, Berlin, 1972.

3)　Hettinger, T.：Physiology of strength. Charles C. Thomas Publ., Springfield, Illinois, 1961.

4)　Ozolin, N. G.：ソビエトのスポーツトレーニング方式. 東京オリンピックスポーツ科学研究所報告, 638-643, 1965.

5)　金子公宥：トレーニングの科学. 浅見俊雄ほか編：現代体育・スポーツ体系 8, 講談社, 東京, 1984.

6)　猪飼道夫, 松井秀治：スポーツ・トレーニング概論. 猪飼道夫ほか編：スポーツ科学講座 1, 近代トレーニング, 大修館書店, 東京, 1965.

9章　ウォーミングアップ

身体の諸機能は，運動時にはそれに適した状態へと変化している．たとえば，心拍数や最大血圧は上昇し，また，筋への血流が増加するので腹部内臓への血流は減少する．したがって，安静状態から急に激しい運動を始めると，呼吸循環器系などの変化が急激に生じ，体内の恒常性のバランスが崩れてたいへん危険である．実際，ウォーミングアップをせずに，１分間で疲労困憊に至るような激しい運動を行った場合，心筋の虚血状態が観察されている[1)]．また，筋温が十分に高まっていない状態で激しい運動を行うと，肉ばなれや筋断裂なども起こりやすくなる[2)]．

このように身体機能が運動に十分適応していない状態は，危険なうえに，よいスポーツ成績を得ることもできない．そこでウォーミングアップを行って，身体機能を安静状態から運動に適した状態へと徐々に導いていく．ウォーミングアップとして特に決められた運動はないが，一般には以下のような運動が行われている．

(1)　ストレッチ運動

(2)　柔軟体操とジョギングなどの軽度の全身運動

(3)　スポーツに含まれるフォームを考慮した運動

実施順序も上記のとおりで，生体に大きな負担をかけずに，優れたスポーツ技能を発揮できるよう配慮されている．なお，ここでは最初にストレッチ運動となっているが，ストレッチはジョギングなどで身体を温めてから行ったほうがよいという考え方もある．

ウォーミングアップの内容と時間は，その後に行う主運動との関係で工夫される．ジョギングやマラソンなどでは，ストレッチ運動と柔軟体操に重点をおき，かつ体力の消耗を少なくするため比較的，短時間となっている．一方，すばやい筋収縮を発揮しなくてはならない短距離走や跳躍競技では，十分に時間をかけたウォーミングアップで体温や筋温を上昇させる．さらに，体操競技などのように巧みな技術を発揮する種目では，競技のフォームを考慮したウォーミングアップに重点がおかれる．

ところで，一般にウォーミングアップといえば，主運動に対して身体的な準備を整える，すなわち準備運動という位置づけがなされている．しかし，一般の人にとっては，ウォーミングアップそれ自体が，健康のためにたいへん有意義な運動である．ストレッチ運動やジョギング，ラジオ体操などを愛好している人は多く，これらは中高年者にとっても負担が過剰になることがないので，ぜひ実行したいものである．

1)　ストレッチ運動

ストレッチ運動とは，反動をつけずに筋を伸ばす運動をいう．筋を少しずつストレッチしていくと，体温や筋温が徐々に高まり，筋がリラックスしてくる．また，関節の可動域も広がるので，身体の柔軟性を高める効果もある[3,4]．

筋をリラックスさせれば，筋の過伸展による肉ばなれや筋断裂などの筋損傷を予防することができ，また運動後の筋肉痛も軽減することができる．さらに，可動域が広がっていれば，運動中に関節が過伸展されても筋力による調節が可能なので，捻挫などの関節の障害を防ぐこともできる．

加えて，ストレッチ運動には，筋や関節の運動に関する情報をあらかじめ中枢に入力するという意味もあるらしい．たとえば関節の障害は，可動域をあらかじめ知覚しておくことによって減らすことが可能と考えられている．このほか，筋を伸ばすという刺激が筋タンパク質の合成を促進するという報告もあり[5]，筋のトレーニング効果をあげるという意味もありそうである．

図 9-1 にストレッチ運動をいくつか示した[6~8]．ここで注意したいのは，反動をつけないこと，そして正確な姿勢をとらないと筋を伸ばすことにならない点である．それらしき格好であっても筋はほとんど伸びていないということが多いので，まず筋を確実に伸ばすことのできる姿勢を習得するのが先決である．たとえば，下腿の屈筋（ふくらはぎ）を伸ばす場合（図 9-1(1)），上体を反らすと膝が曲がりやすくなり(関節角度の変化)，筋を十分に伸ばすことはできない．

ストレッチ運動は次のように行うと効果的である．

(1) 楽に呼吸しながら，徐々に，しかも十分に伸ばしていく．

(2) 筋を伸ばした姿勢で，もう一度，息を吐く．こうすると筋緊張が抑制されるので，よりいっそう伸ばすことができる．逆に息こらえをすると筋緊張が高まってしまう．筋を伸ばした姿勢は 20 秒程度，維持する．

筋をどのくらい伸ばすかは，個々人によって異なる．また，普段からあまり伸ばすことのない筋は硬直しているので，少し伸ばしただけで強い痛みを感じる．このような部位については，ゆっくりと，繰り返しストレッチしていく．1 度目は軽く，2 度目以降から強めに伸ばしていくのが効果的である．実際に各部位のストレッチ運動を行ってみると，運動不足になっている筋がよくわかる．

(1) 下腿の屈筋：踵を床につけたまま下肢と上体を前傾する

(2) 大腿の内転筋(内股の筋)：手を身体の直下につき臀部を後方に突き出す

図 9-1 ストレッチ運動

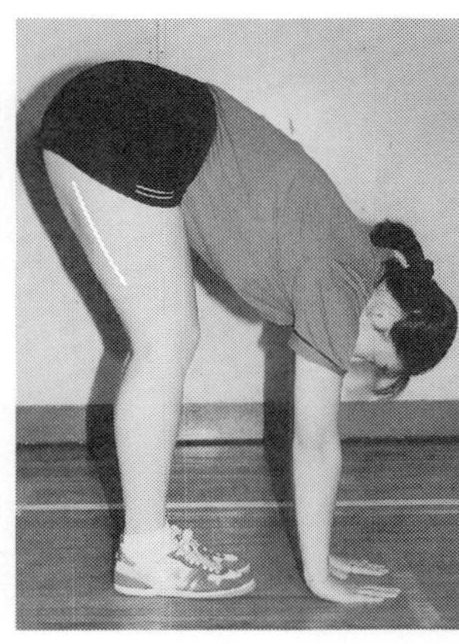

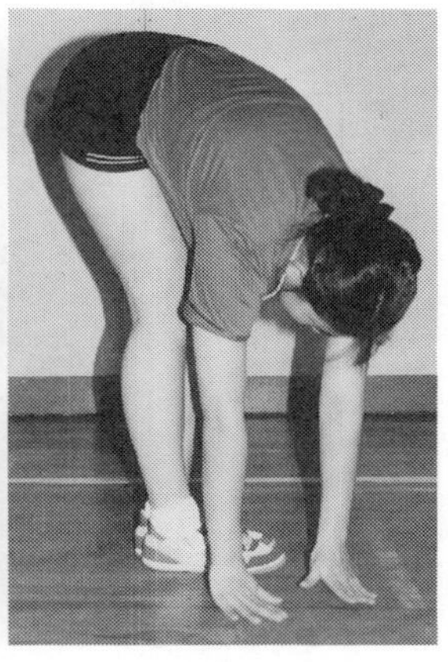

(3)　大腿の屈筋：踵を床につけたまま体幹を左右に捻転する．膝はできるだけ伸展する

(4)　股関節の屈筋：足の甲と伸展した下肢の同側の手を床につけ，上体を反らし，股関節を伸展する

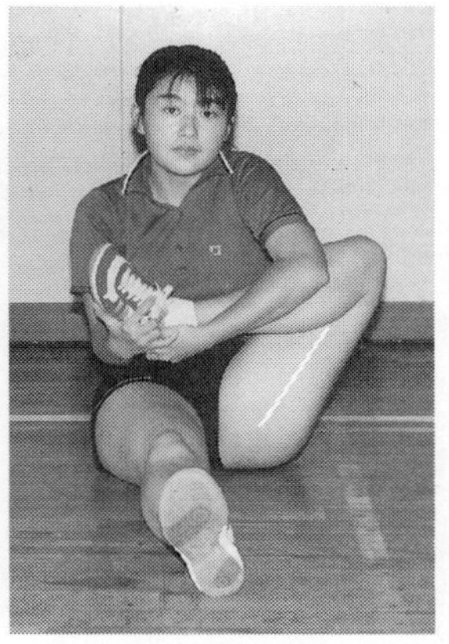

(5)　臀筋(臀部の筋)：左脚をねじって手で下腿を胸につける

(6)　大腿の内転筋・屈筋：下肢を大きく開き，体幹を伸ばしたまま前傾する

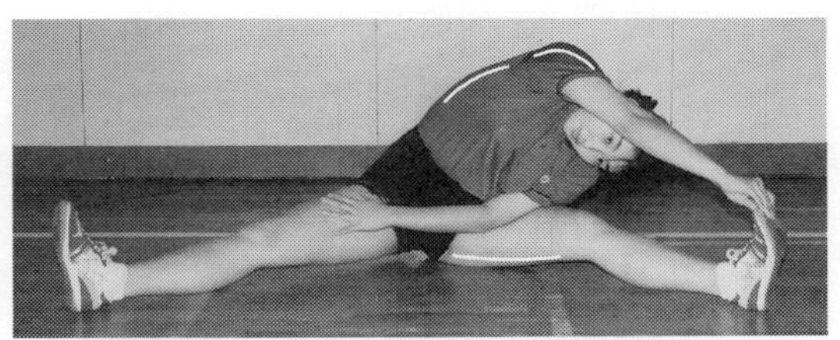

(7)　肩と体側の筋，大腿の内転筋・屈筋：下肢を大きく開き，反対側の爪先をつかむ

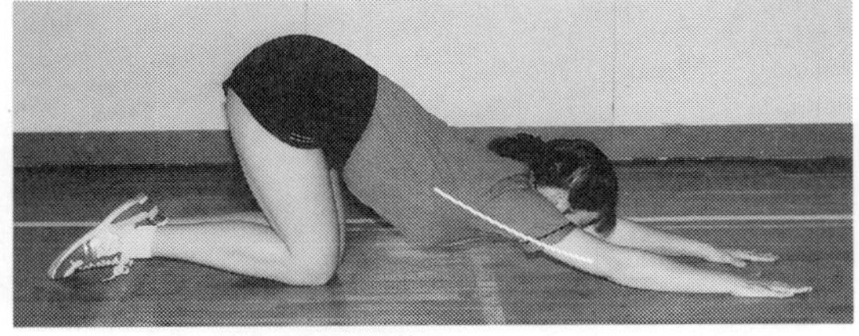

(8)　腹筋・胸筋・上腕伸筋：大腿を垂直に立て，上肢を前方に伸展し，わきを床につけるようにする

図9-1（つづき）

(9) 前腕屈筋・上腕伸筋・胸筋・腹筋・大腿伸筋：全身を十分に反らし，ブリッジする

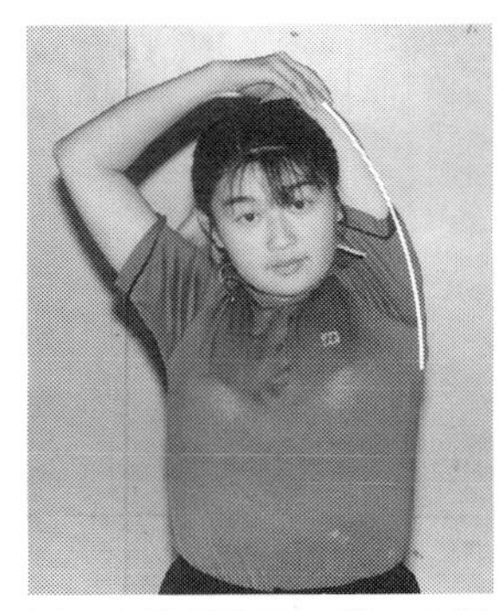

(10) 上肢帯後面の筋・上腕伸筋：頸の後ろで肘を側方へ引く

(11) 頸の後面の筋：膝を伸ばして爪先を床につける

(12) 大腿の内転筋・上肢帯後面の筋：蹲踞姿勢で右肘を伸ばしたまま体幹を左へ回旋する

(13) 前腕の筋：肘を伸ばし，手の甲ないし手のひらを床につけ，上肢を回旋する

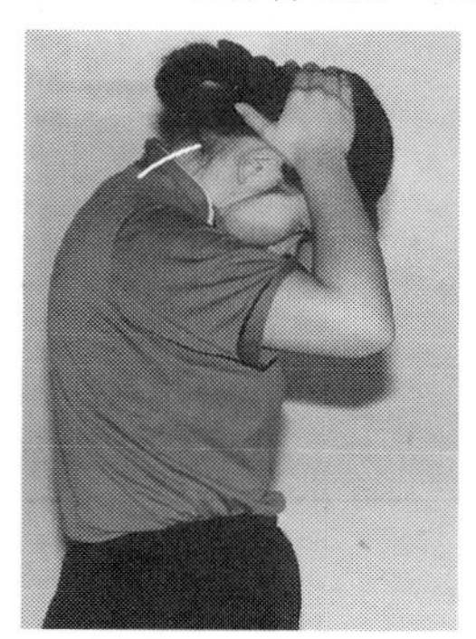

(14) 頸の後面の筋：頭をかかえ，首を屈曲する

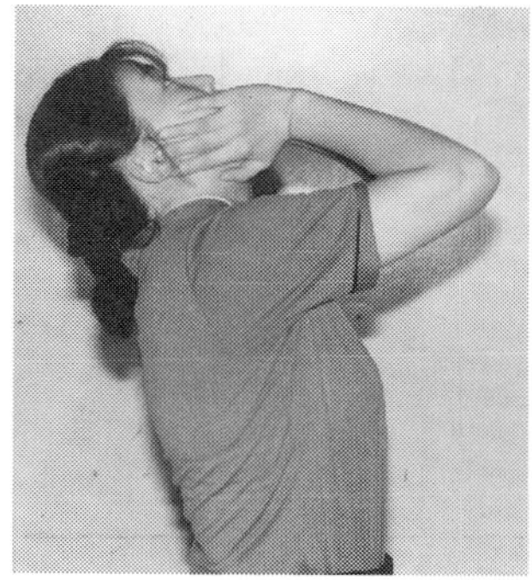

(15) 頸の前面の筋：顎を押し上げ，首を伸展する

(16) 頸の側面の筋：頭を側方に引く

図 9-1（つづき）

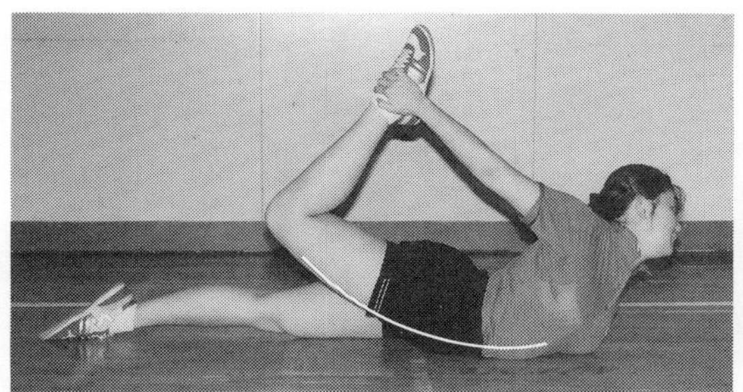

⒄　大腿と体幹の前面の筋：足首を持ち，下肢と体幹を反らす

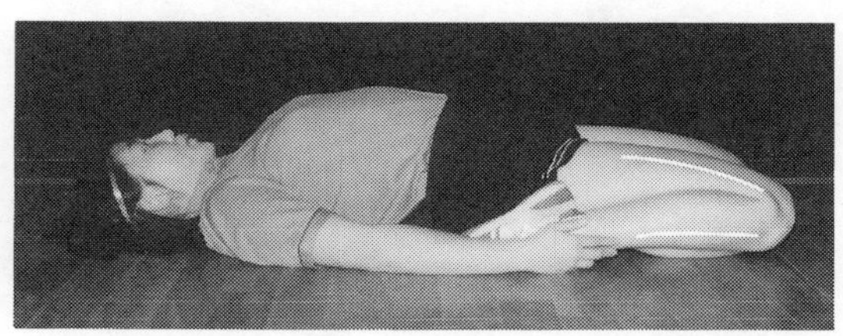

⒅　下肢の前面の筋：爪先を後方に伸ばし，臀部を床につけ，仰向けに寝る

⒆　臀筋・大腿伸筋・背筋：踵を床につけ，両足を肩幅に開き，肘を床につける

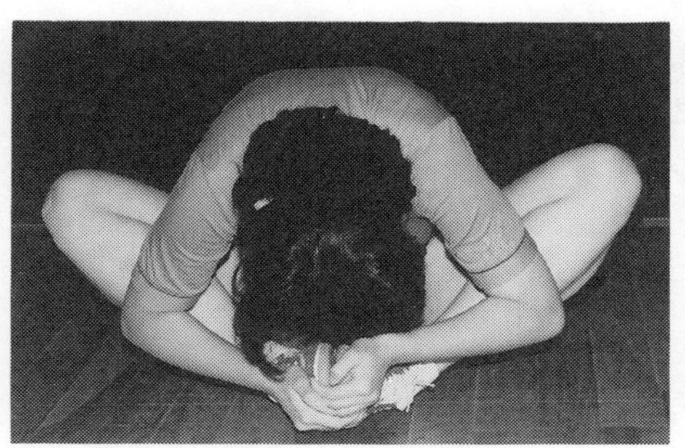

⒇　大腿の内転筋：両足底を合わせ，足を持ち，胸部または頭を足につける

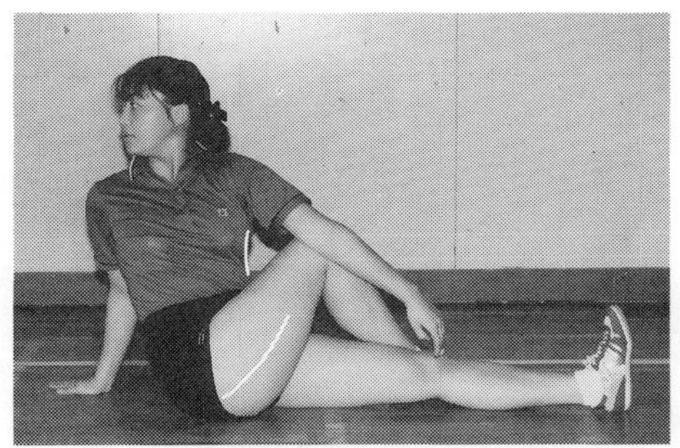

(21)　臀筋・体側と背面の筋：左膝を伸展，右膝を屈曲し，左肘を膝に当て，右手を後方の床につき，体幹を伸ばして右旋回する

(22)　臀筋と下腿の屈筋：体幹を伸ばし，右膝を90°に保ち，両手で足を持つ

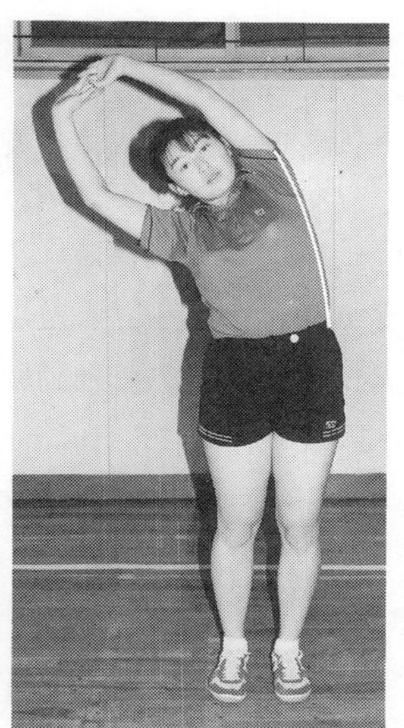

(23)　肩と体側の筋：両手を組み，背伸びをしながら側屈する

図 9-1（つづき）

(24) 下腿の外側筋：足を肩幅くらいに開き，足首を内がえしする

(25) 足首の内側筋：膝を伸ばし，足首を外がえしする

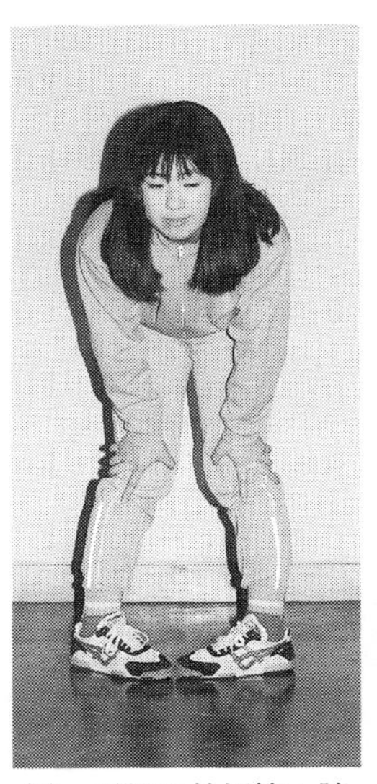
(26) 下腿の外側筋：膝を伸ばし，足を内旋する

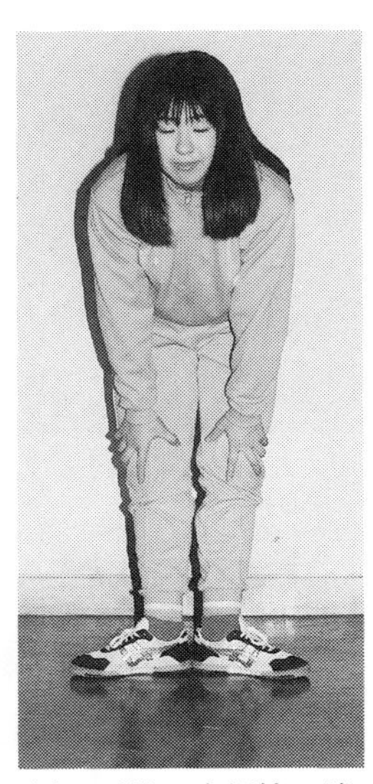
(27) 下肢の内側筋：膝を伸ばし，足を外旋する

図 9-1（つづき）

2) 柔軟体操とジョギングなどの軽度の全身運動

ストレッチ運動に続いて，積極的に反動をつけて柔軟体操を行う．

柔軟体操では，主運動（特定のスポーツ）に直接に関係する主要な筋群に重点をおいて行うようにする．主要筋群の筋温をさらに上昇させることによって筋の粘性を低下させ，すばやい動作が可能になり[9]，また肉ばなれや筋断裂の発生も少なくなる[10]．さらに末梢血管が拡張するので，運動中の最大血圧の上昇を適度に抑える効果もある[11]．

ジョギングなどの軽い全身運動を行うと，呼吸循環器系の機能が亢進し，激しい運動に対する反応，および回復を早める[12]．また，筋血流量の著しい増加によって酸素や栄養物の供給も高まり，有酸素的エネルギー代謝が円滑に進むようになる．これは，その後の運動による血中乳酸の蓄積を抑制し，円滑な筋収縮を可能とする[13]．以上のような効果を引き出すには，10～15 分間の運動が必要とされている[14]．

一方，ジョギングなどの軽い全身運動によって，反応時間が短縮することがわかっている（図 9-2）[15]．反応時間の短縮は，中枢の興奮性が向上していること，また体温の上昇によって神経線維の伝導速度が改善されていることを反映していると考えられるので，スポーツ成績の

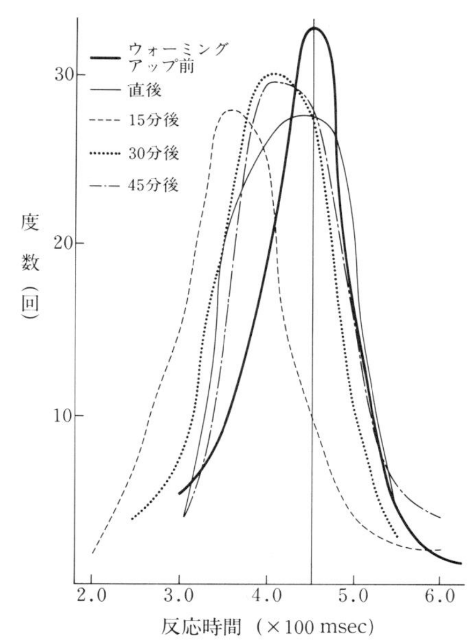

図 9-2 ウォーミングアップ前後の連続反応時間（中原，1964）

向上が期待できる．

ところで，ウォーミングアップの効果が現れる主な理由が体温と筋温の上昇であることから，温水シャワー，風呂，サウナなどを利用しても同様な効果が得られることが予想された．多くの研究が行われてきたが，これら運動によらないウォーミングアップによっても，ある程度の効果は認められている．ただし，身体を動かすウォーミングアップに比べると，その効果は小さいようである[16]．

3）スポーツに含まれるフォームを考慮した運動

ウォーミングアップの仕上げとして，スポーツに含まれるフォームを考慮した運動が推奨されている．そのスポーツに関与する筋群の生理的要因（温度や血流など）をより適切な状態とすることができ，さらには，関与する神経-筋機構の調整を行うことができる．

たとえば，ハードル選手では足の振り上げや上体の前傾，バドミントン選手では前後・左右への往復ステップ運動を大股で行う．また，卓球選手では，ゲーム中の激しいフットワークを想定して，腰の捻転を強調したすばやい脚の前後運動などを行う．

4）ラジオ体操－健康のための運動

ラジオ体操は，簡易保険加入者の健康増進を目指して，昭和3年に逓信省（現在の郵政省）により発案され，現在の振付は第一体操が昭和26年，第二体操が昭和27年につくられたものである．現在でも，早朝の健康体操として，あるいは準備体操，整理体操として，多くの人に親しまれている．

第一，第二体操とも，さまざまな運動を組み合わせて振り付けられているが，体操の最初と最後には，反動をあまり使わずに筋を伸ばすいくつかの運動が入っている．これはストレッチ運動に相当する．また中間部分には，反動を利用した柔軟体操，および心拍数の上昇を伴うやや激しい運動が組み込んであり，急激な負担とならないように，運動の順序がよく考慮されている．このような配慮は第一体操と第二体操の間にもみられ，第二体操には，第一体操より大きな反動を利用した運動，および心拍数がかなり上昇するような激しい運動が多く用いられている．

ラジオ体操を実施のポイントに従って正確に実行すると，心拍数は平均130拍/min[17]，跳ぶ運動では150〜180拍/min[18]にも達する．しかも，ラジオ放送では第一，第二体操（各3分）のほかに，いくつかのストレッチ運動や柔軟体操が加えられ，運動時間は約10分となり，汗をかくほど十分な運動となる．このようにラジオ体操をきちんと実行すれば，ウォーミングアップと同様の柔軟性の向上，体温や筋温の上昇，そして呼吸循環器系の機能亢進といった効果が得られるのである．

5）クーリングダウン

主運動の前のウォーミングアップと同様，運動後のクーリングダウン，あるいは整理運動も重要である．激しい運動を急に中止すると，運動に適合していた身体の諸機能は安静水準へ急激に移行していくが，このとき機能相互間の調和が失われ，悪心，めまい，立ちくらみ，意識障害などの症状を引き起こすことがある．したがって，激しい運動の後には必ず軽い運動をクーリングダウンとして行い，徐々に安静状態に導いてやる必要がある．

なお，クーリングダウンのメカニズムおよび効果については，4章のエネルギーの回復の項で述べたように，運動で生じた乳酸の除去，および筋ポンプ作用による脳貧血の防止に集約されるので，ここでは省略する．

参考文献

1) Barnard, R. J., et al.：Cardiovascular response to sudden strenuous exercise－HR, BP, and ECG., J. Appl. Physiol., 34：833-837, 1973.

2) Safran, M. R., et al.：The role of warmup in muscular injury prevention. Am. J. Sports Med., 16(2)：123-127, 1988.

3) 小川新吉，阿久津邦男：Warming-up の生理学的研究，Warming-up による身体柔軟度の変化．東京教育大学体育学部紀要，2：143-152，1962.

4) Cornelius, W. L., et al.：A study on placement of streching within a workout. J. Sports Med., 28(3)：234-236, 1988.

5) Goldspink, D. F.：Growth of muscle, development and specialization of skeltal muscle. Cambridge University Press, Cambridge, 19-35, 1980.

6) 安田矩明ほか：デイリーストレッチ体操．大修館書店，東京，1981.

7) 中村隆一，斉藤　宏：基礎運動学．医歯薬出版，東京，1976.

8) 森　於菟ほか：解剖学 1（改訂 10 版）．金原出版，東京，1969.

9) 中原凱文：生体の適応と健康・体力学．名取礼二監修：健康・体力づくりハンドブック，大修館書店，東京，1983.

10) Stricker, T., et al.：The effects of passive warming on muscle injury. Am. J. Sports Med., 18(2)：141-145, 1990.

11) 池上晴夫：運動処方：理論と実際．朝倉書店，東京，78-84，1987.

12) 権　五晟ほか：急に始まる激運動時の循環反応に及ぼすウォーミング・アップの効果．体力科学，40：174-186，1991.

13) 後藤真二，池上晴夫：運動中の血中乳酸動態に対するウォーミング・アップの影響．体力科学，36：78-84，1987.

14) Asmussen, E. and Boje, O.：Body temperature and capacity for work. J. Physical Education, 42：48-66, 1950.

15) 中原圭相：Warming up の生理学的研究（その 1），Warming up による中枢神経系の興奮水準の変動について．体力科学，13：189-197，1964.

16) 石河利寛：ウォーミングアップの生理学．体育学研究，18(1)：1-8，1973.

17) 宮下充正ほか：ラジオ体操の床反力および心拍数－その体力科学的意義の検討－．体育科学，8：50-57，1980.

18) 鈴木政登ほか：ラジオ体操第 1 の主観的運動強度について．体育科学，7：22-29，1979.

10章　運動強度と運動量の表し方

体力測定によって自分の体力を把握したら，次にその体力に適した運動，および運動強度を決めなくてはならない．ここでは運動強度，相対的運動強度，運動量の意味と，求め方について述べる．実際のトレーニングのなかで自由に使いこなせるようにしたいものである．

10.1　運動強度

運動強度とは，一定の時間（単位時間）内になされる運動量をいう．これは仕事量または酸素摂取量，エネルギー代謝率を用いて表すことができる．

(1)　仕事量

1分間当たりになされた仕事量によって，運動強度を表すことができる．たとえば，体重 60 kg の人が階段を1分間に 20 m（垂直距離）昇ったときの運動強度は，1,200 kg･m/min（60 kg×20 m/min）である．

また，自転車エルゴメータを用いる場合には Watt（ワット）で表すこともある．1 Watt は 1 J（ジュール，10^7erg）/sec であり，上記の階段昇りの運動強度は約 200 Watt と表せる．

$$1\ \text{Watt} = 1\ \text{J/sec} = 6.12\ \text{kg} \cdot \text{m/min}$$

(2)　酸素摂取量

運動中に体内に取り込まれた酸素摂取量を測定し，単位時間内（1分間）に消費された酸素量を求め，これをエネルギー（kcal）に換算して運動強度を表すこともできる．1 l の酸素消費により，約 5 kcal のエネルギーが発生する．

(3)　エネルギー代謝率（Relative Metabolic Rate：RMR）

運動によって消費されたエネルギーが，基礎代謝の何倍に相当するかをエネルギー代謝率とよび，これにより運動強度を表す．

RMR ＝（運動時代謝－安静時代謝）/基礎代謝

基礎代謝とは，目覚めている状態（横臥）で生命を維持するために必要な最小限のエネルギー代謝であり，ほぼ 1 kcal/min である．また，安静時代謝とは，椅座位で安静にしている状態のときのエネルギー代謝をいい，基礎代謝の約 1.2 倍である．

表 10-1 にさまざまな動作と運動の RMR を示す[1]．ちなみに散歩は 2.5，ラジオ体操は 3，エアロビックダンスは 4，ジョギング（140 m/min）は 7 である．なお，RMR の値は運動によって消費される1分間当たりのカロリー数とほぼ一致する．

エネルギー代謝率については，日本では基礎代謝をもとにした RMR を用いることが多いが，アメ

表 10-1 いろいろな運動・動作のエネルギー代謝率（中野，1982）[1]

運動・動作	RMR	運動・動作	RMR	運動・動作	RMR
静かに座っている	0.1	軽い農作業	3.0〜4.0	洗　濯	1.2〜2.8
読書・筆記	0.3	耕　作	5.0〜8.0	水汲み	4.7
活け花	0.6	自動車運転	0.8〜1.2	園　芸	3.0
ピアノ	0.5〜2.5	靴みがき	1.1	大　工	2.0〜5.0
ミシン	0.8〜1.2	育児・看病	1.6	入　浴	1.8
調　理	1.1	ふき掃除	1.7〜5.0		
和洋裁	0.5〜0.7	はき掃除	2.5		
歩　行		水　泳		バドミントン	
60 m/min(100 s/100 m)	1.9	競技　100 m クロール	47	男子シングルス	6.6
70 m/min(85 s/100 m)	2.4	1,500 m クロール	20	ダブルス	5.3
80 m/min(75s/100 m)	3.1	100 m バック	46	女子シングルス	5.1
90 m/min(67s/100 m)	4.0	100 m ブレスト	40	ダブルス	3.3
100 m/min(60s/100 m)	5.0	100 m バタフライ	56	卓　球	
110 m/min(55s/100 m)	6.4	遠泳	6〜8	小学生	3.9
120 m/min(50s/100 m)	8.5	練習	8〜25	中学生	4.7
ランニング		ボート		高校生	4.3
120 m/min(50 s/100 m)	6.0	競技	23	大学生	7.3
140 m/min(43 s/100 m)	7.0	練習	6〜7	アイスホッケー	4.5
160 m/min(38 s/100 m)	8.5	ボディビル(腹筋運動)	7.6	ローラースケート	3.0〜8.0
180 m/min(33 s/100 m)	10.0	野　球		氷上スケート	7.0〜9.0
200 m/min(30 s/100 m)	12.0	投手	5〜6	スキー	
220 m/min(27 s/100 m)	14.0	捕手	4〜5	歩行	3.3〜6.5
240 m/min(25s/100 m)	16.0	内野手	2〜2.5	直滑降	6〜11
体　操		外野手	1.5〜2.0	スラローム	23.4
準備体操	2〜4	縄跳び	12〜22.0	柔　道	10〜16
競技　鞍馬	23	サッカー		剣　道	
平行棒	27	試合　前後衛	7〜12	試合	7〜19
鉄棒	37	キーパー	1〜5	練習きりかえし	34
跳馬	75	練習	4〜7	かかり稽古　かかり	43
つり輪	26	ラグビー		うけ	19
床	24	試合	8〜13	相　撲	10〜33
投てき		練習	5〜9	登　山	5〜8
競技　砲丸投げ	48	アメリカンフット		サイクリング	
円盤投げ	56	ボール		平地　10 km/h	3.4
ハンマー投げ	108	試合(100分)	6.8	15 km/h	5.7
やり投げ	100	バスケットボール	10〜17	登坂　10 km/h	7.2
投てき練習	4.4〜9.0	バレーボール	2〜15	15 km/h	13.6
跳　躍		硬式テニス		学校ダンス	
競技　走り幅跳び	89	男子シングルス	10.9	平均（女子）	5.4〜10.0
三段跳び	152	ダブルス	7.7	フォークダンス	6.7〜15.1
棒高跳び	79	女子シングルス	8.6	ゴルフ	3.6
走り高跳び	74	ダブルス	6.3	ウエイトリフティング	
跳躍練習	4.6〜6.1	軟式テニス		プレス(ベスト)	90
		男　前衛	4.5	スナッチ(ベスト)	110
		後衛	6.1	ジャーク(ベスト)	120
		女　前衛	3.2	ボディビル	
		後衛	7.0	ダンベル	11〜12
				バーベル	7〜11

リカでは安静時代謝をもとにした Mets という値が一般に用いられている．

$$\text{Mets} = (\text{運動時代謝})/(\text{安静時代謝})$$

前述したように安静時代謝は基礎代謝の約 1.2 倍なので，基礎代謝は安静時代謝の約 0.83 倍となり，RMR は次式により Mets に換算することができる．

$$\text{Mets} = [(\text{RMR} \times \text{基礎代謝})/(\text{安静時代謝})] + 1$$
$$= \text{RMR} \times 0.83 + 1$$

10.2　相対的運動強度

運動強度は同じであっても，人によって楽だったり，きつかったりすることがあるが，これは人によって体力が異なるからである．トレーニングは，安全性や有効性を考慮して，個々人にあった相対的運動強度を用いて行う．

(1)　心拍数による相対的運動強度

運動時心拍数は運動強度に対応して上昇するが，その上昇のしかたは体力によって異なる（図 10-1）．体力の高い人（図 10-1 c）では心拍数はゆるやかに上昇し，逆に体力の低い人（図 10-1 a）では急激に上昇する．

なお，これらがほぼ直線関係にあるのは 110〜170 拍/min の範囲であるといわれている[2)]．心拍数が比較的低い場合には情緒的興奮や精神的緊張の影響を受け，比較的高い場合には体内 pH などの変化により，直線関係になりにくいからである．この原理を利用した持久力（有酸素的体力）の指標が PWC_{170} である．

心拍数を指標として相対的運動強度を求めるには，以下の式を用いる．

$$\text{相対的運動強度（\%心拍予備）} = \frac{\text{運動時心拍数} - \text{安静時心拍数}}{\text{最大心拍数} - \text{安静時心拍数}} \times 100 \qquad (1)$$

安静時心拍数は，一般成人では男子 65〜75 拍/min，女子 70〜80 拍/min である．スポーツマンの安静時心拍数は一般人より低く，表 10-2 のようになっている[2)]．特に持久性のトレーニングを行っている者でこの傾向は強く，マラソン選手では 40 拍/min 以下という者もいる．これは 1 回の拍動で

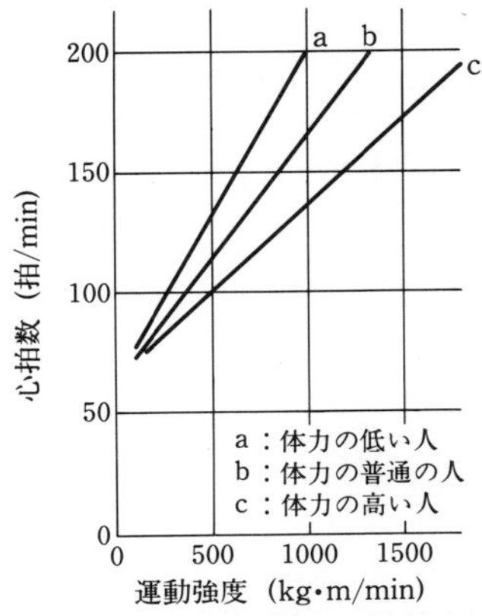

図 10-1　運動強度と心拍数の関係(男子大学生)

表 10-2　スポーツマンの安静時心拍数（池上，1990）[2)]

種　目	N	心拍数	種　目	N	心拍数
重量挙げ	15	80±15.4	長距離走	15	61±16.1
短距離自転車	9	67± 7.2	自転車	23	60±15.7
短距離走	18	65± 9.3	水　泳	17	59±12.0
長距離自転車	7	65± 7.7	マラソン	28	57± 7.3
中距離走	16	63±11.8	スキー	11	52± 8.1
ボート	21	62± 9.3	各種スポーツ*	107	50± 5.6
軽スポーツ	47	61±12.1	長距離走*	10	43± 4.8

*：非常によく鍛練されたグループ

心臓から押し出される血液量が多いので，組織が必要とする血液量を少ない心拍数で輸送できるからである．

最大心拍数とは，運動中に到達する最大の心拍数で，加齢とともに減少する．20歳前後では180～200拍/min（平均195拍）であるが，10歳代ではそれよりやや高く，30歳以降では減少していく．ただし，加齢に伴う低下はトレーニングの程度によっても異なる．また，一般人についても低下の程度はさまざまであるが，いちおうの目安として以下の式が示されている．

$$最大心拍数 \fallingdotseq 220-年齢$$

また，最大心拍数に対する運動時心拍数の割合で運動強度を表すこともある．

$$相対的運動強度（\%HR_{max}）=\frac{運動時心拍数}{最大心拍数}\times 100 \qquad (2)$$

$\%HR_{max}$の値と％心拍予備の値とは一致しないので注意する．たとえば，最大心拍数が200拍/minで安静時心拍数が70拍/minの人の場合，安静時の相対的運動強度は，(1)式では0％心拍予備となるが，(2)式では35 $\%HR_{max}$となる．また，この人が160拍/minとなる運動を行った場合，その相対的運動強度は約64％心拍予備とも，80 $\%HR_{max}$とも表すことができる．

(2)　酸素摂取量による相対的運動強度

運動強度が高くなるにつれて，酸素摂取量も直線的に増大する．ただし，ある点に達すると，さらに運動強度をあげても，酸素摂取量は増加しなくなる．このときの酸素摂取量が最大酸素摂取量であり，有酸素的体力の限界点といえる．そこで，相対的運動強度を最大酸素摂取量に対する運動時酸素摂取量の割合によって表すことができる．

$$相対的運動強度（\%\dot{V}_{O_2max}）=\frac{運動時酸素摂取量}{最大酸素摂取量}\times 100 \qquad (3)$$

最大酸素摂取量は性，年齢，体格，体力などにより個人差があり，一般の20歳代の男性で2.5～3.0 l/min，女性では男性の70～80％である[3]．表10-3に，体重当たりの最大酸素摂取量を男女・年齢別，持久力の程度別に示した[2]．

表10-3　最大酸素摂取量の判定基準（池上，1990）[2]（単位：ml/min/kg体重）

	年齢	持久力				
		低　い	やや低い	普　通	やや高い	高　い
男子	20～29	～40.6	40.7～45.3	45.4～51.4	51.5～56.1	56.2～
	30～39	～34.5	34.6～40.0	40.1～47.1	47.2～52.6	52.7～
	40～49	～29.4	29.5～34.9	35.0～42.0	42.1～47.5	47.6～
	50～59	～24.2	24.3～29.7	29.8～36.8	36.9～42.3	42.4～
	60～69	～18.4	18.5～23.9	24.0～31.0	31.1～36.5	36.6～
女子	20～29	～27.4	27.5～31.9	32.0～37.8	37.9～42.3	42.4～
	30～39	～22.2	22.3～26.9	27.0～33.0	33.1～37.7	37.8～
	40～49	～18.0	18.1～22.7	22.8～28.8	28.9～33.5	33.6～
	50～59	～14.9	15.0～19.6	19.7～25.7	25.8～30.4	30.5～
	60～69	～12.2	12.3～16.9	17.0～23.0	23.1～27.7	27.8～

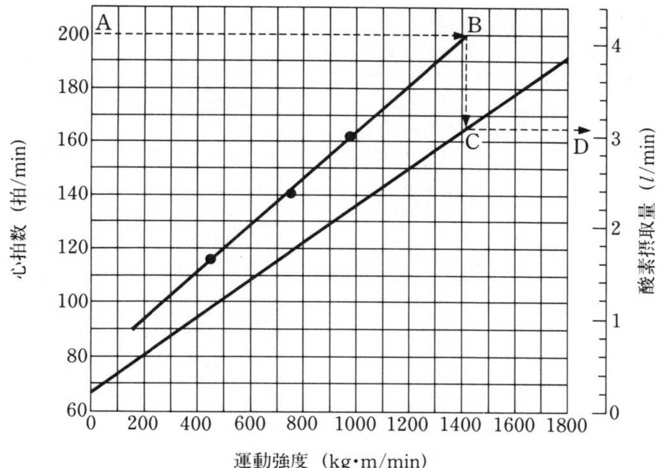

図 10-2　運動強度と心拍数から最大酸素摂取量を求める方法

図 10-2 に，運動強度と心拍数から間接的に最大酸素摂取量を求める方法を示したが，この方法により運動時心拍数から酸素摂取量を知ることもできる．

まず，測定した運動強度（自転車エルゴメータ）と心拍数の関係をグラフ上にプロットし，目視，あるいは最小自乗法により回帰直線を描く．次に，最大心拍数 (A) のラインと回帰直線との交点 (B) を求める．B 点から垂線を下ろし，運動強度 (x) と酸素摂取量 (y) の関係を示す直線（次式）との交点 C を求め，C 点に対応する酸素摂取量 (D) を読み取る．図 10-2 では 3.1 l となる．

$$\text{酸素摂取量(y)} = 0.00234 \times \text{運動強度(x)}/0.23/5 + 0.2 \qquad (4)$$

1 kg・m の物理的運動エネルギー：0.00234 kcal，自転車運動の効率：23 %
酸素カロリー当量：5 kcal/l，安静時酸素摂取量：0.2 l/min

歩行についてもエネルギー効率が 23 %であると報告されており[5]，図 10-2 に準じて酸素摂取量を求めることができる．この図に最大心拍数を記入し，上述の方法（A→B→C→D）で最大酸素摂取量を求め，その値を体重で除すことによって，表 10-3 から持久力を 5 段階に分けて評価することができる．なお，歩行の単位時間（1 秒）当たりの進行方向への仕事量（W）は，次式によって求めることができる．

$$W = \frac{1}{2} mV^2 = \frac{1}{2} \frac{\text{体重}}{9.81} \cdot V^2$$

m：質量，V＝速度，9.81：重力加速度

このWを 60 倍することによって，図 10-2 の運動強度（1 分当たりの運動量）が求まる．具体的な計算方法については，資料 4 に示した．

(3)　自覚的運動強度（Rating of Perceived Exertion：RPE）

運動中に感じる運動のきつさ (自覚度) も，相対的運動強度の指標となる (表 10-4)[4]．これは自覚的に感じる運動のしんどさを 6 ～20 のレベルで表し，これに強度を表現する言葉を付したもので，安静状態は“非常に楽である”，中間は“ややきつい”，最大は“非常にきつい”である．また，6 ～20 のレベルを 10 倍したものがほぼ心拍数に一致し，“ややきつい”は 130 拍，“きつい”は 150 拍に対応す

表 10-4 自覚的運動強度(RPE)の判定基準(RPE×10≒心拍数)(Borg and Linderholm, 1967)

6		
7	very very light	(非常に楽である)
8		
9	very light	(かなり楽である)
10		
11	light	(楽である)
12		
13	fairly hard	(ややきつい)
14		
15	hard	(きつい)
16		
17	very hard	(かなりきつい)
18		
19	very very hard	(非常にきつい)
20		

る．20歳代の場合，“ややきつい”状態で約50%心拍予備，“きつい” 状態では約60%心拍予備の運動をしていることになる．

この方法は器具を必要としないので，さまざまな運動場面に利用できて便利であるが，尺度がおおまかなので，心拍数との対応に個人差があることに注意する．最近では安価で精度の高い心拍計が市販されているので，運動中の自覚度と心拍数の対応を確認しておくとよい．慣れてくると，自覚度からかなり的確に判断することができる．

10.3 安全な運動強度

運動強度の設定にあたっては，十分なトレーニング効果が得られ，しかも安全な強度が望まれる．適正強度を超える激しい運動は，無酸素性の運動となるため血中に乳酸が蓄積し，これが呼吸を苦しくさせ，時には不整脈や血圧の異常な上昇を引き起こすこともある．そこで，血中の乳酸濃度を指標とした安全なトレーニングのための運動強度の限界について述べる．

(1) **無酸素性作業閾値** (Anaerobic Threshold : AT)

無酸素性作業閾値とは，運動強度を徐々に高めていったとき，血中の乳酸濃度が急に増えだす点をいう (図 10-3)[2]．これ以下の強度ならば乳酸はほとんど産生されず，有酸素性運動なので安全ということができる．運動強度が高くなるに従って血中の乳酸や炭酸ガス排泄量，あるいは換気量が急激に上昇し始めるが，これは乳酸の増加によって呼吸中枢が強く刺激され，また過剰な乳酸によって予備アルカリが分解されて炭酸ガスを放出するようになるからである．

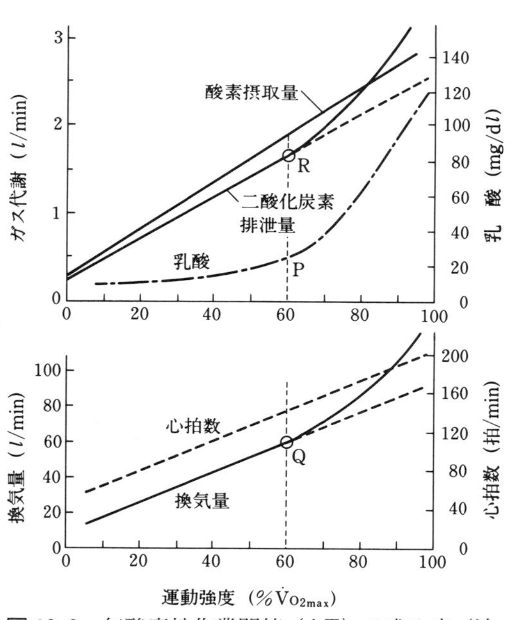

図 10-3 無酸素性作業閾値 (AT) の求め方 (池上, 1990)[2]

この閾値 (AT) を相対的運動強度 (%$\dot{V}_{O_2max}$) で表すと，図 10-3 では 60 %$\dot{V}_{O_2max}$となっているが，一般の人では 50〜60 %$\dot{V}_{O_2max}$，トレーニングをしている人やスポーツマンでは 60〜70 %$\dot{V}_{O_2max}$，一流の長距離ランナーでは 70〜80 %$\dot{V}_{O_2max}$に達する[2]．

(2) **OBLA** (Onset of Blood Lactate Accumulation) (オブラ)

一方, AT 以上の強度の運動においても，血中の乳酸が増加し続ける場合と，乳酸の産生と消費のバランスがとれて，一定値を保つことができる場合とがある．この一定値を維持できる運動強度の上限がOBLAである．逆にいえば，OBLA以上の運動は完全な無酸素性運動となる．

OBLAを相対的運動強度で表すと，現在のところ十分な資料は得られていないが，一般の人で75〜85 %$\dot{V}_{O_2max}$であるという[2)]．

(3)　安全な運動強度

このようにATやOBLAは，その運動の安全性のひとつの目安となる．ATとOBLAの間の運動強度では，無酸素エネルギーも若干使われるが，有酸素性エネルギーを主とする運動である．運動の安全性の目安（限界）としては一般にOBLAが用いられているが，高齢者ではより慎重にということからATとするのが妥当であろう．したがって，平均的にみた安全な運動の限界強度は，若い人では80 %$\dot{V}_{O_2max}$，中年の人では70 %$\dot{V}_{O_2max}$，高齢者では60 %$\dot{V}_{O_2max}$となろう．

ただし，実際のトレーニングでは最大酸素摂取量を測定して運動強度を知ることは容易ではなく，一般には手軽に測定できる心拍数を目安として用いることが多い．

ここで，%$\dot{V}_{O_2max}$の値から%心拍予備を知るための式を導いてみる．たとえば，男子大学生の安静時心拍数を70拍/min，最大心拍数を200拍/minとし，PWC_{170}(170拍/minのときの運動強度)を1,000 kg・m/minとした場合，最大心拍数のときの運動強度は以下のように計算できる．

$$\text{運動強度（kg・m/min）}=\frac{\text{最大心拍数(200)}-\text{安静時心拍数(70)}}{〔\text{運動時心拍数(170)}-\text{安静時心拍数(70)}〕/1000\ \text{kg・m/min}}$$

$$=\frac{130}{100/1000}=1300\ \text{kg・m/min}$$

この値を運動強度から酸素摂取量を求める式（(4)式）に代入すると，以下のようになる．

$$\text{酸素摂取量（y）}=0.00234\times1300/0.23/5+0.2$$

$$=2.8452 \qquad (5)$$

したがって，最大心拍数200拍/minのときの最大酸素摂取量（100 %$\dot{V}_{O_2max}$）は約2.85 l/minと計算できる．すると安静代謝時の酸素摂取量(0.2 l)は7 %$\dot{V}_{O_2max}$に相当するので，%心拍予備は以下のように換算できる．また，この式から%心拍予備は%酸素摂取量予備に等しいことが理解できる．

$$\%\text{心拍予備}=\frac{100}{100\ \%\dot{V}_{O_2max}-7\ \%\dot{V}_{O_2max}}\times（x\ \%\dot{V}_{O_2max}-7\ \%\dot{V}_{O_2max}） \qquad (6)$$

(6)式により前述の安全な運動強度の限界を換算すると，80 %$\dot{V}_{O_2max}$は78 %心拍予備，70 %$\dot{V}_{O_2max}$は68 %心拍予備，60 %$\dot{V}_{O_2max}$は57 %心拍予備となり，値が大きくなるほど両者の数値は近似することがわかる．

表10-5に，一般人のための適正強度（40〜60 %心拍予備）の運動時心拍数の目安を示す．これは安静時心拍数を70拍/分として%心拍予備の計算式（(1)式）から逆算したものであるが，この程度の心拍数なら有酸素性で安全かつ有効な運動と考えられる．

表10-5　心拍数からみた適性運動強度（40〜60 %心拍予備）

年代	適正強度
20歳代	122〜148拍/min
30歳代	118〜142拍/min
40歳代	114〜136拍/min
50歳代	110〜130拍/min
60歳代	106〜124拍/min
70歳代	102〜118拍/min

10.4　運　動　量

運動量は，一般に運動強度と運動時間の積によって表される．

運動量＝運動強度×運動時間

運動強度について RMR を用いれば，RMR 値は運動で消費される 1 分間当たりのカロリー数とほぼ一致するので，運動量を消費カロリーで示すこともできる．こうすれば，栄養として摂取するカロリーと運動による消費カロリーが比較しやすく便利である[2]．

運動量（kcal）

＝RMR×運動時間(min)×体重(kg)×性年齢補正係数

性年齢補正係数は表 10-6 に示した[2]．たとえば 35 歳，体重 60 kg の女性が，RMR 7.0 のジョギングを 50 分行った場合には，運動量は約 360 kcal と計算できる．

7(RMR)×50(min)×60(kg)×0.0171＝359.1(kcal)

なお，このような計算は減量などの際に利用される（13 章参照）．

表 10-6　性・年齢補正係数（池上，1990）[2]

年　齢	男　子	女　子
16	0.0188	0.0193
17	0.0179	0.0188
18	0.0174	0.0188
19	0.0170	0.0188
20～29	0.0161	0.0188
30～39	0.0152	0.0171
40～49	0.0154	0.0171
50～59	0.0158	0.0163
60～69	0.0162	0.0172
70～	0.0168	0.0186

参考文献

1)　中野昭一編：図説・運動の仕組みと応用．医歯薬出版，東京，1982．

2)　池上晴夫：新版運動処方：理論と実際．朝倉書店，東京，1990．

3)　沼尻幸吉：活動のエネルギー代謝．労働科学研究所，神奈川，1974．

4)　Borg, C. and Linderholm, H.：Perceived extertion and pulse rate during graded exercise in various age groups. Acta Med. Scand. Suppl., 472：194-206, 1967.

5)　奥山美佐雄，古沢一夫：歩行の機械的効率．労働科学研究，13：491-499，1936．

11章　エネルギー系に焦点をあてたトレーニング方法

運動におけるエネルギー供給と回復に関する諸法則（4章参照）をもとに，現在まで，種々のトレーニング法が考案されてきた．ここでは代表的なトレーニング法をあげて，諸法則をトレーニングに応用する方法について述べる．

11.1　エネルギー供給とトレーニング法の関係

運動に必要なATPの供給系にはATP-PC系，乳酸系，有酸素系の3種類があり，各系によってATPの供給量と速度が異なっている．それゆえ，運動において主に使用されるエネルギー系も決まってくる．エネルギー系に焦点をあてたトレーニングでは，行おうとする運動の代謝上の特性をまず知っておかなくてはならない．

表11-1に，各種スポーツや運動種目が，どのエネルギー系に，どの程度依存しているかを示した[1)]（推定値）．これよりスポーツや運動種目によって，トレーニングの重点をおくべきエネルギー系が異なることがわかる．ただし，同一のスポーツ種目であっても，その選手のポジションなどによって主要なエネルギー系が異なることがあるので注意する．

表11-2に，世界の各種陸上競技のコーチによって作成されたトレーニング法と，それによるエネルギー系の発達（増強率）を示した[1)]．これら10種類のトレーニング法は，大きくスプリント（無気的）プログラムと持久性（有気的）プログラムに分類することができる．一般に，スプリントトレーニングとは，短時間の比較的高い強度の断続的繰り返し作業をいい，持久性トレーニングとは，長時間の比較的低い強度の持続的作業をいう．

また表11-3に，各種スポーツで実施されるトレーニングの具体例を示した[1)]．いずれの種目においても，目的に応じて数種類のトレーニングが組み合わされている．

11.2　インターバルトレーニング

インターバルトレーニングは，系統的かつ科学的に研究された数少ないトレーニング法のひとつである．その大きな特徴は，最大強度の運動を行わないこと，また，休憩期があるので疲労感が少なくてすむこと，さらに，運動と休憩の組み合わせを変化させることで，3つのエネルギー系（ATP-PC系，乳酸系，有酸素系）を任意にトレーニングできる点である[1,2)]．

(1)　インターバルトレーニングの基礎

インターバルトレーニングには作業期と休憩期があり，それぞれ作業（ワーク）インターバル，休憩（リリーフ）インターバルとよばれる．両者をあわせたものがセットで，作業インターバルの数を

表 11-1 各種スポーツ・運動とそのエネルギー供給系（Fox, 1984）

スポーツ種目または運動	エネルギー系への依存度（%）		
	ATP-PC・乳酸系	乳酸・有酸素系	有酸素系
野　　球	80	20	—
バスケットボール	85	15	—
フェンシング	90	10	—
フィールドホッケー	60	20	20
フットボール	90	10	—
ゴ　ル　フ	95	5	—
体　　操	90	10	—
アイスホッケー			
フォワード，ディフェンス	80	20	—
ゴールキーパー	95	5	—
ラクロス			
ゴールキーパー，ディフェンス，アタックマン	80	20	—
ミドルフィールダー，マン・ダウン	60	20	20
レクリエーション・スポーツ	—	5	95
漕　　艇	20	30	50
ス　キ　ー			
スラローム，ジャンプ，ダウンヒル	80	20	—
クロスカントリー	—	5	95
サッカー			
ゴールキーパー，ウィング，ストライカー	80	20	—
ハーフバック，リンクマン	60	20	20
ソフトボール	80	20	—
水泳およびダイビング			
50 m 自由型，ダイビング	98	2	
100 m（オールストローク）	80	15	5
200 m（オールストローク）	30	65	5
400 m 自由型	20	55	25
1,500 m	10	20	70
テ　ニ　ス	70	20	10
陸　　上			
100 m，200 m	98	2	—
フィールド種目	90	10	—
400 m	80	15	5
800 m	30	65	5
1,500 m	20	55	25
2 マイル	20	40	40
3 マイル・5,000 m	10	20	70
6 マイル（クロスカントリー），10,000 m	5	15	80
マラソン	—	5	95
バレーボール	90	10	—
レスリング	90	10	—

Fox and Mathews（1979）より修正

表 11-2　各種のトレーニング法とその実例（Fox，1984）

トレーニング法	定　　　義	増強率（%）		
		ATP-PC・乳酸系	乳酸・有酸素系	有酸素系
加速スプリント	50～120 ヤードずつ，ジョギングからストライディング，スプリンティングと，しだいにスピードを増していく	90	5	5
持続的高速走	長距離走（または水泳）を高速ペースで行う	2	8	90
持続的低速走	長距離走（または水泳）を低速ペースで行う	2	5	93
ホロースプリント	2回のスプリントの間にジョギング，歩行による Hollow（息抜き）期を入れる	85	10	5
インターバルスプリント	50 ヤードのスプリントと 60 ヤードのジョグを交互に 3 マイル走る	20	10	70
インターバルトレーニング	ところどころに休憩期を入れた繰り返しの作業	0～80	0～80	0～80
ジョギング	中等度の距離（たとえば 2 マイル）をゆっくりしたペースで続けて歩いたり，走ったりする	—	—	100
レペティションランニング	インターバルトレーニングと同じものだが，作業時間と休憩時間が長い	10	50	40
スピードプレイ（ファートレク）	自然の地形で速いランニングとゆっくりのランニングを交互に行う	20	40	40
スプリントトレーニング	全力疾走を繰り返す．繰り返しは完全に回復してから行う	90	6	4

1 ヤード≒91.4 cm，1 マイル≒1,609 m

レペティションという．また，作業インターバルの作業時間をトレーニング時間，距離をトレーニング距離とよぶ．たとえば，

第 1 セット　作業インターバル　　200 m 走（28 秒）× 6 回
　　　　　　休憩インターバル　　歩　行（1 分 24 秒）

とした場合，レペティションは 6，トレーニング時間は 28 秒，トレーニング距離は 200 m ということになる．また，作業インターバルと休憩インターバルの時間比を作業-休憩比といい，ここでは 28：84 なので 1：3 となる．

具体的なメニューは以下のように作成する．

(1)　どのエネルギー系を主に増強するかを決定する（表 11-1）．

(2)　インターバルに行う運動様式を選択する．たとえば走，水泳，サイクリングなど．

(3)　増強させたいエネルギー系によって，頻度，セット数，作業-休憩比，休憩期に行う運動などを決定する（表 11-4）．

表 11-3　各種スポーツ・運動のためのトレーニング法（Fox，1984）

推奨されるトレーニング法 ＼ スポーツ種目または運動	加速スプリント	持続的高速走	持続的低速走	ホロースプリント	インターバルスプリント	インターバルトレーニング	ジョギング	レペティションランニング	スピードプレイ(ファートレク)	スプリントトレーニング
野　　球				○		○				○
バスケットボール				○		○				○
フェンシング	○			○		○				○
フィールドホッケー						○				
フットボール	○			○		○				○
ゴ ル フ	○									○
体　　操	○			○		○				○
アイスホッケー*										
フォワード，ディフェンス				○		○				
ゴールキーパー	○					○				○
ラクロス										
ゴールキーパー，ディフェンス，アタックマン				○		○				
ミドルフィールダー，マン・ダウン						○				
レクリエーションスポーツ			○			○	○			
漕　　艇*						○		○	○	
ス キ ー*										
スラローム，ジャンプ，ダウンヒル				○		○				
クロスカントリー		○	○							
サッカー										
ゴールキーパー，ウィング，ストライカー				○		○				
ハーフバック，リンクマン						○				
ソフトボール				○		○				○
水泳，ダイビング*										
50 m 自由型，ダイビング	○									○
100 m（オールストローク）				○		○				
200 m（オールストローク）						○				
400 m 自由型						○		○	○	
1,500 m 自由型					○	○				
テ ニ ス						○				
陸　　上										
100 m	○									○
200 m	○			○		○				○
フィールド種目	○			○		○				○
400 m				○		○				
800 m						○				
1,500 m						○		○	○	
2 マイル						○		○	○	
3 マイル（5,000 m）					○	○				
6 マイル（10,000 m）		○			○	○				
マラソン		○	○							
バレーボール	○			○		○				○
レスリング	○			○		○				○

*トレーニング中の運動はランニングよりも，そのスポーツ種目で用いる運動を行うほうがよい

表 11-4　インターバルトレーニングの指針（Fox, 1984）

主要エネルギー系	トレーニング時間（分：秒）	レペティション総数	セット数	レペティション	作業-休憩比	休憩インターバルの型
ATP-PC 系	0：10	50	5	10		レストリリーフ（歩行，柔軟など）
	0：15	45	5	9		
	0：20	40	4	10	1：3	
	0：25	32	4	8		
ATP-PC 系，乳酸系	0：30	25	5	5		ワークリリーフ（軽・中作業，ジョギングなど）
	0：40〜0：50	20	4	5	1：3	
	1：00〜1：10	15	3	5		
	1：20	10	2	5	1：2	
乳酸系，有酸素系	1：30〜2：00	8	2	4	1：2	ワークリリーフ
	2：10〜2：40	6	1	6		
	2：50〜3：00	4	1	4	1：1	レストリリーフ
有酸素系	3：00〜4：00	4	1	4	1：1	レストリリーフ
	4：00〜5：00	3	1	3	1：½	

主要エネルギー系	トレーニング距離（ヤード）		レペティション総数	セット数	レペティション	作業-休憩比	休憩インターバルの型
	走	水　泳					
ATP-PC 系	55	15	50	5	10	1：3	レストリリーフ（歩行，柔軟など）
	110	25	24	3	8		
ATP-PC 系，乳酸系	220	55	16	4	4	1：3	ワークリリーフ（軽・中作業，ジョギングなど）
	440	110	8	2	4	1：2	
乳酸系，有酸素系	660	165	5	1	5	1：2	ワークリリーフ
	880	220	4	2	2	1：1	レストリリーフ
有酸素系	1,100	275	3	1	3	1：½	レストリリーフ
	1,320	330	3	1	3	1：½	

なお，一般のスポーツではトレーニング時間により作業内容を表すが，走と水泳についてはトレーニング距離を用いるほうが便利である（表 11-4 下段）．

(2)　運動強度と持続時間

有酸素系の発達をねらいとしたロングインターバル（3 分間以上）トレーニングでは，以下の事項が原則となっている．

すなわち，最大速度の 80 %以上の強度であれば，呼吸循環器系に最大の負荷を課すことができる．これは心拍数でいうと 85〜90 $\%HR_{max}$ に達する．また，休憩期の心拍数を 120〜140 拍/min に維持すれば，心臓の 1 回拍出量が最大に保たれるので，酸素運搬能力を有効に高めることができる．

運動の持続時間は，疲労をもたらす乳酸の産生と深く関係している．特に，OBLA 以上の強度（80〜90 $\%\dot{V}_{O_2max}$）の運動を行った場合には，その持続時間が血中乳酸濃度を左右する．

図 11-1 に，30 分間のインターバルトレーニング後の血中の乳酸濃度を示す[3]．運動時間と休憩時間

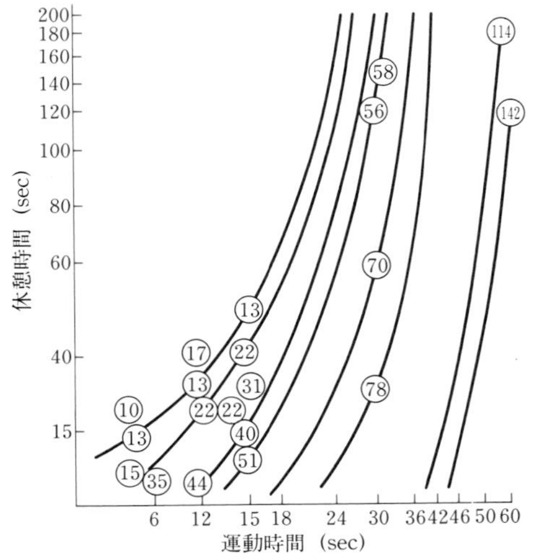

図 11-1　30 分間のインターバルトレーニング後の血中乳酸濃度に及ぼす運動時間と休憩時間の影響．円内の数値は血中乳酸濃度 mg %（Peronnet and Ferguson, 1975）

の長さの組み合わせによって乳酸濃度が異なっていることがわかる．運動時間が 30 秒を超えると，解糖（乳酸）系からのエネルギー供給が増大し，血中の乳酸濃度が急激に増大していることがわかる．また，運動持続時間が 20 秒以下であれば，休憩時間のとり方によって血中の乳酸濃度は安静レベル（ 9 ～16 mg %）に保たれるが，40～60 秒では，たとえ休憩時間を運動時間の 4 ～ 5 倍とっても，血中乳酸濃度は最大値（100～150 mg %）に近くなってしまう．

(3)　休憩期の運動と時間

休憩期の運動としては，①歩行や手足の屈伸といった軽い動きの運動，および②速歩やジョギングを含む軽・中程度の運動とが考えられる．

ATP-PC 系をねらいとしたトレーニングでは，その再補充を考慮して①の休憩法を用いる．乳酸系をねらいとした場合には，ATP-PC の再補充を防ぎ，乳酸系からのエネルギーを使うことを目的として②の休憩法を用いる．有酸素系をねらいとした場合には，乳酸系からのエネルギーを利用しないために①の休憩法を用いる．ただし，反復回数が増えるにつれて乳酸の血中濃度も高くなるので，この場合には乳酸を速やかに除去するため，②の休憩法も取り入れる．

休憩期の長さについては，休憩時間の比を小さくすると，運動時と休憩期の心拍数の差が小さくなり，血中乳酸濃度は増加する．つまり休憩時間を短縮すると生体へのストレスが高まり，有酸素的能力に加えて，無酸素的能力を最大限に使用するトレーニングとなる．

(4)　反復回数（レペティション総数）

反復回数については，運動の強さや休憩の時間によって影響されるので，明確な回数を定めることはできない．ただし，持久性を高めるためには，トレーニング時間の合計が 10 分以上となるような回数が必要であるといわれている．また一般人では，どのエネルギー系を高める場合でも，インターバルトレーニングの走行距離は 2.4～3.2 km が必要である[4]．1 回の運動の時間と距離が決まれば，反復回数が定まる．

反復回数は，体力が高まるにつれて増加させていくべきであり，鍛錬された者ほど多くすることが望ましい．ただし，発育期にある青少年では 1 回にかける負荷をかなり弱くし，反復回数は 10 回以下にとどめるべきである.

(5)　頻　度

効果をあげるためには，週２～３日以上の頻度で行うのが望ましい．得られた効果を維持するだけならば，週１回のトレーニングで十分である[4]．

たとえばシーズン性のあるスポーツでは，試合に向けたスケジュールを組み，競技種目により近い練習内容を増やしていくが，それまでの期間は体力維持のために週１回のトレーニングに切り替えるのが望ましい．その日数は，その人の体力と技術水準により，またスポーツ種目により異なったものとなる．

11.3　レペティショントレーニング

レペティショントレーニングとは，全力，あるいはそれに近い強度で運動した後，疲労が回復するまで歩いたり，座ったりして休憩をとり，再び前と同じ強度の運動を反復する方法をいう[2]．運動強度がかなり高いので心理的・身体的な苦痛が大きく，さらに過度の使用はオーバートレーニングの危険性もあるので，スケジュールの組み方（頻度）が難しい方法である．

また，非鍛錬者や発育期にある者にとってレペティショントレーニングは適しているとはいえず，強度を下げ，反復回数も少なくして，著しい疲労は避けるべきであるという提案もある．

ただし競技者にとっては，試合で要求されるのと同じ負荷を課すことができるので，試合前１～２カ月間については有効な方法と考えられる．それ以前についてはインターバルトレーニングなどの方法を採用するのが望ましい．

以下に，エネルギー供給系ごとのレペティショントレーニングについて述べる．

1)　ATP-PC 系のトレーニング

ATP-PC 系の機能を高めるには，トレーニング強度は全力に近い強度，またはやや低い程度とする（最大強度の 95 %）．運動時間は３～20 秒程度が望ましい．すなわちランニングでは 20～150 m，水泳では８～50 m 程度の距離に相当する．セット内の休憩時間は２～３分で十分である（図 4-8 参照）．反復回数は１セット４～５回以内とし，これを数セット行うことが勧められる．セット間には 10～15 分程度の長めの休憩をとる必要がある．

なお，休憩中にジョギングなどを行うとリン原質の補充が追いつかず，乳酸系からのエネルギーを利用することになるので，好ましくない．

2)　乳酸系のトレーニング

乳酸系の機能を高めるには，トレーニング強度は競技の距離で最大スピードに近いものとする必要があるとされている．これは，乳酸の血中濃度を最大濃度の 85 %以上の状態にしなくては，乳酸系を改善することができないからである．ちなみに距離 300 m の場合には，ベストタイムの 92～97 %程度となる．

血中乳酸濃度は運動開始後，約１～２分間で最大となるので，この時間がトレーニング時間の目安となる．距離でいえば，ランニングでは 400～800 m，水泳では 100～200 m である．ただし，距離には個人差があるので注意する．

たとえば短距離走者では，300 m の場合，4～5分の休憩をおいて最大スピードで300 m を3回，これを1セットとして2セット行う．セット間の休憩は20～30分とし，この間に軽いジョキングなどを行って，血中からの乳酸の除去を促進するのが望ましい．

3)　有酸素系のトレーニング

有酸素系の機能を高めるには，運動の最大スピードにならないように注意し，最大酸素摂取量が得られるまでの時間，運動を続ける．このようにすると血中の乳酸濃度が低く維持されるので，疲労しにくく，反復回数を増加させることができる．

具体的には，走運動では4～6分間，走ったときの平均スピード（m/min）より，20～50 m/min 低い速度を用いる．

酸素摂取量が最大となるのは，1,500 m 走の場合，平均速度の90％以上の速度であるといわれており，たとえば1,500 m 走の記録を5分とすると，270 m/min のときに酸素摂取量が最大になると考えられる．経験的には，たとえば2,000 m 走のレペティショントレーニングでは“400 m 当たりの平均レースペース＋3秒”の走速度が適当とされている．

運動時間については，最大酸素摂取量が出現するまでの約3分より長く，15分以下が望ましい．これは15分以上持続できるような強度では，最大酸素摂取とならないからである．これを距離でいうと1,000～4,000 m が妥当といえよう．反復回数としては2～5回が必要である．

休憩時間については乳酸系のトレーニングと同様で，運動後，数分してから乳酸を産生しない程度の軽いジョギングを行うのがよい．心拍数が100～120拍/min 以下になったところで休憩をとる．

11.4　エンデュアランストレーニング

エンデュアランストレーニングは全身持久力の向上を目的としたもので，最も一般的に行われるトレーニング法である．休憩を入れずに一定強度（速度）の運動を連続して行う．

(1)　運動種目

エンデュアランストレーニングに用いられる運動種目は，一般に大筋群を活動させるリズミカルな全身運動であり，その目的から，連続して行える有酸素性の運動となる．たとえば，持久走（ジョギングなど），ウォーキング，水泳，スケート，サイクリング，ボート，クロスカントリー，スキー，縄跳び，エアロビックダンスなどである．なかでも持久走は場所や時間を選ばす，誰でも簡単にでき，またマイペースを守りやすいので，よく行われている．

(2)　運動強度と運動時間

エンデュアランストレーニングの強度は無酸素性作業閾値（AT）を目安とする．一般成人で50～60 %$\dot{V}_{O_2max}$，スポーツマンでは60～70 %$\dot{V}_{O_2max}$，一流の長距離ランナーでは70～80 %$\dot{V}_{O_2max}$である[5]．なお，スポーツマンや一流の長距離ランナーではOBLA（有酸素性運動の限界）を目安にすることもあり，この場合は85 %$\dot{V}_{O_2max}$ 程度となろう．

思春期前の子供や中高年者が健康維持のため，さらに，体調を崩した選手が復調するために初期に用いる運動強度は50～60 %心拍予備である[6]．運動選手が基礎体力やスタミナをつけることを目的とした場合にも，この程度の強度のトレーニングが行われる．

競技に向けた数カ月間のトレーニングでは，スケジュールの初期には比較的弱い強度（約70％$\dot{V}_{O_2max}$）とし，運動時間を徐々に増加していく．その後，強度を実際の競技に近づけ（約80％$\dot{V}_{O_2max}$以上），さらに運動時間を徐々に延長し，競技の距離，またはそれ以上を運動するという方法がとられる．

また，競技に必要な持久性のコンディションに近づけることを主眼とした場合には，競技の距離の1/2〜3/4の地点で約80％$\dot{V}_{O_2max}$（AT）以上の運動強度（心拍数では約170拍/min以上）となるようなトレーニングがなされる．90％HR_{max}（170〜190拍/min）をトレーニング強度の上限とする研究者もいる[7]．

一方，平均的な体力の人が持久性トレーニングを初めて行う場合には，たとえば6カ月間の場合，開始当初は60％HR_{max}の強度の運動を20〜30分間行い，8〜12週のときに運動時間が1.5倍になるように，徐々に延長していく．その後，運動強度を70〜90％HR_{max}にあげ，運動時間は2〜3週ごと（30歳以上では10歳増すごとに＋1週間）に約40％ずつ延長するとよい[7]．

Pollockら[6]は，体力が低い人は1分間に5 kcal以下（3.5 Mets以下）しか消費しない低強度の運動でも，持久力を改善できるが，その場合，運動時間を60分にまで増やすよう推奨している．

(4)　効果とトレーニング頻度

一般人の持久性トレーニング効果については，次のようにいわれている（Cooper[8]）．

(1)　運動が十分に激しく，心拍数が150拍/minあるいはそれ以上になる場合は，運動開始後，約5分でトレーニング効果が始まり，その運動が持続される限り長く続く．

(2)　運動があまり激しくなく，心拍数が150拍/min未満であるが，それでもかなり酸素を必要とする運動の場合には，運動は5分間以上，持続する必要がある．これによって消費カロリーを(1)の場合と同じにすると，等価の持久力の向上が得られる．

(3)　1週間に4回，あるいはせいぜい1日おきに運動しなければならない．

これまでの多くの研究によって，運動競技者も含めてトレーニング頻度は週3〜5回が妥当であり，この程度であれば疲労に起因する障害は起こりにくいとされている[3,4,9〜11]．

11.5　サーキットトレーニング

サーキットトレーニングは，筋肉や呼吸循環機能を全般的に発達させることをねらいとして考案された方法である（Morgan and Adamson）[12]．前述したトレーニング法とは異なり，特定のエネルギー系に焦点をあてるのではなく，筋力，パワー，持久力を並行して増大させること，つまり総合的体力の養成を目標としている．したがって，ウエイトリフティングの選手が行う筋力を限界まで向上させるウエイトトレーニングや，長距離選手が持久力を最大限に高めるために行うインターバルトレーニングやエンデュアランストレーニングの代用にはならない．

サーキットトレーニングは，オールラウンドな体力を必要とするスポーツ種目のトレーニング法として，またオールラウンドな体力づくりを目指す学校体育の方法として優れているといえよう．サーキットとは巡回（繰り返し）であり，このトレーニング法の多くは，6〜12種目からなる一連の運動を，順番に3回行うという形式になっている．この方法の長所は多数の者が同時にできることである．

(1) 運動時間（編成）

一般には運動種目間に休憩を入れず，3回行われる．その所要時間は10〜30分が適当である．この範囲内で徐々にトレーニング時間を長くしていくのが望ましい．また，パワーやスピードを養成するには短いサーキットを，全身持久力を養成するには長いサーキットを利用する．ただし，目的の明確なレペティショントレーニングやエンデュアランストレーニングほどの効果は得られない．

(2) 運動種目と反復回数の設定

運動種目については，解剖学的見地から大きく以下の5つに分類されている．

(1) 腕および肩の運動（握り，引っ張り，押し上げ，腕あげ）

(2) 背の運動

(3) 腹の運動

(4) 脚および全身的な運動

(5) 複合運動

反復回数については，1〜30 MR（Maximum Repetitions：最高反復回数）の範囲内で行える運動を選択するが，筋力向上のために最も効果的なのは10 MR以下であり，これより軽い運動では持久力の向上が促進される．各運動種目の反復回数は，サーキットを途中で放棄しなければならないほど多くてはならず，また，最後の1サーキットのときに最大能力に近いようなトレーニング量でなければならない．各運動種目の反復回数は次のように決定する．

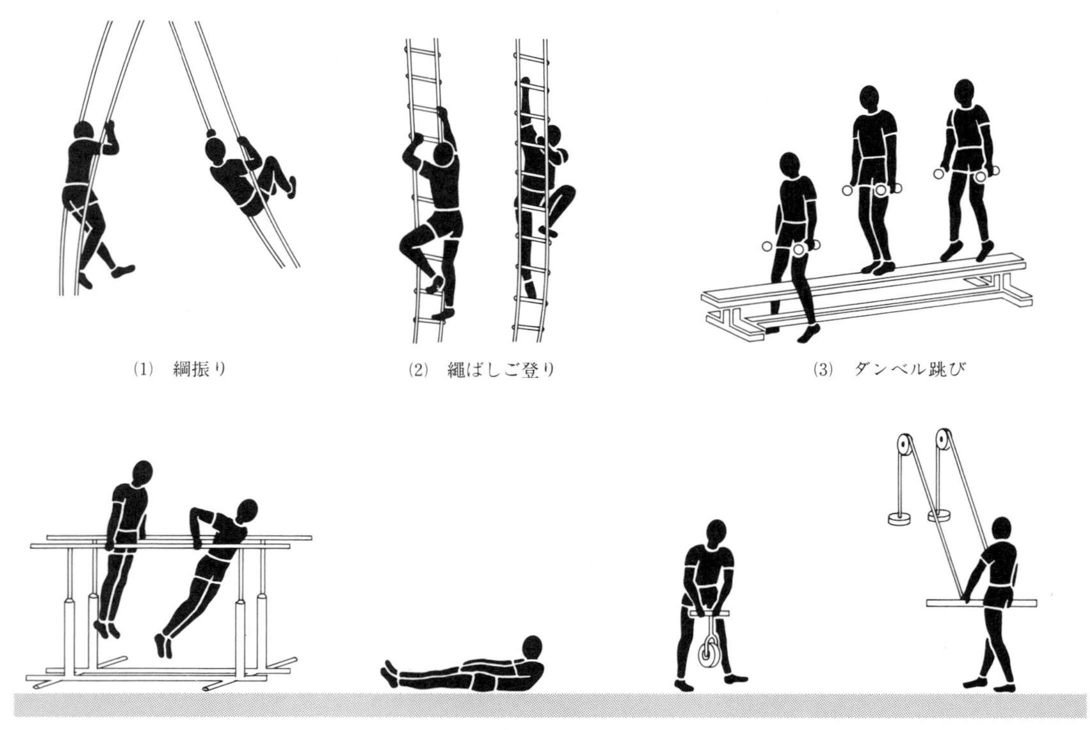

図11-2 主なサーキットトレーニング（Morgan and Adamson, 1957）

表 11-5　一般成人が 30～60 秒以上，反復して持ち上げられる重量

おもりの巻き上げ	20～30 ポンド（9～14 kg）
バーベルの押し上げ	60～80 ポンド（27～36 kg）
バーベルの巻き上げ	60～80 ポンド（27～36 kg）
バーベルの振り上げ	50～70 ポンド（23～31.5 kg）
ダンベルの横上げ	2× 8 ポンド（3.5 kg）
	2×10 ポンド（4.5 kg）
	2×12 ポンド（5.5 kg）
ダンベル跳び	2×15 ポンド（6.5 kg）
	2×20 ポンド（9.0 kg）
	2×25 ポンド（11.5 kg）
ダンベル スクワット	2×20 ポンド（9.0 kg）
	2×30 ポンド（13.5 kg）
	2×40 ポンド（18 kg）
バーベル スクワット	90 ポンド（40 kg）
	110 ポンド（50 kg）
	130 ポンド（60 kg）

MR が数回から数十回の運動については，種目間に小休止をいれながら，各運動について時間を制限しないで最高まで行わせ，その回数の 1/2 とする．このようにして MR を決定できる運動種目に，①懸垂運動，②腕立て伏せ，③平行棒での腕屈伸，④綱振りがある．

また，負荷が小さくて MR ががきわめて大きくなる運動種目については，時間を制限して反復運動させ，その回数の 1/2 とする．制限時間は以下のとおりである．

(1)　踏台昇降：1分間

(2)　スクワット スラスト：30 秒間

(3)　ダンベル跳び：30 秒間

(4)　バーベルの巻き上げ：30 秒間

(5)　ダンベル スクワット：30 秒間

(6)　仰臥胸曲げ：1分間

(7)　上体起こし横ねじり：30 秒または1分間

さらに，重量物を用いる種目では，30 秒から1分間以上，反復できる重量とすることが勧められる．一般成人の標準を表 11-5 に示した．運動種目については，このほかにも数多く考えることができるが，目的に応じて工夫されたい．

参考文献

1)　Fox, E. L.：Sports physiology (2nd ed.). CBS College Publishing, Holt, 1984.

2)　豊岡示朗：インターバル・トレーニングとレペティション・トレーニング．浅見俊雄ほか編：現代体育・スポーツ体系 8，講談社，東京，1984.

3)　Peronnet, F. and Ferguson, R. J.：Interval training. In the scientific aspects of sports training, Charles C. Thomas Publisher, Springfield, 1975.

4) Fox, E. L. and Mathews, D. K.：Interval training：Conditioning for sports and general fitness. W. B. Saunders Co., Philadelphia, 1974.

5) 池上晴夫：新版運動処方：理論と実際. 朝倉書店, 東京, 1990.

6) Pollock, M., Wilmore, J. H. and Fox, S.：Health and fitness through physical activity. John Wiley and Sons Inc., New York, 1978.

7) Sharkey, B. J. (佐藤　健監訳)：トレーニングの生理学ーコーチと選手のためにー. 廣川書店, 1990.

8) Cooper, K. H.：The new aerobics. M. Evans and Company, Inc., 1970.

9) Massicotte, D. R., et al.：Comparative effects of aerobic training on men and women. J. Sports Med. Phys. Fit., 19：23-32, 1979.

10) Pollock, M. L., et al.：Effects of training two days per week at different intensities on middle-aged men. Med. Sci. Sports, 4：192-197, 1972.

11) Brynsteson, P. and Sinning, W. E.：The effects of training frequencies on the retension of cardiovascular fitness. Med. Sci. Sports, 5：29-33, 1973.

12) Mogan, R. E. and Adamson, G. T.：Circuit training. G. Bell and Sons, Ltd., England, 1957.

12章　筋系に焦点をあてたトレーニング方法

個々人の筋量は，日常生活に大きな変化がない場合，および発育や老化の要素が関係しない場合には，ほぼ一定に保たれている．これは日常の活動に筋が適応していることを示すものである．しかし一方で，座業に従事している人や日常行動の不活発な人では，筋の発達が十分とはいえないことがある．ひとくちに筋力といっても，身体や物を移動させずに支える場合には等尺性の筋力が，長時間にわたる身体の移動や物を繰り返し動かす場合には収縮の持久性が，また身体や物の移動をすばやく行う場合には，筋力のほかに筋の収縮速度が関係している．

筋力トレーニングは，その目的が競技成績の向上でなくとも，筋力不足がけがや事故につながるこ

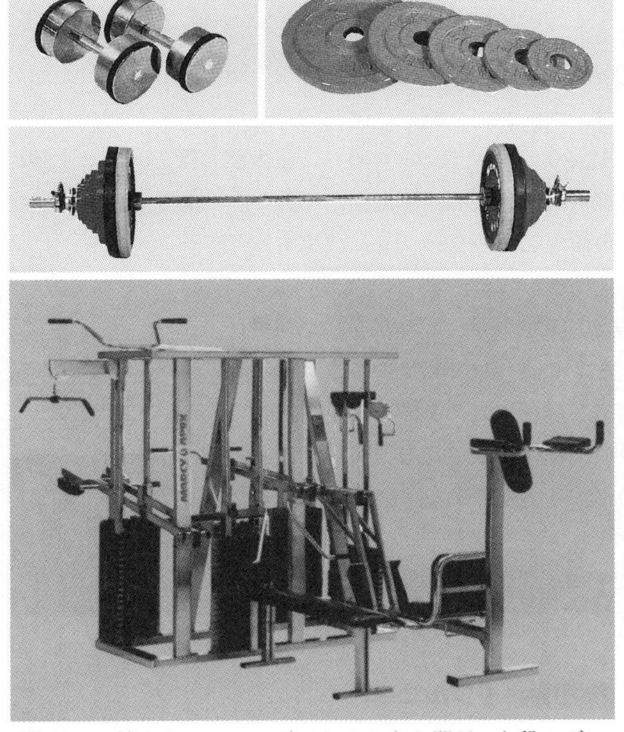

図12-1　筋力トレーニングのための主な器具．上段：ダンベルおよびプレート，中段：バーベルシャフトとプレート，下段：数種のトレーニング器具からなるコンビネーションタイプ

ともあるので，健康的な日常生活を送るために必要なものといえよう．

12.1 筋力トレーニングの基礎

1) 筋力トレーニングの一般的注意

(1) 器具と姿勢

筋力トレーニングには，ダンベル，バーベルシャフト，バーベルディスクなどの器具が用いられる．ほかに，各部位のトレーニング器具を組み合わせた装置もある（図 12-1）．

バーベルなどの重い器具を使う場合には，危険防止のため姿勢に注意する．立位で器具を床から持ち上げるときには，両膝を深く曲げて腰の位置を低くし，上体を垂直にした姿勢で行う．器具を床に降ろすときも同様である．初心者では膝が伸びて腰が高くなり，頭部が下がった姿勢となることが多い．このような姿勢では脊柱に著しく大きな負担がかかり，腰部を痛める危険がある．また，器具を肩にかつぐ場合には，背すじを伸ばして胸を張った姿勢をとる．

(2) 呼 吸

力を発揮すると血圧が上昇し，息をこらえると，さらに血圧上昇が助長される[1]．したがって，息をこらえて筋力を発揮するようなことは避けるのが賢明である．基本的には，胸郭が広がるときに息を吸い，狭まるときに息を吐くようにする．このような動作がトレーニングのなかになくても，息こらえをしないことが大切である．

(3) 順 序

トレーニングは大筋群を先に，ついで小筋群を行うのがよい．これは小筋群のほうが疲労しやすく，小筋群が疲労した後では，大筋群に正確な負荷を加えることが困難だからである．主要筋群のトレーニング順序の一例を図 12-2 に示した[2]．すなわち，①大腿と腰，②胸と上腕，③背中と脚の背面，④下腿と足首，⑤肩と上腕背部，⑥腹部，⑦上腕の前部というように，徐々に小筋群に移っていく．また，同じ筋群に続けて負荷が加わらないように注意する．

(4) 頻 度

トレーニングが過補償の特性（過負荷の原理）を利用してなされることは，8 章で述べたとおりである．筋の疲労が回復しない時点でトレーニングを繰り返すと，十分なトレーニング効果が現れないばかりか，筋は慢性疲労に陥り，筋自体を損傷する危険もある．

比較的長時間のトレーニングを継続的に行うことが許されるのは週 4 回までである[3]．一方，週 1 回以下のトレーニングでは筋力の増強は期待できない．一般には，週 3 回ないし 4 回のトレーニングがよいとされている．

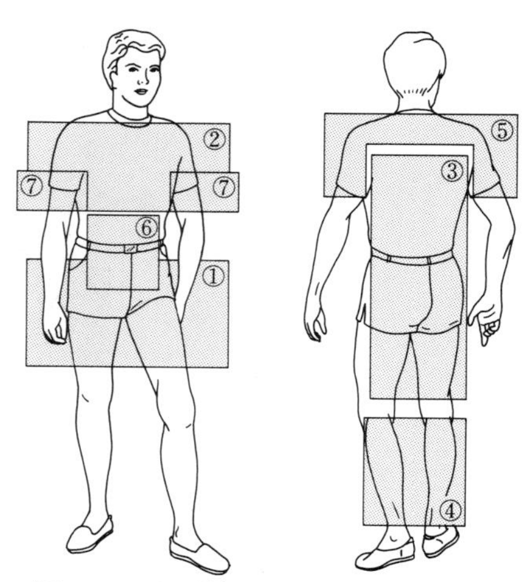

図 12-2 主要筋群のトレーニング順序
(Fox, 1984)

(5) 対象とする筋

目的とする運動にどの筋が関与しているかを検討し，トレーニングする筋が偏らないような配慮が必要である．運動の発現には意識している以上に多くの筋が参加して

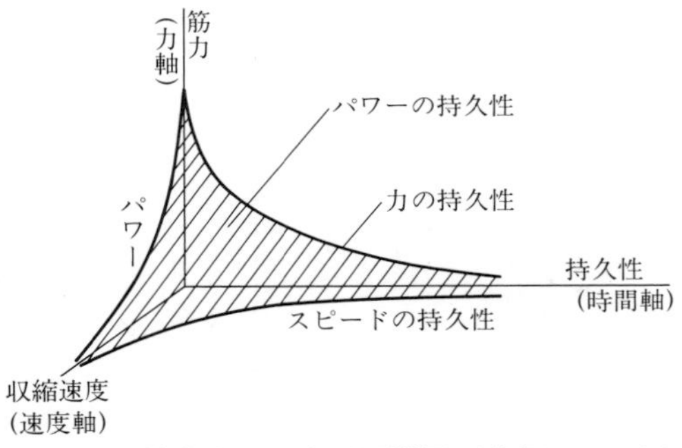

図 12-3　筋出力の三次元展開図（猪飼，1973）[6]

おり，比較的単純な動きであっても，複数の筋が関与していることが多い．そのなかで特に弱い筋があると，それが運動の制限因子になる[4]．また，弱い筋は肉ばなれを起こしやすいので気をつける[5]．

(6)　対象とする出力特性

筋の出力特性には筋力，収縮の持久性，収縮速度の3要素があり（図12-3）[6]，特定の出力特性に焦点をあてたトレーニングが可能である．トレーニングのしかたによって筋線維組成は大きく変化するので，向上させたい筋の特性によってFG線維，FOG線維，SO線維が鍛えられるような方法を工夫する．どんな特性を向上させるかは，日常の行動やスポーツとの関わりで十分に吟味する（6章参照）．

2)　筋力トレーニングの効果

(1)　筋力の増加のしかた

トレーニングによって筋は肥大し，筋力が増加していくが，その背景は一律ではない．図12-4[7]はトレーニングによる筋力の推移であるが，初期の筋力増加は収縮に参加する筋線維の数が増すことで生じており，個々の筋線維の太さはほとんど変わっていない．したがって，筋力は増加するものの形態的な変化は認められない．ここでは絶対筋力（7章参照）が増加する．絶対筋力がトレーニングによって1.5倍（6.5±0.96 kg/cm^2→9.9±0.98 kg/cm^2）になったという報告[8]もあり，この効果は普段から大きな力を出すことの少ない人で特に著しいといわれている．

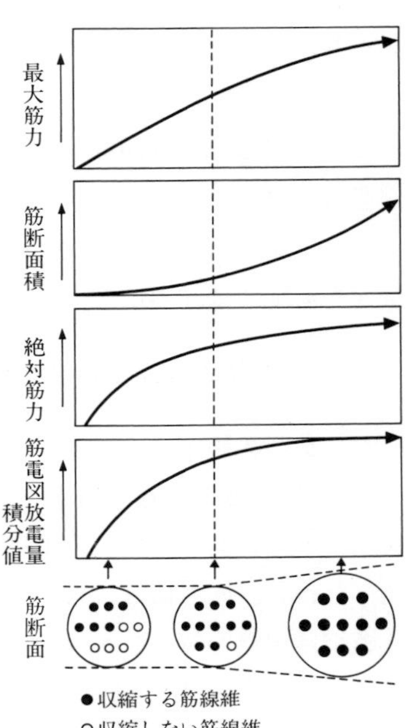

図 12-4　筋力トレーニングの効果（Fukunaga，1976）

その後もトレーニングを継続すると，個々の筋線維が太くなって筋の肥大が生じる．この段階では筋線維1本当たりの収縮力が増し，その合計値である筋力も増加している．一般に，筋の肥大はトレーニング開始から約1カ月で認められる．したがって，最初から筋の肥大がみられないからといって諦めないことが大切である．2～3カ月間トレーニングを継続

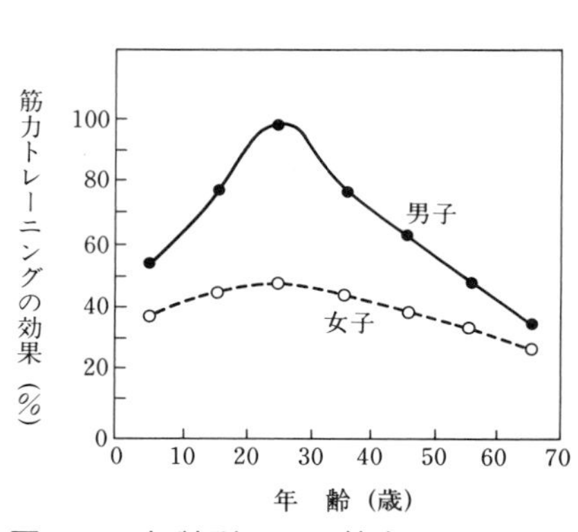

図 12-5　年齢別にみた筋力トレーニングの効果（Hettinger, 1970）

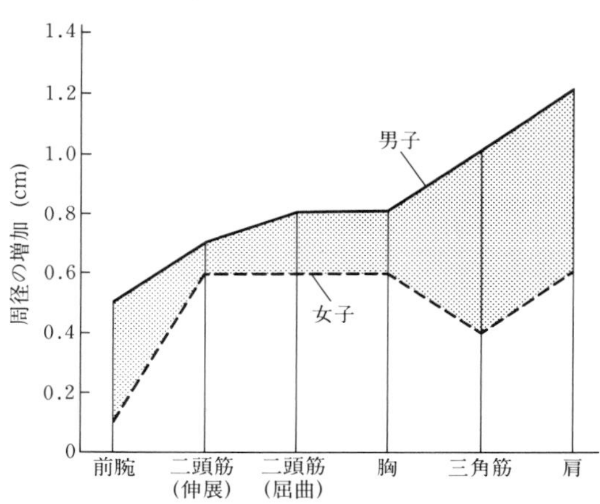

図 12-6　トレーニングによる周径増加の男女差（Wilmore, 1974）

すると，筋は目に見えて太くなってくる．

(2)　年齢差

トレーニングによる筋力の増加が最も顕著なのは 20 歳代であるが，それ以上でも効果はよく現れる（図 12-5）[9]．最近では，60～90 歳でも筋力が増加することが確かめられている[10~12]．筋の発達程度が強く関与するスポーツ，たとえばハンマー投げや砲丸投げなどでは，30 歳を過ぎてからでも成績が向上する可能性があるといえよう．

(3)　性　差

トレーニング効果を男女で比較すると，初期にみられる絶対筋力の増加は男女とも同程度である．しかし筋肥大の指標となる周径の増加は，女性では男性ほど顕著ではなく（図 12-6）[13]，筋肥大は男性でよりよく現れる．

この性差は思春期前ではほとんど認められないが，思春期以降で顕著となる．その理由としては，筋肥大と男性ホルモン（タンパク同化作用を促進）分泌量の関係があげられる．つまり同じようにトレーニングを行っても，女性は男性のような筋肉質にはならないので，トレーニングによる女性の男性化を心配する必要はない．

12.2　負荷の設定と調整

1)　負荷の設定

(1)　最高反復回数（Maximum Repetitions：MR）

筋力トレーニングでは，重量物による負荷の大きさと，その反復回数の設定が重要なポイントとなる．しかし，筋力には個人差があり，身体部位による違いもあるため，同じ重量であっても筋に対する負担度は異なってしまう．そこで最高反復回数によって負荷の大きさを相対的に表すことにする．たとえば，やっと 1 回持ち上げることができる重量は 1 MR の負荷，10 回持ち上げることのできる重量は 10 MR の負荷と表現される．

負荷のしかたによって，トレーニングされる筋の特性も異なる．数回しか挙上できないような大き

表 12-1　負荷強度とトレーニング効果

負荷強度(%)	最高反復回数	主な効果
100 90	1～ 2 3～ 5	力型のパワー
85 80 75	6～ 8 8～10 10～12	筋肥大 (筋力)
70 50 35 30	13～ 15 20～ 30 50～ 60 80～100	筋持久力

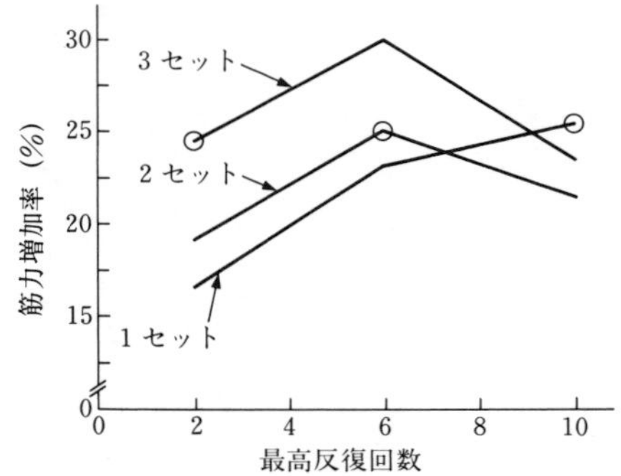

図 12-7　最高反復回数とセット数の組み合わせと筋力増加率（Fox, 1979）

な負荷では力型の筋パワーが向上し，数十回も挙上できるような小さな負荷では筋持久力が向上する．また，6～12 MR の負荷では，筋はかなり肥大し，筋力の向上が著しい（表 12-1）．

(2)　セット数

初心者では，器具の扱いに不慣れなので比較的軽いおもりから始めるのが適当である．10 MR 1 セットから始め，慣れてきたら 6 MR で 3 セットに移行するのがよいだろう．この 6 MR で 3 セットとは，6 MR の重量物を 6 回持ち上げ，これを 1 セットとして，休憩をはさんで 3 セット行うということである．

トレーニングでは，ある最高反復回数の負荷を何セット行うかを設定するが，この組み合わせによってトレーニング効果は異なる．図 12-7 は，最高反復回数とセット数の組み合せを変えた場合の，筋力増加率を比較したものである[2]．このなかで増加率が最も大きいのは 6 MR 3 セットであることがわかる．また，2 MR 3 セット，6 MR 2 セット，10 MR 1 セットのいずれ（○印）においても，筋力の増加は約 25 %であることがわかる．このように同じ効果が得られる組み合わせ方があること，すなわち，同じ効果を得るには，最高反復回数が多い場合（重量物が軽い）にはセット数を少なく，最高反復回数が少ない場合（重量物が重い）にはセット数を多くする必要がある

(3)　負荷強度

一般に，負荷強度と筋力の増加率には図 12-8[14]のような関係が認められる．最大筋力の 20～30 %の負荷では筋力の増加は認められず，これは日常生活に特別な変化がなく，筋力が維持されている状態といえる．また，最大筋力の 30 %以上では筋力の増加が認められ，40 %のとき増加率は最大となる．このことから，筋力の増加には最大筋力の 30 %以上の負荷が必要であり，40 %以上では顕著な差はないことがわかる．

また，最大筋力の 20 %以下の負荷では筋力は低下する．これは骨折してギブスを巻いた状態，あるいは入院してベッド上での安静を強いられた場合に相当する．ここで注意したいのは，筋力の低下率がかなり急激なことで，これは最大筋力の 30 %以上の負荷をかけたときの増加率より大きい．つまり，低下した筋力を回復するには，低下に要した期間よりも長い時間が必要であることを示すものである．

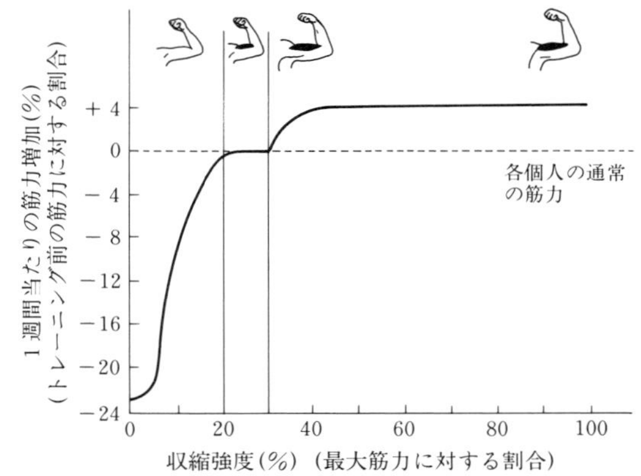

図12-8　負荷強度と筋力増加率（Hettinger, 1961）

2)　負荷の調整

(1)　負荷の大きさの変化

バーベルなどの重量物を用いる場合，関節と重量物の相対的な位置関係，および重量物の移動による慣性によって，筋に加わる負荷は変化する．位置関係では，重量物と関節が同じ高さにある場合に負荷は最も大きくなる．また，重量物を（等張性収縮で）移動させる場合には，動作開始時には大きな負荷が加わるが，いったん動き始めると慣性が働くので負荷は小さくなってしまう．この現象は，重量物をすばやく移動させた場合により顕著となる．

また，トレーニングを続けると筋の疲労が生じるので，筋の相対的負担度は大きくなっていくことにも注意する．

(2)　負荷強度と関節角度

トレーニングにおける負荷の設定では，関節角度を考慮する必要がある．これは，筋の発揮できる力が関節角度によって著しく異なるからである．

一般に，関節可動域の中間付近で最も強い筋力が発揮でき，伸展あるいは屈曲した状態で発揮できる筋力は弱い．これは筋の長さが変わるからである．たとえば膝の伸展力が最も強く発揮されるのは関節角度が約120°のときである．

このように最大筋力が関節角度によって変化するので，同じ負荷を用いても負荷強度（%）は異なり，関節を伸展・屈曲した状態では大きな負荷，中間付近では小さな負荷となってしまう．たとえば，バーベルなどを用いる等張性収縮では，動作開始の関節角度で持ち上げられる負荷（MR）を選択するので，関節角度が変化すると十分な負荷になっていない可能性がある．

このような負荷強度の減少を防ぐために，後述する等速性収縮によるトレーニングや，重量物の代わりに補助者が手で負荷を加える方法がある．これらでは関節角度などの影響を受けずに最大の負荷が加わるようにすることが可能である．

(3)　単関節筋・二関節筋への負荷

単関節筋とは1つの関節をまたいで付着する筋をいい，二関節筋とは2つの関節をまたいで付着する筋をいう．表12-2に，主な二関節筋とその筋によって起こる関節の動きを示した．

筋の発揮できる力が関節角度（屈曲・伸展）の影響を受けることは前述したが，単関節筋ではこの

表 12-2　主な二関節筋とその筋が関与する関節の動き

二関節筋	関節の動き	
上腕二頭筋	肘関節屈曲	肩関節屈曲
上腕三頭筋	肘関節伸展	肩関節伸展
大腿直筋	膝関節伸展	股関節屈曲
大腿二頭筋	膝関節屈曲	股関節伸展
腓腹筋	足関節伸展（底屈）	膝関節屈曲

対応関係は一定であり，関節角度にあわせた負荷の設定は容易である．ところが二関節筋では，2つの関節の角度によって筋の長さが変化するので，負荷の設定が難しくなる．

図 12-9 は，膝伸展力（矢印）が股関節の角度の影響を受けることを模式的に示したものである．ここで単関節筋である中間広筋，内側広筋，外側広筋の長さに関与するのは膝関節の角度だけであり，股関節の角度が変わっても発揮できる筋力は影響を受けない．ところが，膝関節と股関節をまたぐ二関節筋である大腿直筋の長さは，膝関節の角度に変化がなくても，股関節角度の影響を受け，発揮できる筋力が異なってくる．

そこで，二関節筋をトレーニングにするには，その筋が力を発揮しやすい長さになるように，2つの関節の角度を設定しておく必要がある．また，二関節筋が短くなるような関節角度でトレーニングすると，単関節筋を主に鍛えることができる．

3)　トレーニング法の工夫

(1)　トレーニング動作－力の方向

筋の活動程度は，発揮する力の方向によっても異なる．したがって，トレーニング動作の設定には，鍛えようとする筋が十分に活動する力の方向を吟味することが大切である．

力の方向は，関節の動き（屈曲，伸展，内転，外転など）と同様，筋の活動程度を変化させ，特に

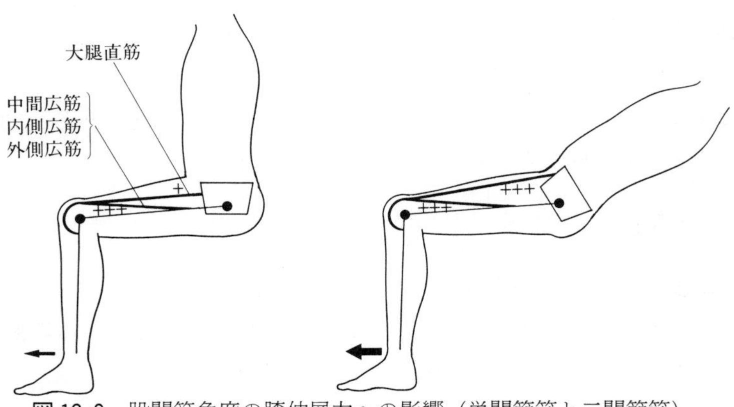

図 12-9　股関節角度の膝伸展力への影響（単関節筋と二関節筋）

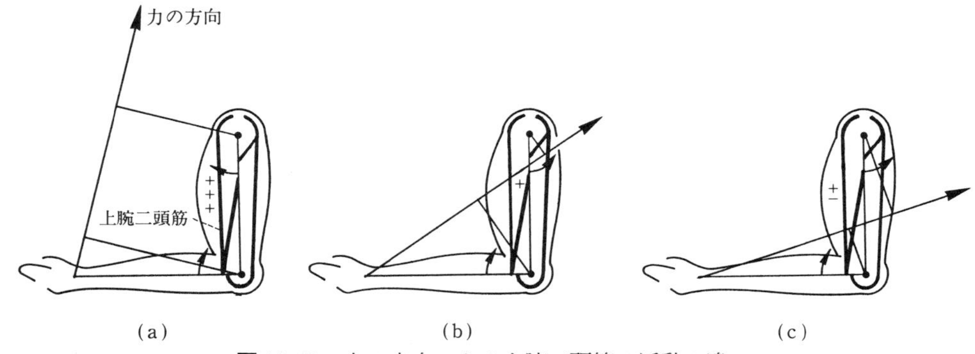

図 12-10　力の方向による上腕二頭筋の活動の違い

二関節筋で複雑である．

図 12-10 は，二関節筋である上腕二頭筋（肘関節と肩関節の屈曲に関与する）の活動が，力の方向によって大きく変化することを模式的に示したものである．a は肩関節より手前上方へ力を発揮する場合で，肘関節と肩関節がともに屈曲している．また，b は肩関節より後ろ上方へ力を発揮する場合，c はさらに後方へ力を発揮する場合で，肘関節は屈曲し，肩関節は伸展する．

肘関節と肩関節がともに屈曲する方向へ力を発揮する場合には，上腕二頭筋は最も活発に活動する．しかし，肘関節が屈曲しても肩関節が伸展する場合，その活動はかなり抑制されてしまうか，全く活動しないこともある．このように力の方向によっては 2 つの関節の動きの方向が相反し，トレーニング効果が小さくなってしまう．二関節筋を確実に鍛えるには，力の方向，すなわち，2 つの関節の動きに注意しなくてはならない．

(2)　両側の同時トレーニング

一般に握力，肘屈曲力，肘伸展力，膝伸展力の最大値は，左右同時に発揮する場合のほうが，片側のみに比べて 5 ～25 %小さい[15~17]．このように両側同時では筋力は十分に発揮できないのである．これは日常，歩行などのように左右交互に筋力が発揮されることが多く，両側の力を同時に発揮する機会があまりないことと関係している．

そこで，上肢あるいは下肢の筋を鍛えようとする場合には，目的とするスポーツにおいて筋力が両側同時に発揮されるのか，それとも片側ずつ単独で発揮されるのかに留意する．

両側の力を同時に発揮するトレーニングを行うと，両側発揮でも筋力は同等になり，さらには片側よりも両側同時のときに，より大きな筋力が発揮できるようになる[17,18]．したがって，自転車のように左右の力を交互に発揮するスポーツ選手とは異なり，ボートなどの両側の筋力を同時に発揮するスポーツ選手では，両側の力を同時に発揮するトレーニング様式を取り入れる．

12.3　筋力を高めるトレーニング

1)　等張性収縮によるトレーニング

日常の行動やスポーツにおいては，筋力の発揮に伴って関節角度が変化する等張性収縮が行われることが多い．バーベルなどを使用するトレーニングでも等張性収縮が生じるので，このようなトレーニング法は実際の筋の使われ方にマッチしたものといえる．各部位ごとの代表的なトレーニング法について以下に説明する．

(1)　上肢，肩，胸部の筋（図12-11）

⑴　ハンド カール：バーベルあるいはダンベルを両手（逆手）で持ち，肘を曲げて肩の高さまで持ち上げる．主働筋は上腕二頭筋である．

⑵　フレンチ プレス：両手の間隔を狭くしてバーベルを握り，肘を深く曲げてバーベルを頸の後ろへ下ろす．この位置から肘を伸ばし，バーベルを頭上へ押し上げる．主働筋は上腕三頭筋である．

⑶　ベント オーバー ローイング：上体を深く前傾させて姿勢を保ち，腕を伸ばした位置から胸部までバーベルを引き上げる．主働筋は上腕二頭筋，僧帽筋，広背筋である．

⑷　ベンチ プレス：ベンチに仰臥位で横たわり，両手でバーベルあるいはダンベルを持つ．初めに肘を深く曲げ，次に完全に伸ばす．主働筋は大胸筋，上腕三頭筋，三角筋，前鋸筋である．

⑸　サイド ライズ：両手にダンベルを持ち，腕を体側で伸ばした位置から側方に肩の高さまで上げる．主働筋は三角筋と僧帽筋である．

⑹　シーティド エルボー エクステンション：ベンチに仰臥位で横たわり，頭を越えた位置で肘を屈曲してバーベルあるいはダンベルを持つ．これを肘を伸ばして胸の位置まで持ち上げる．主働筋は上腕三頭筋と大胸筋である．

⑺　ラテラル ライズ：ベンチに仰臥位で横たわり，肘を伸ばし両手にダンベルを持つ．両腕を側方に開き，肘関節を胸の高さまで下げた位置から両腕を閉じる．主働筋は大胸筋と三角筋である．

⑻　ストレート アーム プル オーバー：ベンチに仰臥位で横たわり，頭部をベンチの外へ出す．頭を越えた位置で肘を伸ばし，バーベルあるいはダンベルを持つ．これを肘を伸ばしたまま胸の位置まで持ち上げる．主働筋は大胸筋，三角筋，上腕三頭筋である．なお，ベンチから肩，さらには背中を出すことにより，腹直筋を鍛えることができる．

(2)　下肢の筋（図12-12）

⑴　スクワット：肩にバーベルをかつぎ，胸を張って背部を伸ばした状態で両膝を屈曲する．両足は肩幅よりもやや広く開く．膝を90°まで屈曲するものをハーフスクワット，完全に屈曲するものをフルスクワットという．フルスクワットは膝に対する負担が大きいので，頻繁に行うときは注意する．主働筋は大腿四頭筋と大臀筋である．

⑵　ローマン チェアー スクワット：肩にバーベルあるいはダンベルをかつぎ，ローマンチェアーに膝窩をあて，立った姿勢から上体を垂直に保ちながら膝を90°まで屈曲する．主働筋は大腿四頭筋と大臀筋である．

⑶　カーフ ライズ：立位で肩にバーベルをかつぎ，膝を伸ばしたままで足の底屈を行う．主働筋は腓腹筋とヒラメ筋である．

⑷　レッグ エクステンション：マシンに膝を屈曲して座り，足首をバーの下にあて，膝を伸展してバーを持ち上げる．主働筋は大腿四頭筋である．

⑸　レッグ カール：マシンに伏臥位で横たわり，足首をバーの下にあて，膝を伸展した位置から屈曲を行う．主働筋は大腿二頭筋である．

→

(1) ハンド カール

→

(2) フレンチ プレス

→

(3) ベント オーバー ローイング

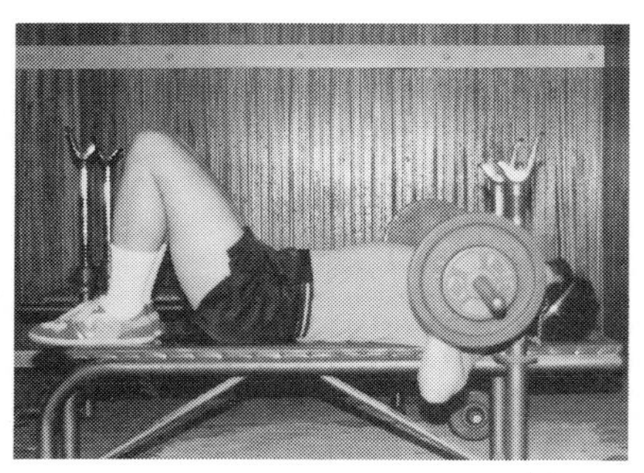

→

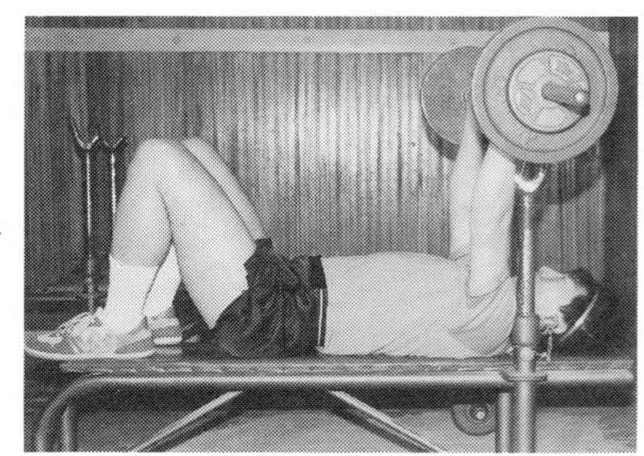

(4) ベンチ プレス

図 12-11 上肢，肩，胸部の筋のトレーニング法

→

(5)　サイド ライズ

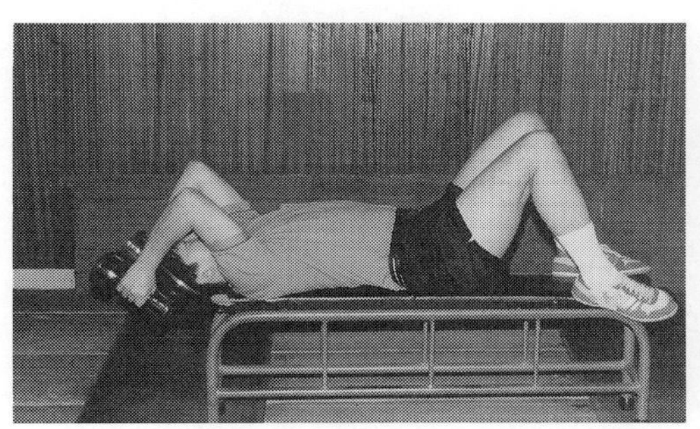
→
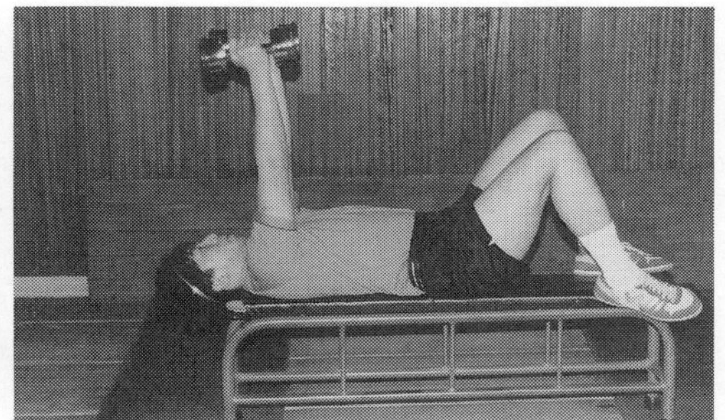

(6)　シーティド エルボー エクステンション

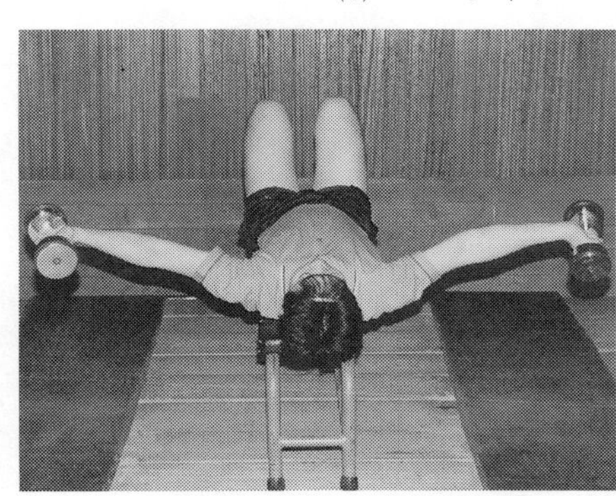
→

(7)　ラテラル ライズ

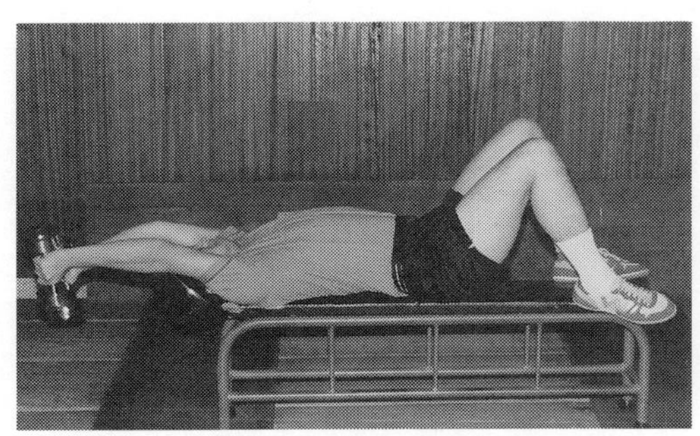
→
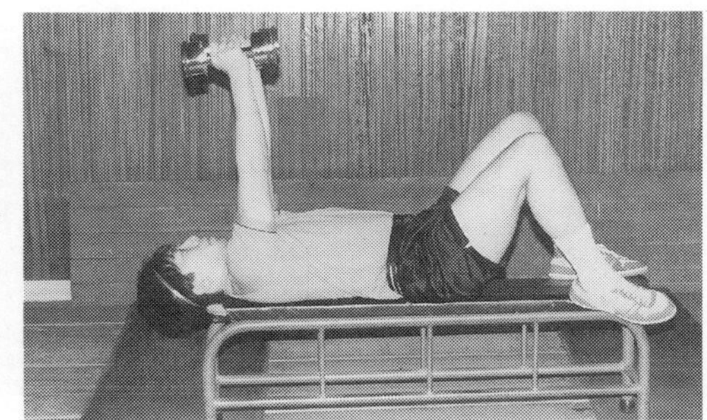

(8)　ストレート アーム プル オーバー

図 12-11（つづき）

→

(1) スクワット

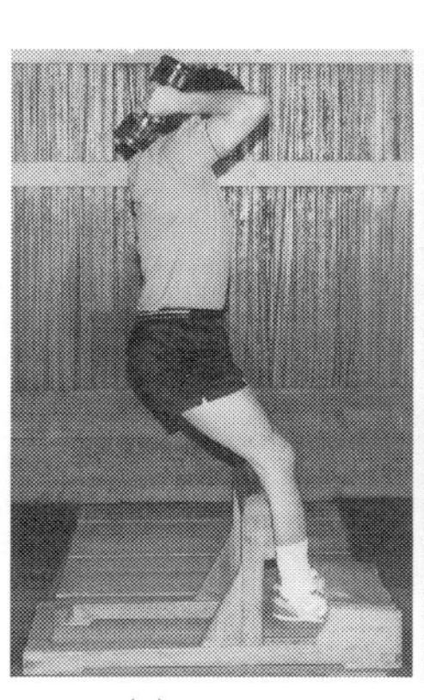

(2) ローマン チェアー スクワット

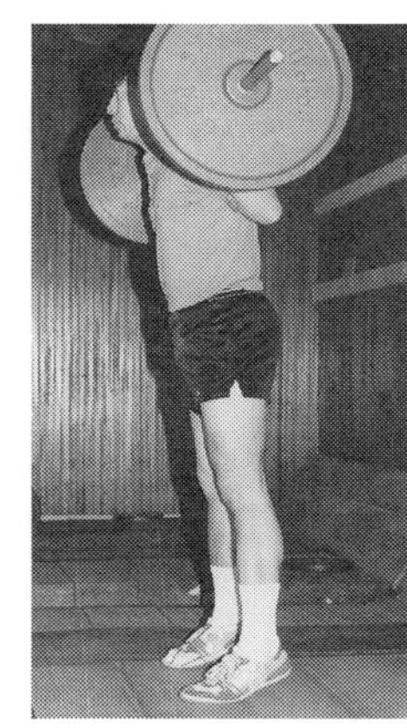

(3) カーフ ライズ

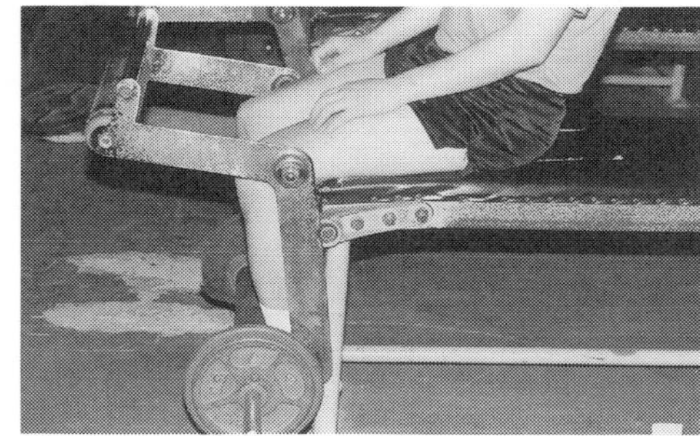

→

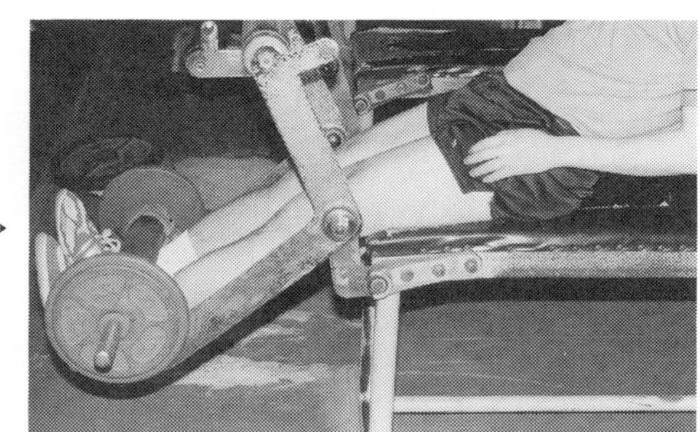

(4) レッグ エクステンション

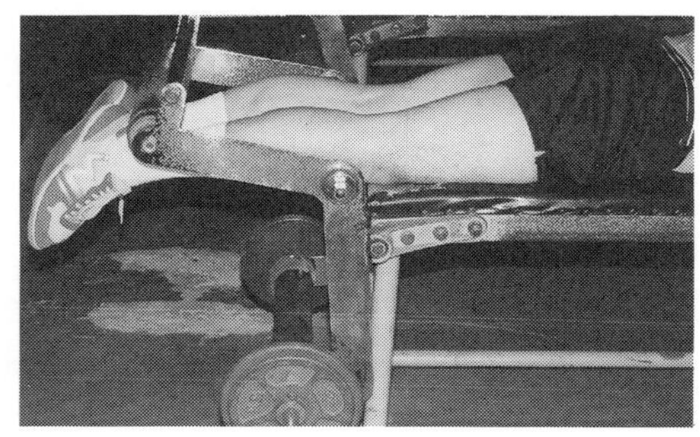

→

(5) レッグ カール

図 12-12 下肢の筋のトレーニング法

→

→

(1)　クリーン アンド プレス

←

→

(2)　トランク ローテーティング

→

(3)　デッド リフト

→

(4)　シット アップ

図 12-13　体幹の筋のトレーニング法

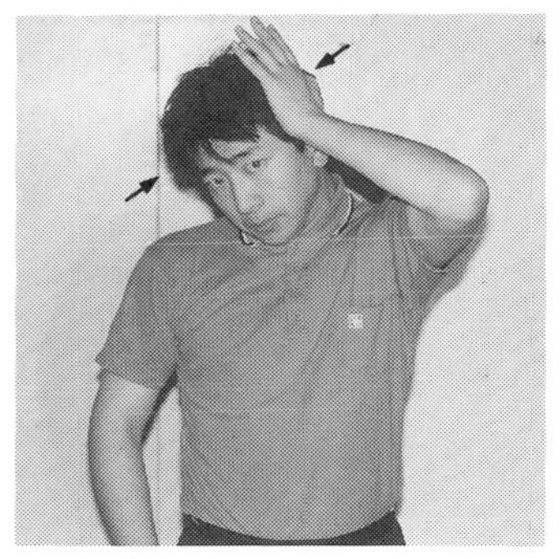

(1) 首の側面の筋群：左手で左側頭部を押し，これに抗して首を左へ屈曲する

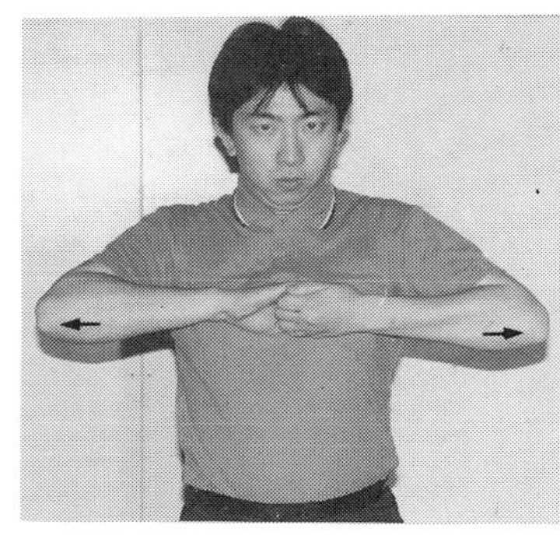

(2) 上肢帯後面の筋：胸の前で手を組み，両肘を側方へ引く

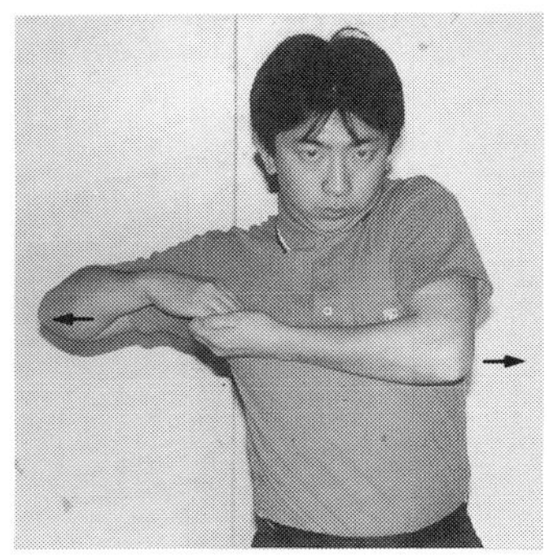

(3) 上肢帯後面の筋：右脇で手を組み，両肘を側方へ引く

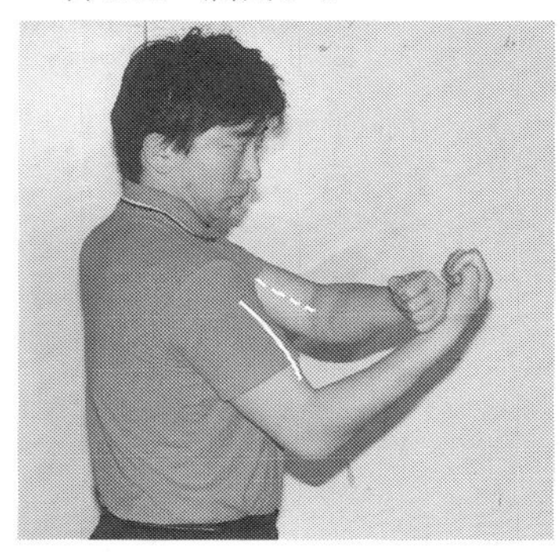

(4) 上腕の屈筋群（右腕）と伸筋群(左腕)：右肘を屈曲し，左肘を伸展する

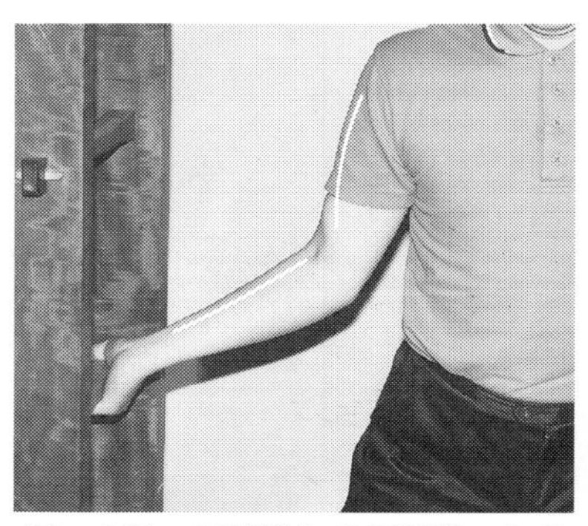

(5) 上腕の屈筋群と手根筋群：右手で固定された棒などを握り，肘と手首を屈曲する

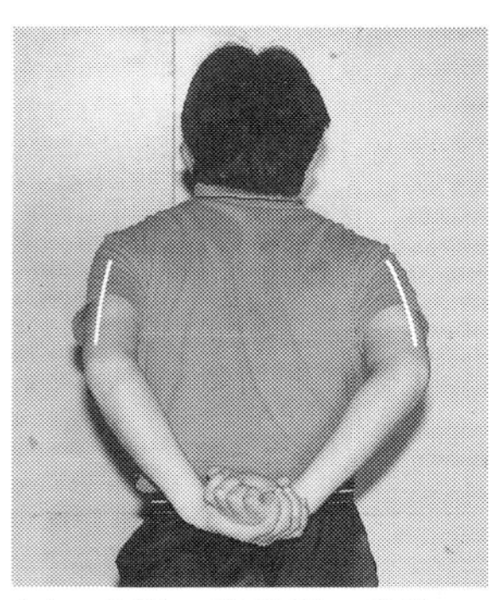

(6) 上腕の伸筋群と胸筋：腰部で手を組み，両腕を側方へ開く

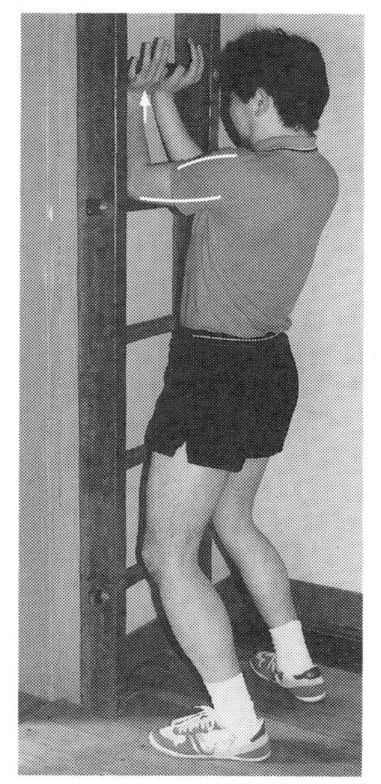

(7) 肩関節の屈筋群と上腕の伸筋群：膝，肘を屈曲した姿勢から，固定された棒などを両腕で押し上げる

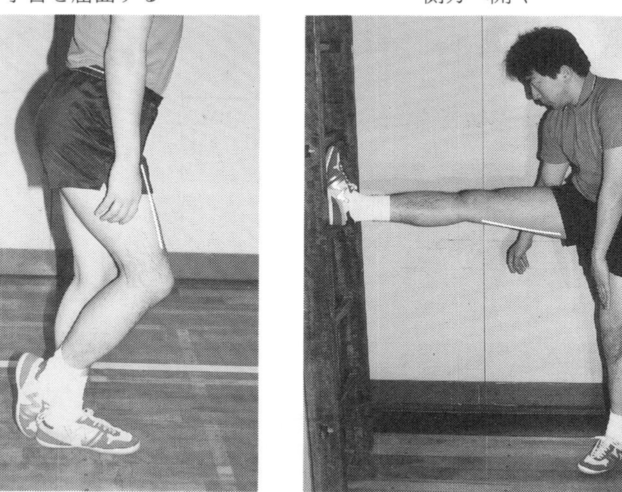

(8) 大腿の伸筋群：右爪先を左踵につけ，右膝を伸展する

(9) 股関節の伸筋群：右足を固定された棒などの上に乗せ，右足を下げる

図 12-14 等尺性収縮によるトレーニング法

(3)　体幹の筋（図 12-13）

(1)　クリーン アンド プレス：両手でバーベルを持ち，肘を伸ばした位置から肩の高さまでバーベルを引き上げる（クリーン）．次に頭上にバーベルを押し上げて肘を伸ばす（プレス）．主働筋は三角筋，僧帽筋，上腕二頭筋，上腕三頭筋，広背筋である．

(2)　トランク ローテーティング：肩にかついだバーベルを両手で幅広く支え，上体を左右に大きく回旋する．主働筋は外腹斜筋，腹直筋，広背筋である．

(3)　デッド リフト：上体を前傾させ，腕を下垂して両手でバーベルを持つ．背部を伸ばしたまま上体を起こす．主働筋は広背筋と大臀筋である．

(4)　シット アップ：傾斜した腹筋台に仰臥位で頭部を下にして横たわる．腰部を保護するために膝は軽く屈曲する．両手を頭の後ろで組み，肘が膝につくまで上体を起こす．腹筋台の傾斜角度を大きくしたり，ダンベルやプレートを持つことで負荷を増すことができる．主働筋は腹直筋，外腹斜筋，内腹斜筋，腸腰筋である．

2)　等尺性収縮によるトレーニング

前述したように，日常の行動やスポーツにおいては等張性収縮によって力を発揮することが多いので，筋力トレーニングは上記のものを主体とし，これを補う目的で等尺性収縮によるトレーニングが行われる．

図 12-14 に等尺性収縮によるトレーニング法の一例を示す．手足の関節角度を自ら固定したり，壁や固定された器具を用いて行う．両手を押し合うなど，自分の身体を負荷として用いることができるので，たいへん手軽に実施できる．

等尺性収縮によるトレーニング効果はたいへん顕著で，最大筋力の 2/3 に相当する筋力を，1 日に 6 秒間，週に 5 日間発揮させると，5 %の筋力増加が得られる[19]という．トレーニング効果については，その後の研究でも確認されており，一般に，6 ～10 秒間の最大筋力の発揮を 1 日に 3 ～ 5 回繰り返し，これを週に 5 ～ 7 日間行う方法[9]が用いられている．ただし，最大筋力の発揮に伴う血圧の著しい上昇を防ぐために，最大筋力よりも弱い発揮にとどめ，収縮時間と反復回数を増やす方法が推奨される．

等尺性収縮によるトレーニング効果には，トレーニングを行った関節角度で発揮される筋力が最も増加するという特異性がある．たとえば肘関節の角度を 170°にしてトレーニングした場合，筋力の増

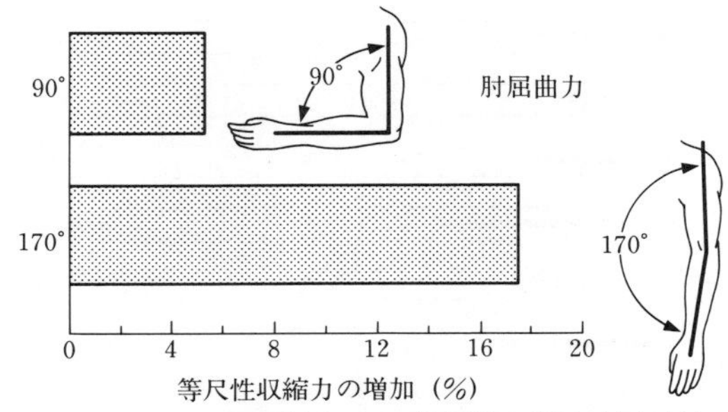

図 12-15　トレーニングにおける関節角度の特異性（等尺性収縮）（Meyers, 1967）

加率は 90°より 170°のときに大きい(図 12-15)[20]．等張性収縮のトレーニングでは十分に鍛えられない関節角度については等尺性収縮のトレーニングを行えば，トータルに筋力を増加させることができる．

一方，等尺性収縮によるトレーニングの短所として，関節の動きがないので柔軟性を高めることはできないこと，また最大に近い筋力発揮が筋の血流を阻害し，収縮時間も短いために，筋持久力を向上させる効果はほとんどないことがあげられる．

12.4 筋持久力を高めるトレーニング

日常生活で要求される筋の持久力は，たとえば急いでバス停まで走るような比較的短時間のものから，長時間にわたって立ち続けたり，歩き続けたりといったように，その程度はかなり異なっている．またスポーツで要求される持久力は，たとえば強い筋力が短時間に発揮される 100 m 走においても，強い筋力をどれだけ持続して発揮できるかという持久力が，競技成績を大きく左右する．マラソンでは当然，比較的弱い筋力を長時間にわたって繰り返し発揮しなければならない．

優れた筋持久力を発揮するには，第一に酸素とエネルギー源を筋に十分供給するため，筋の毛細血

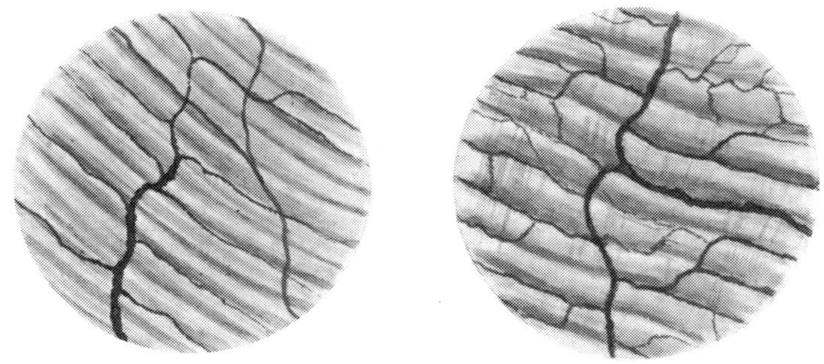

図 12-16　持久力トレーニングによる筋毛細血管の発達（Vannotti and Pfister, 1934）

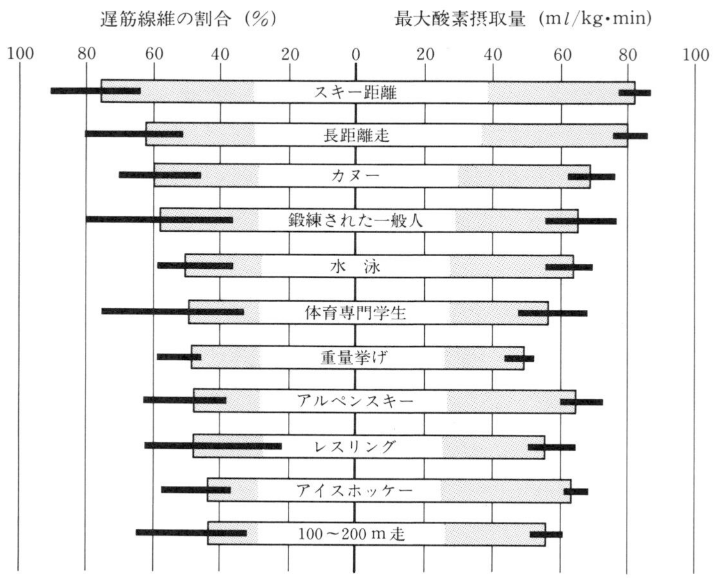

図 12-17　スポーツ選手の遅筋線維の割合と最大酸素摂取量（Bergh ら，1978）

管網がよく発達し（図 12-16）[21]，かつ筋への血流が阻害されない必要がある．また，SO 線維や FOG 線維のように，有酸素性代謝に優れた筋線維を発達させることもポイントとなる．これらの筋線維の割合が高い者では最大酸素摂取量も大きく，有酸素的体力に優れていることがわかっている（図 12-17）[22]．

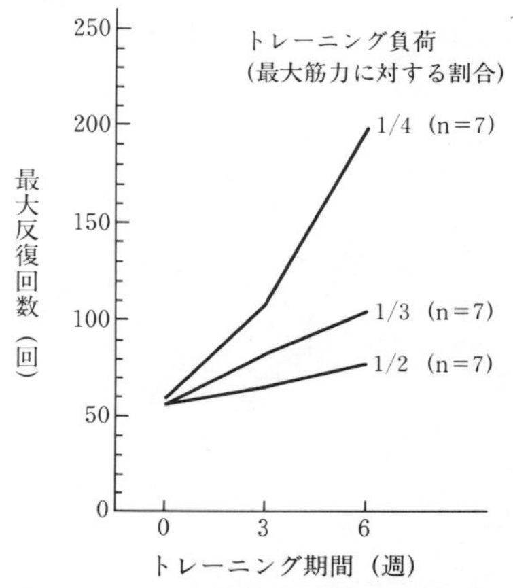

図 12-18　負荷強度と最大反復回数の増加（加賀谷，1970）

筋持久力を高めるトレーニングの効果は，負荷の大きさと運動時間によっても異なる．

負荷の大きさについては，各種の負荷強度でトレーニングを繰り返した結果，最大筋力の 25 %の負荷としたときの効果が最も大きいことが報告[23]されている（図 12-18）．また，最大筋力の 40 %の筋力発揮では局所的な筋の血流阻害が認められており[24]，酸素とエネルギー源の供給が不十分になる．したがって，筋持久力を高めるトレーニングでは，最大筋力の 20〜30 %程度の弱い負荷を用いることが肝要である．弱い筋力発揮でも SO 線維と FOG 線維は収縮に参加するので，これらの筋線維を鍛えることが可能なのである．

運動時間（筋収縮の反復回数）については，基本的には疲労困憊に至るまで継続することが必要とされている．歩行やジョギングはこれらの条件を満たしており，特別なトレーニングを行わなくても下肢の筋持久力を高めることができる．ただし，上肢の筋持久力を高めるには，弱い負荷での筋力発揮を疲労困憊にいたるまで繰り返すというトレーニングが必要である．

12.5　筋パワーを高めるトレーニング

パワーとは“単位時間になされた仕事”ないしは“力×速度”であり，筋パワーの大きさは，筋力と筋の収縮速度によって規定される．したがって，筋パワーを高めるためには，筋力と筋の収縮速度をともに高めるトレーニングをしなくてはならない．

筋パワーといっても，ヒトのパワー特性にはローギヤーとハイギヤーがある（7章参照）．

上肢についてみると，重量挙げでは重いバーベルを持ち上げるのに，きわめて強い力を必要とするが，移動速度はそれほど速くない．一方，卓球では 100 g 程度の軽いラケットなので移動に強い力は必要ないが，その移動速度は非常に速くなくてはならない．どちらの場合も筋パワーはかなり大きなものとなるが，重量挙げにおいては力の要因が大きく（力型：ローギヤー），卓球では速度の要因が大きい（スピード型：ハイギヤー）．

下肢についても同様で，身体の移動速度がそのまま成績に結びつく短距離走選手ではスピード型の筋パワーに優れ，重量級の選手がスクラムを組んで押し合うラグビー選手では力型の筋パワーに優れていることがわかっている[25]．

筋パワーのトレーニングの基本は，設定した負荷を用いて可能なかぎりすばやく動作を繰り返すことである．すなわち，最大の収縮力を発揮することで強い力を発揮する FG 線維を収縮に参加させ，動作をすばやく繰り返すことで収縮速度を高めようとするものである．なお，力型の筋パワーでは筋力

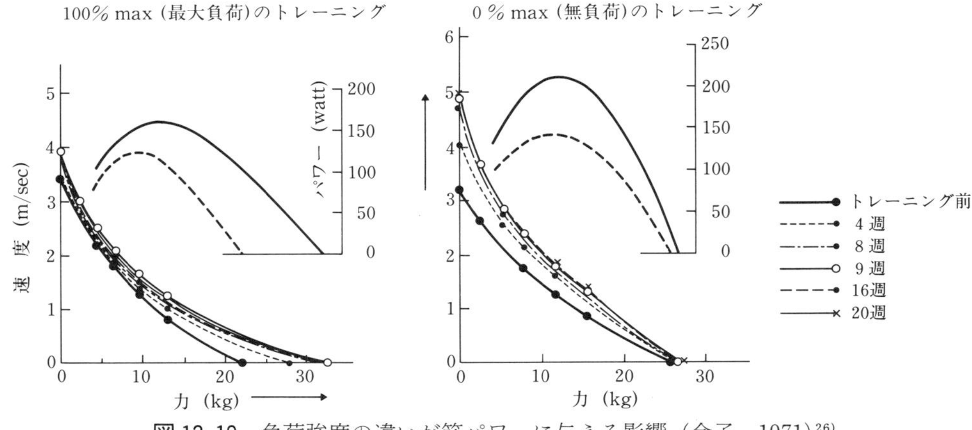

図 12-19 負荷強度の違いが筋パワーに与える影響（金子，1971）[26]

の関与が大きいので，筋力トレーニングを併せて行うのがより合理的である．

筋パワーのトレーニング効果にも特異性があり，トレーニングに用いた動作速度，およびそれに近い動作速度で発揮できる筋力が顕著に増加する．大きな負荷を用いて，ゆっくりとした動作でトレーニングした場合には力型の筋パワーが，軽い負荷を用い，すばやい動作でトレーニングした場合にはスピード型の筋パワーが向上する（図 12-19）[26]．

スポーツ成績の向上を目指してトレーニングを行う場合には，そのスポーツに必要なパワー特性を考慮して，負荷強度（動作速度），運動時間（反復時間）を設定する．たとえば，バドミントンのスマッシュに必要な手首の筋パワーを高めたいならば，過負荷の原理に基づいて，ラケットの重量よりもやや重い負荷とし，可能なかぎり高速で，スマッシュ時の手首の動作に類似した運動を行うことになる．反復時間は 20 秒程度が目安となろう．

また，投球スピードの向上を目指して，通常より多少重いウエイトボールを用いてピッチングを行うことがあるが，これもパワートレーニングの一種である．

12.6 等速性収縮による筋のトレーニング

等速性収縮（isokinetic contraction）とは，発揮する筋力の大きさが異なっても，筋の収縮速度が一定になるような筋の出力様式をいう．

通常の筋力発揮では，筋力の変化とともに収縮速度も変化してしまうので，等速性収縮によるトレーニングを行うには，特殊な装置が必要である（図 12-20）．この装置は，バーベルなどの重量物によって負荷を加えるのではなく，トレーニング者が発揮する力に対して常に収縮速度が一定となるように，油圧や空気圧を利用したり，電気的なコントロール装置を内蔵して，負荷の大きさを変化できるようになっている．つまり，本人の発揮する力が負荷の大きさを決定するのである．多くの装置では収縮速度を事前に設定できる．最近ではコンピュータを接続して各種の筋力測定ができる装置もあり，たいへん高価ではあるが，利用範囲は広い．

等速性収縮によるトレーニングの特徴は，特に筋パワーの向上に効果があることで，その理由は次のように考えられる．

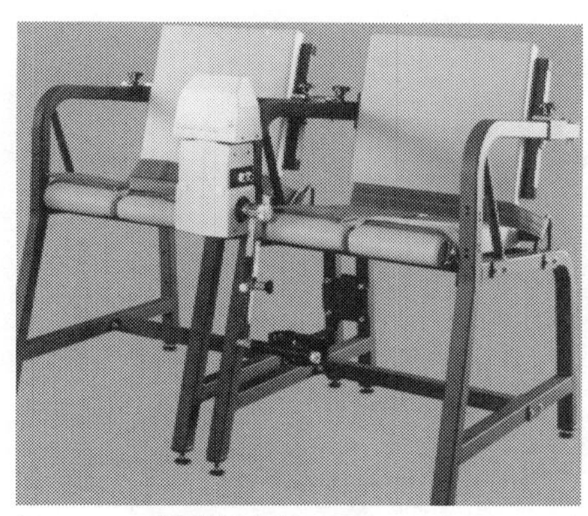

図 12-20　等速性収縮によるトレーニングのためのマシーン

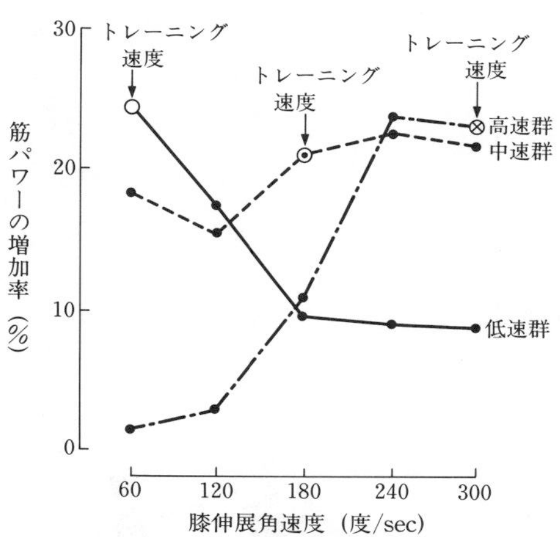

図 12-21　等速性収縮の速度（角速度）と筋パワーの増加率（金久，宮下，1982）

(1)　いかなる関節角度でも，筋に対して最大の負荷を加えることができる．

(2)　したがって，大きな筋力を発揮する FG 線維を効果的に鍛えることができる．

(3)　動作の開始時でも動作中でも，常に最大の負荷を筋に加えることができる．

(4)　筋疲労による相対的な負担度の変化がなく，常に筋の収縮能力に応じて最大の負荷を与えることができる．

ただし，等速性収縮によるトレーニング効果を十分に引きだすためには，常に最大努力で筋力を発揮する必要がある．

なお，等速性収縮によるトレーニングにおいても，等張性収縮によるのと同様，筋パワーの向上に特異性がみられる．すなわち，トレーニングに用いた収縮速度のときに，発揮される筋パワーの向上が最も大きい．図 12-21 に示したように，低速（角速度 60°/sec 以下）あるいは高速（200°/sec 以上）でトレーニングを行った場合には，向上する筋パワーはその速度付近に限定され，中間の速度（100～180°/sec）では，かなり広範囲の速度において筋パワーの向上が認められる[27]．したがって，トレーニング時の動作速度を設定するには，実際のスポーツでの動作速度を考慮する．

12.7　プライオメトリックトレーニング

走り幅跳びや三段跳びなどの選手が行うトレーニングに，両脚または片脚による連続ジャンプがある．これらはプライオメトリックトレーニング（plyometric training）とよばれ，その特徴はトレーニングに伸張性収縮を積極的に取り入れ，筋の弾性エネルギーと伸張反射を利用していることである．このトレーニング法には筋パワーを高める効果があり，さらにトレーニング動作が競技動作に類似していることから，スキルの向上にも役立つと考えられている．

プライオメトリックトレーニングについては，伸張性収縮時の筋力と筋の伸張度によって筋パワーの向上に違いのあることはわかっているが，その至適条件については現在のところ明らかでない．

伸張性収縮を積極的に行うには，台の上から飛び降りた後にすばやく跳躍したり，斜面を利用した

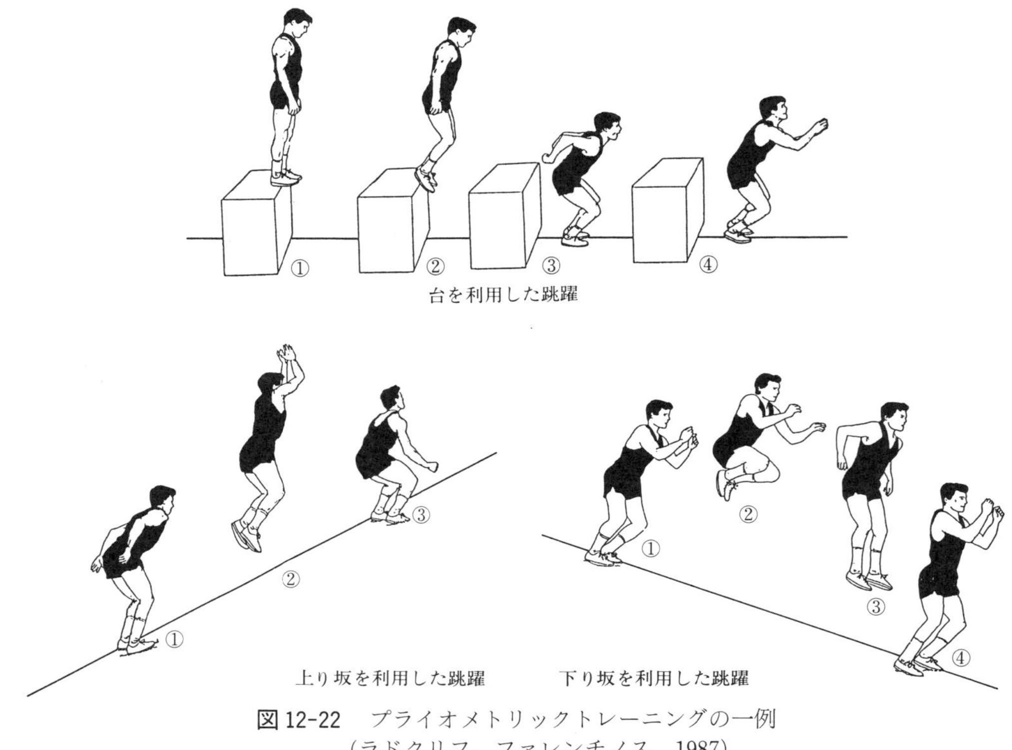

図 12-22　プライオメトリックトレーニングの一例
（ラドクリフ，ファレンチノス，1987）

跳躍がある（図 12-22）[28]が，着地の際にきわめて大きな負荷が筋に加わり，肉ばなれや筋断裂を起こすことがあるので注意する．特に弱い筋があれば，あらかじめ特定して十分に鍛えておく．

12.8　器具を使わない筋力トレーニング

筋力トレーニングは，鉄のおもりや支柱などの道具や器具がなければできないわけではない．いわゆるウエイトトレーニングは1人で行うことができ，しかもきわめて高い効果が期待できるのが利点であるが，身体各部の筋をそれぞれトレーニングするには，多くの高価な器具を必要とするのが欠点である．

そこで器具をほとんど必要とせず，しかも日常生活のなかで手軽に行える筋力トレーニング法について，自分の体重を利用して1人でできるものを図 12-23 に，2人ないし3人で支えたり，おもりの代わりになったりするものを図 12-24 に示した．バーベルなどを用いた場合には身体にくい込んで痛かったりすることがあるが，そういった危険性が少ないこと，そして家族や友人など少数のグループで手軽にできることが，これらの方法の長所である．

なお，器具を使わない筋力トレーニングにおいても，おもりを用いた場合と同じように，筋力，持久性，筋パワーの増強など，目的とする筋の収縮特性に適したトレーニングとなるよう，負荷の大きさ，反復回数，筋の収縮速度（関節の角速度）を工夫する．また，補助者が手で負荷を加える場合，関節可動域すべてに対して常に最大となるように負荷を調節することも可能である．これができれば，特殊な装置を用いた等速性収縮に近いトレーニングとなり，効果的に筋を鍛えることができる．

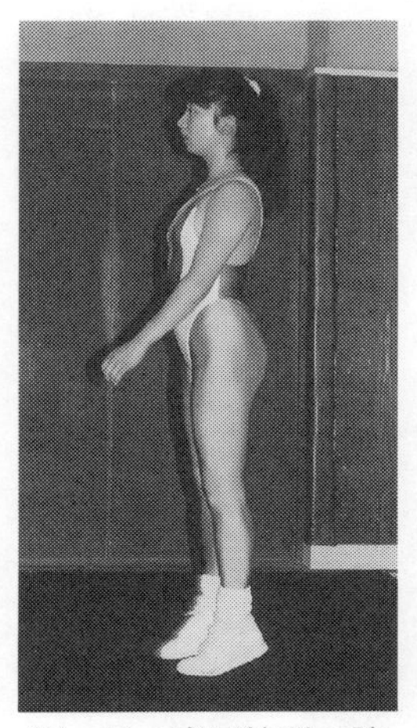

(1)　足の底屈筋群：膝を伸ばし，両足の底屈によって連続ジャンプする

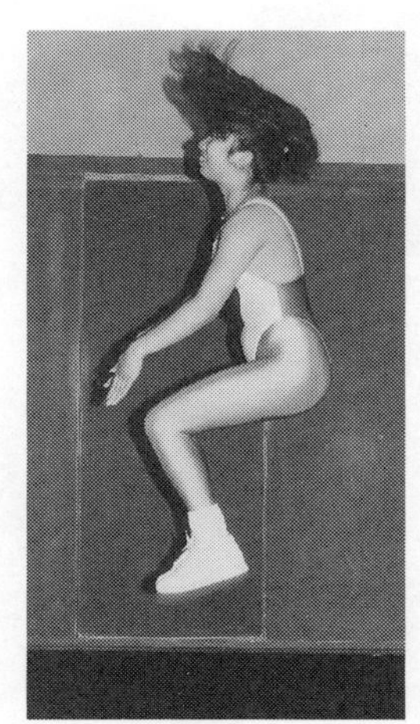

(2)　腹筋：上体を垂直に保ち，ジャンプして両膝を腰の高さに上げる

(3)　体幹と大腿の後面の筋群：上体を垂直に保ち，ジャンプして踵に手を触れる

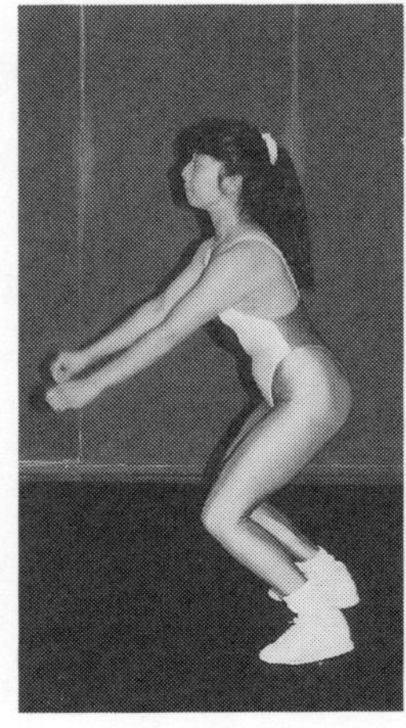

(4)　大腿の伸筋群と足の底屈筋群：股関節と膝関節を屈曲したまま，前方へ連続ジャンプする

(5)　大腿の伸筋群と足の背屈筋群：股関節と膝関節を屈曲したまま，踵をつけずに後方へ連続ジャンプする

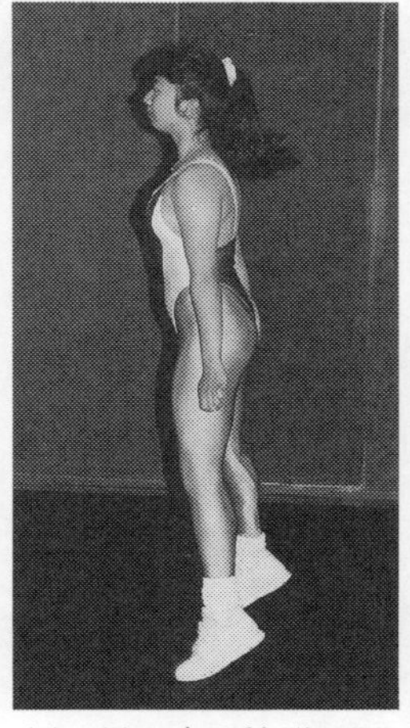

(6)　足の底屈筋群：股関節と膝関節を伸展したまま，踵をつけずに前方へ連続ジャンプする

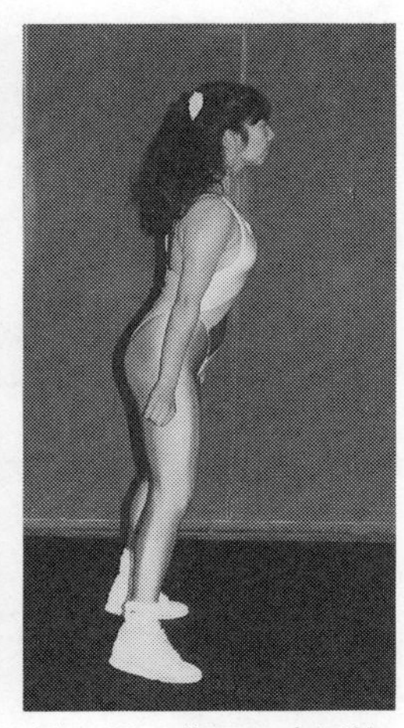

(7)　足の背屈・底屈筋群：股関節と膝関節を伸展したまま，踵をつけずに後方へ連続ジャンプする

図 12-23　器具を使わないトレーニング法

(8)　足の底屈筋群：踵をつけずに歩く

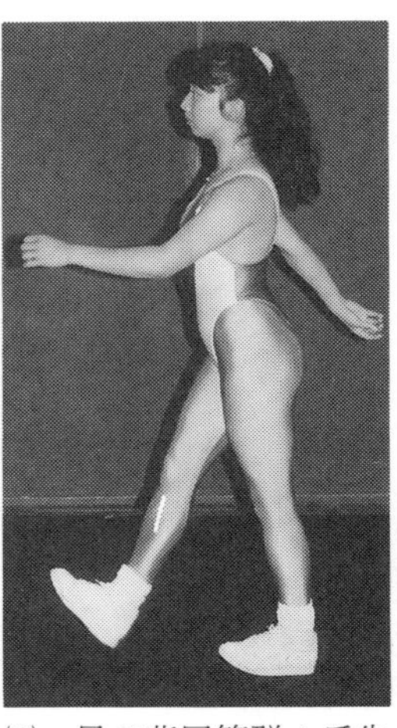

(9)　足の背屈筋群：爪先をつけずに歩く

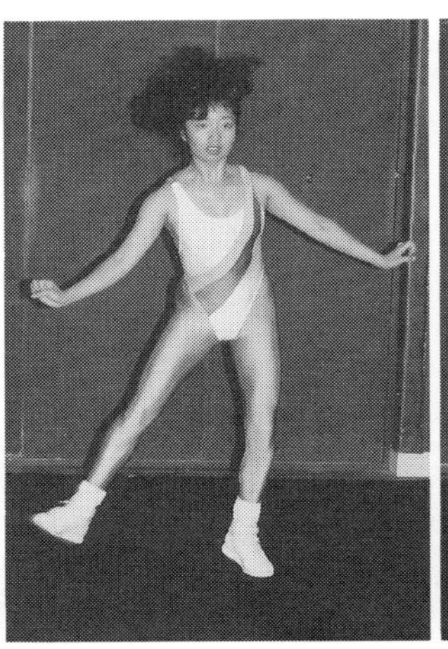

(10)　大腿の外転・内転筋群：膝を伸ばし，踵をつけずにサイドステップを行う．左：右大腿，右：左大腿

(11)　大腿の外転筋群：膝を伸ばし，左足を側方へ振り上げる

(12)　股関節の伸筋群：上体を垂直に保ち，膝を伸ばして左足を後方へ振り上げる

(13)　腹筋：上体を垂直に保ち，膝を伸ばして右足を前方へ振り上げる

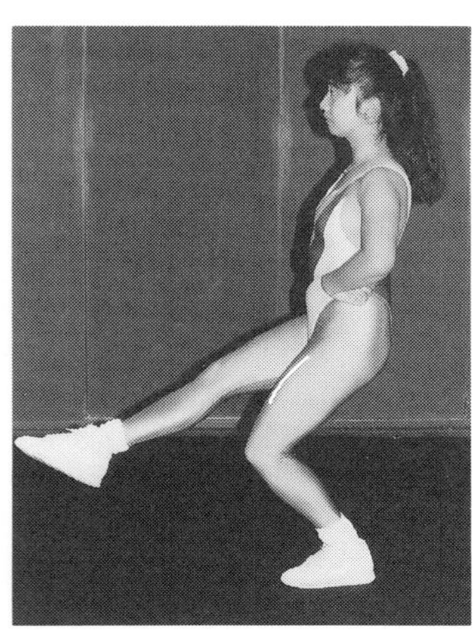

(14)　大腿の伸筋群：右足を床から離し，左膝を屈伸する

図 12-23（つづき）

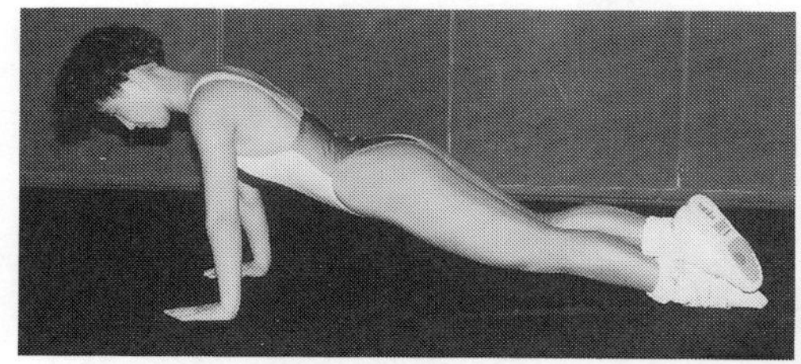

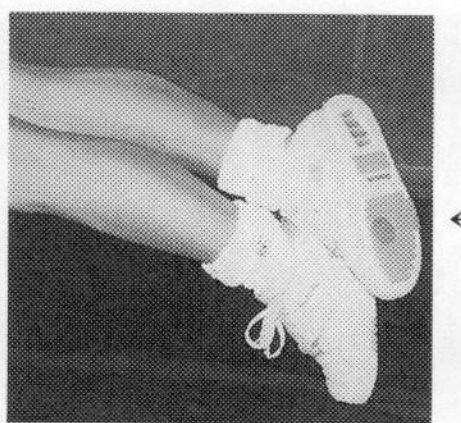

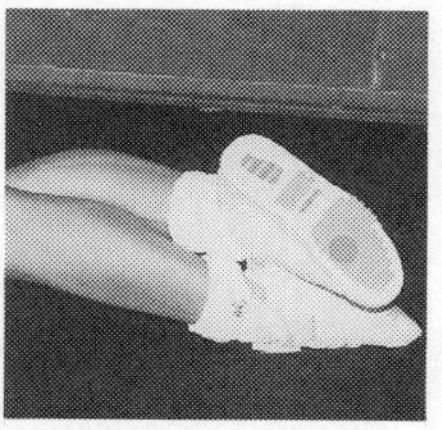

(15)　足の背屈筋群：腕立ての姿勢で左足背部を床につけ，右足を左足の上に乗せる(左)．左足の背屈を行う（右→中）．腕で体を後方に押し出さないようにする

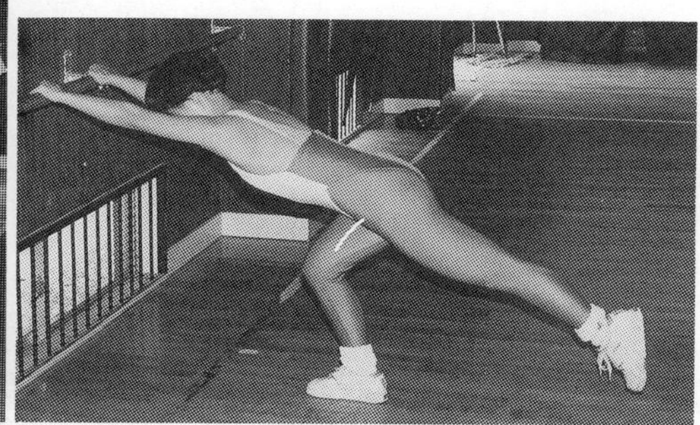

(16)　足の底屈筋群と大腿の伸筋群：腰の高さのバーをつかみ，体の傾斜角が45°となる位置に右足を置く．左膝を腰の高さまで振り上げながら，右足の底屈で体を押し上げる(左)．続けて左足を後方に伸ばし，腰を低くする．左足は床につけない（右）

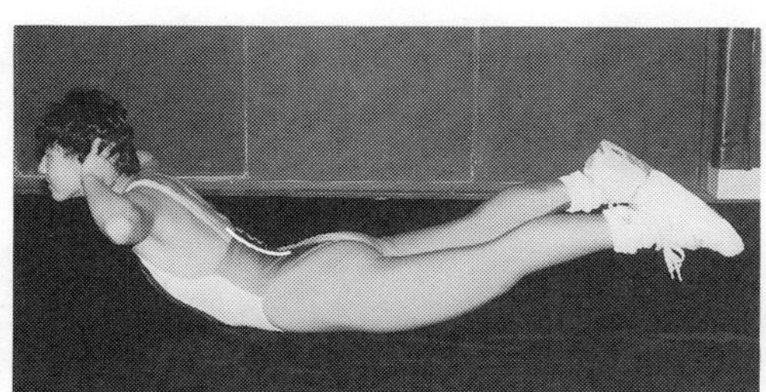

(17)　背筋：手を後頭部につけ，全身を反らす

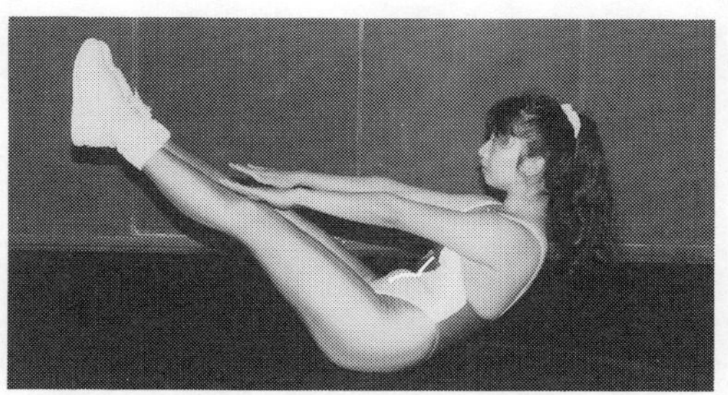

(18)　腹筋：膝を伸ばし，V字をつくる

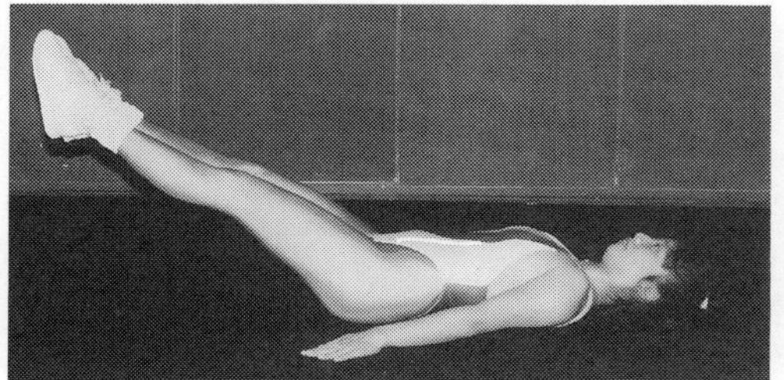

(19)　腹筋：膝を伸ばし，足を上げる

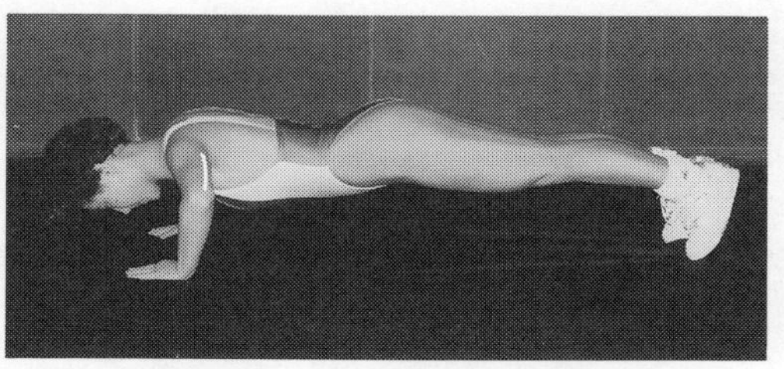

(20)　上腕の伸筋群：股関節と膝関節を伸ばし，肘を曲げる

図12-23（つづき）

(1) 腹筋（中→左）と体幹側の筋（中→右）：補助者の足首をつかみ，膝を伸ばし，押された足を床につけずに戻す

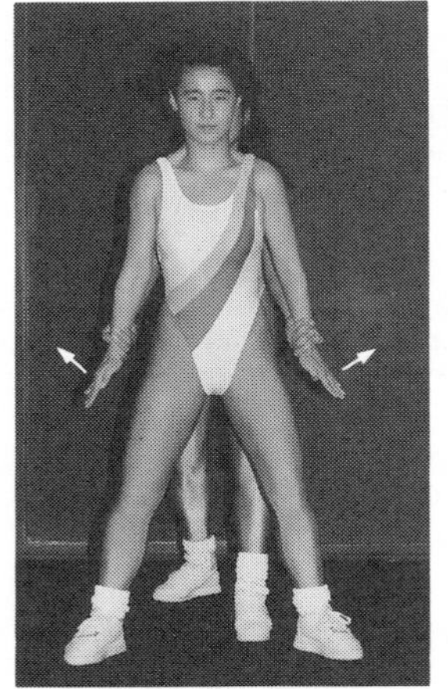

(2) 肩の外転筋群：手首を押さえ，肘を伸ばし，両腕を側方へ上げる

(3) 胸筋：手首を押さえ，肘を伸ばし，両腕を側方から下げる

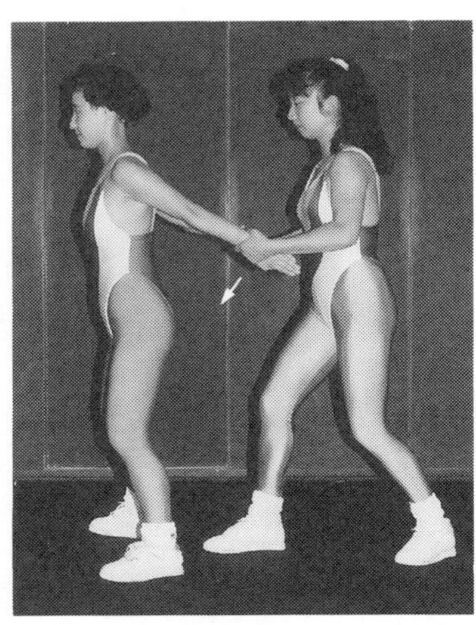

(4) 肩の屈筋群と胸筋：手首を押さえ，肘を伸ばし，両腕を後方から体側へ下げる

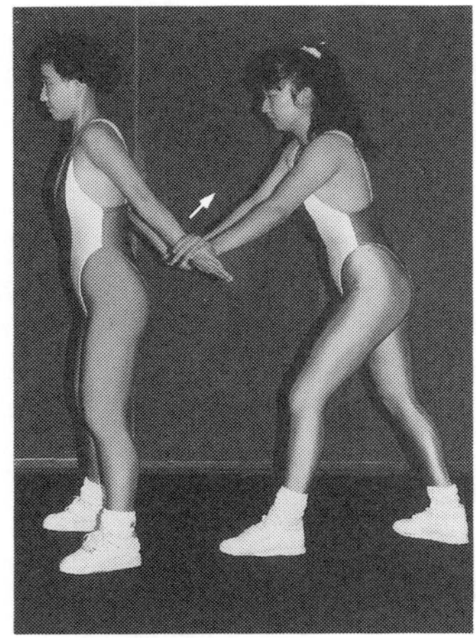

(5) 肩の伸筋群：手首を押さえ，肘を伸ばし，両腕を体側から後方へ上げる

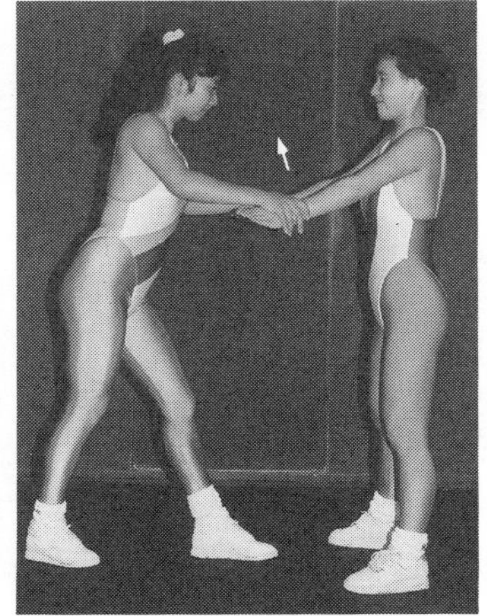

(6) 肩の屈筋群：手首を押さえ，肘を伸ばし，両腕を体側から前方へ上げる

(7) 肩の伸筋群と胸筋：手首を押さえ，肘を伸ばし，前方に上げた腕を体側へ下げる

図 12-24 器具を使わないトレーニング法（補助者を必要とするもの）

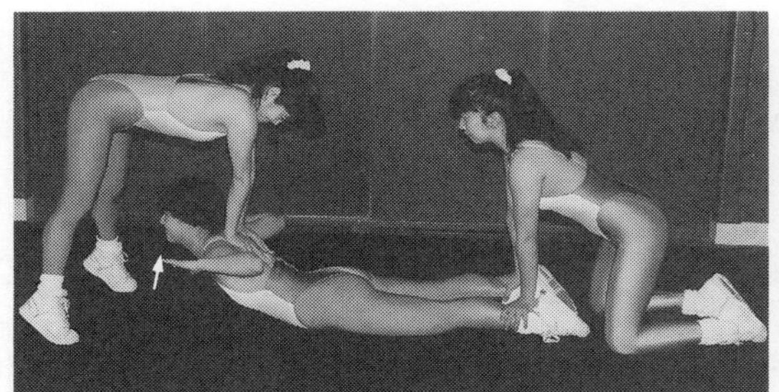

(8)　背筋と大腿後面の筋群：背中と足首を押さえ，全身を反らす

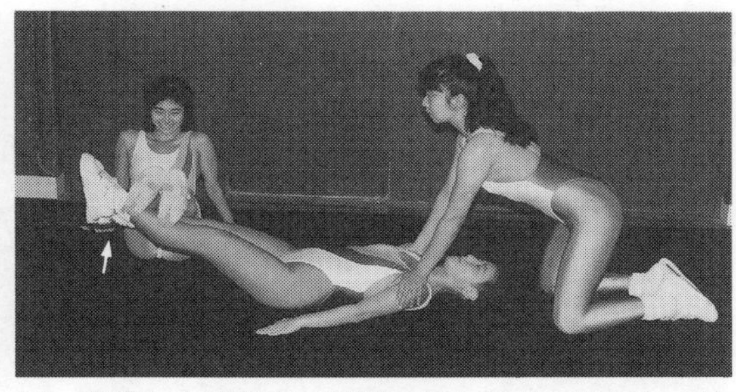

(9)　腹筋と大腿前面の筋群：肩と足首を押さえ，足を上げる

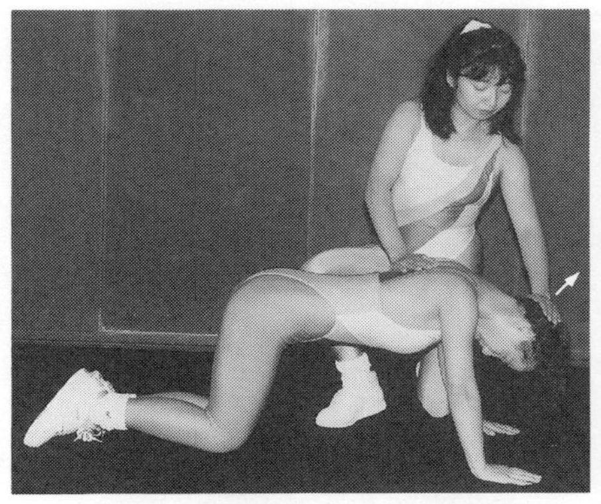

(10)　首の後面の筋群：伏臥位で後頭部を押さえ，首を背屈する

(11)　首の前面の筋群：仰臥位で前頭部を押さえ，首を腹屈する

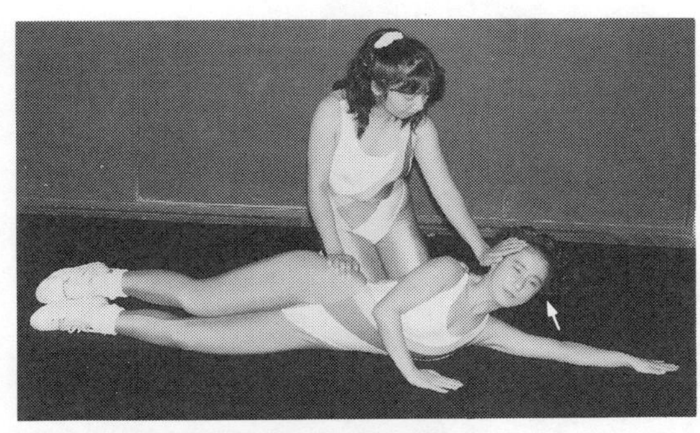

(12)　首の側面の筋群：横臥位で頭側部を押さえ，首を上方へ屈曲する

(13)　体幹後面の筋群：大腿を２人で支え，上体と腕を水平位まで上げる

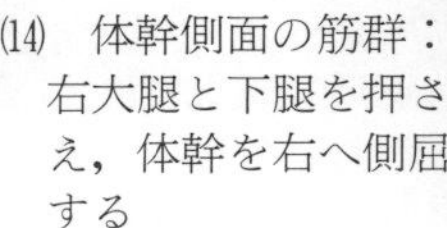

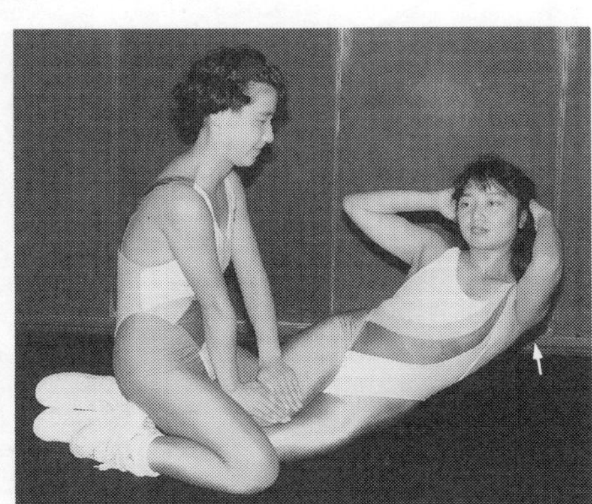

(14)　体幹側面の筋群：右大腿と下腿を押さえ，体幹を右へ側屈する

図 12-24（つづき）

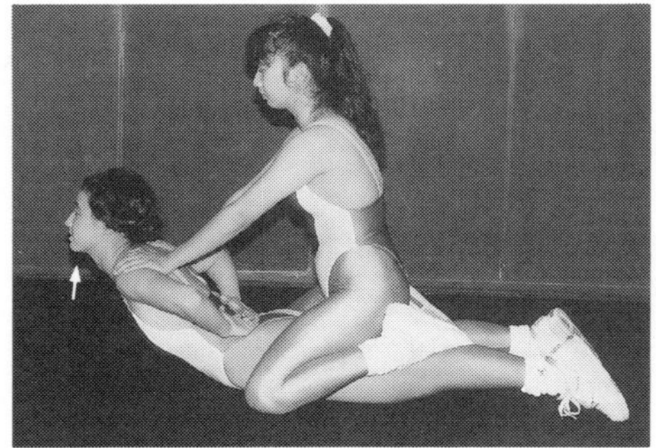

⒂ 背筋：臀部，大腿，下腿が動かないよう補助者が座り背中を押さえ，上体を反らす

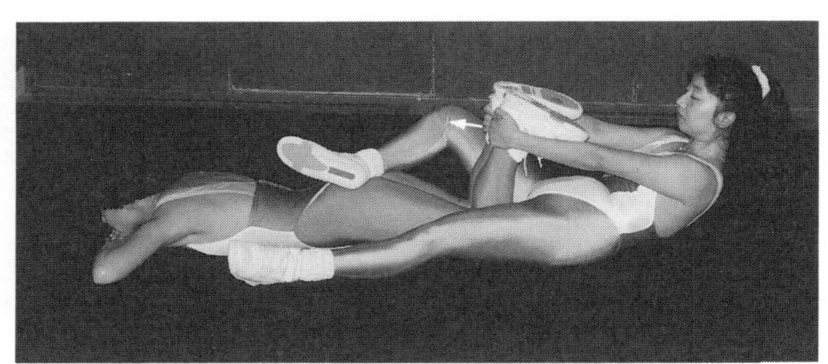

⒃ 大腿の屈筋群：足を臀部に乗せ，足首を押さえ，膝を屈曲する

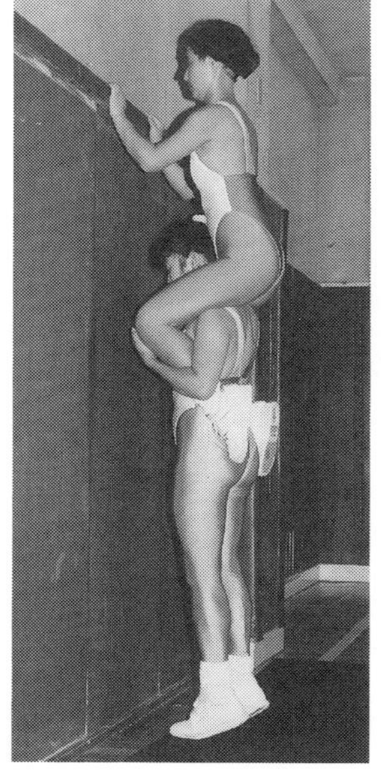

⒄ 足の底屈筋群：肩車をしたまま両足を底屈する

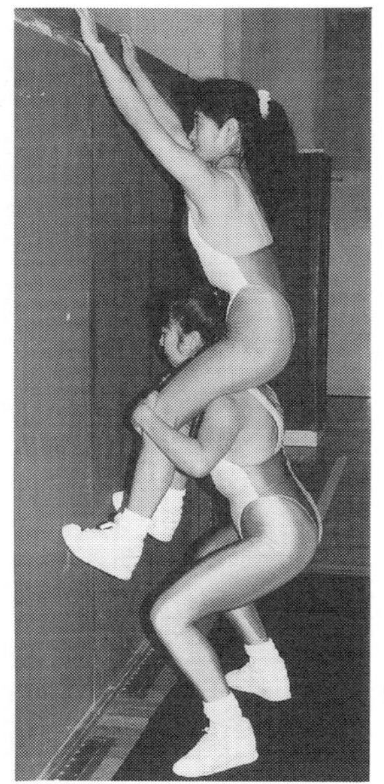

⒅ 大腿の伸筋群：肩車をしたままスクワットする

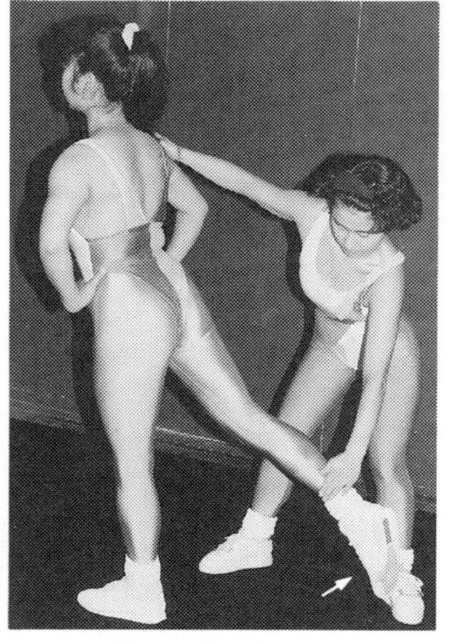

⒆ 股関節の伸筋群：右肩と右足首を押さえ，右足を後方へ上げる

⒇ 体幹側面の筋群：右肩と右足首を押さえ，右足を外転する

(21) 股関節の屈筋群：左肩と左足首を押さえ，左足を前方へ上げる

図 12-24（つづき）

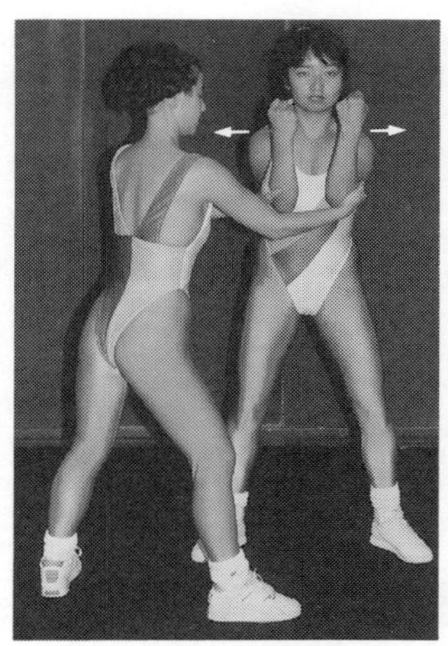
⑵2 上肢帯後面の筋：両肘を外側から押さえ，上腕を開く

⑵3 胸筋：両肘を内側から押さえ，上腕を閉じる

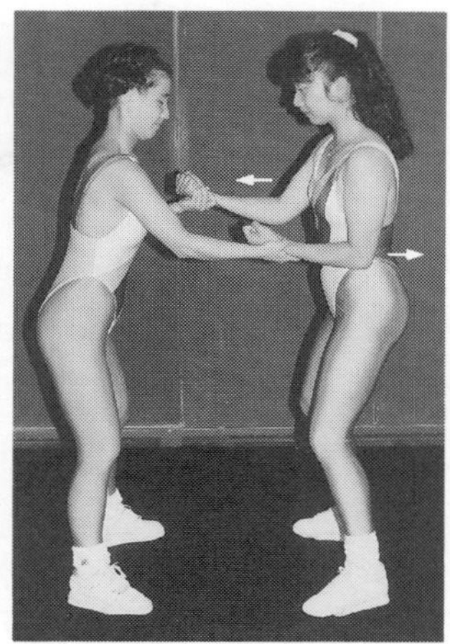
⑵4 肩関節の屈筋群（右肩）と伸筋群(左肩)：両手首を押さえ，右肘を前方へ押し，左肘を後方へ引く

⑵5 上肢帯後面の筋：伏臥位で両腕を広げ，手首を押さえ，腕を背面へ上げる

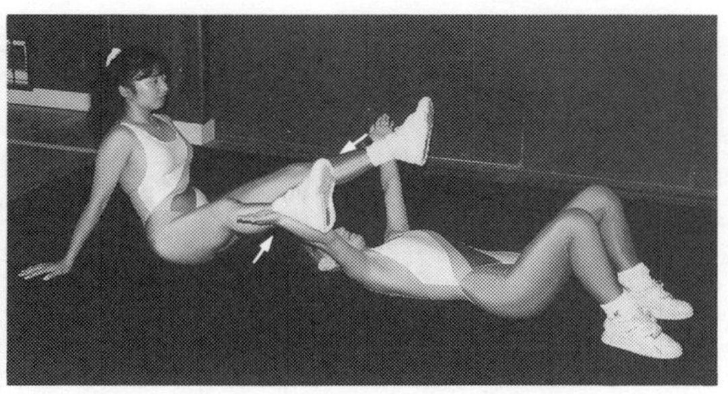
⑵6 胸筋：仰臥位で両腕を広げ，手首を押さえ，腕を閉じる

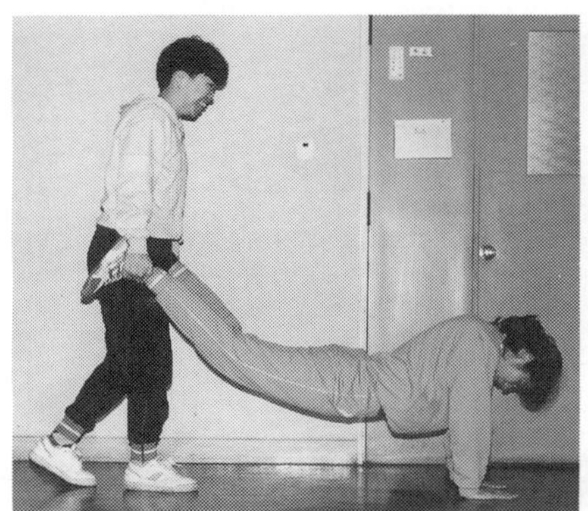
⑵7 上腕の伸筋群：伏臥位から両足首を持ち上げ，肘を屈曲し，前方へ連続ジャンプする

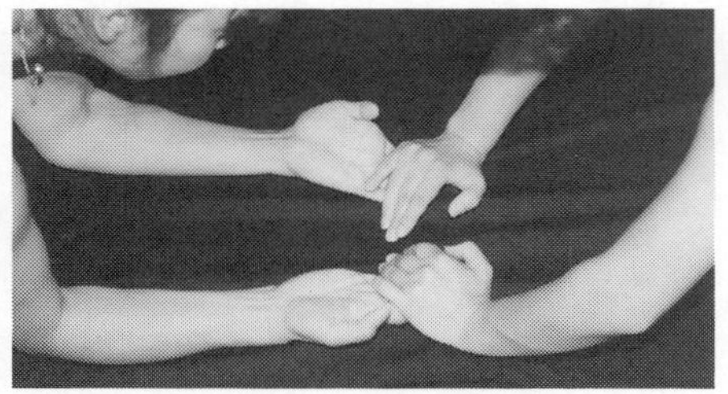
⑵8 手指の屈筋群：両肘を床につけ，押さえられた手指を屈曲する

⑵9 上腕の屈筋群と手根屈筋群：両肘を床につけ，押さえられた手首を屈曲しながら肘を曲げる

図 12-24（つづき）

参考文献

1) MacDougall, J. D., et al. : Arterial blood pressure response to heavy resistance exercise. J. Appl. Physiol., 58(3) : 785-790, 1985.
2) Fox, E. L. : Sports physiology (2nd ed.). CBS College Publishing, Holt, 1984.
3) DeLorme, T. and Watkins, A. : Techniques of progressive resistance exercise. Arch. Phys. Med. Rihabil., 29 : 263-273, 1948.
4) 熊本水頼，高木公三郎：身体運動の制御，杏林書院，東京，1980.
5) 白旗敏克ほか：プロ野球選手の身体特性とスポーツ外傷・障害，Jpn. J. Sports Sci., 9(7) : 407-412, 1990.
6) 猪飼道夫編：身体運動の生理学．杏林書院，東京，1973.
7) Fukunaga, T. : Die absolute muskelkraft und das muskelkraft training. Sportarzt und Sportmedizin, 11 : 225-265, 1976.
8) 福永哲夫：ヒトの絶対筋力．杏林書院，東京，1978.
9) Hettinger, T. (猪飼道夫，松井秀治訳)：アイソメトリックトレーニング．大修館書店，東京，1970.
10) Charett, S. L., et al. : Muscle hypertrophy response to resistance training in older women. J. Appl. Physiol., 70(5) : 1912-1916, 1991.
11) Brown, A. B., et al. : Positive adaptation to weight-lifting training in the elderly. J. Appl. Physiol., 69(5) : 1725-1733, 1990.
12) Fiatarone, M. A., et al. : High-intensity strength training in nonagenarians : effects on skeletal muscle. J.A.M.A., 263(22) : 3029-3034, 1990.
13) Wilmore, J. H. : Alterations in strength, body composition and anthropometric measurements consequent to a 10-week weight training program. Med. Sci. Sports, 6 : 133-138, 1974.
14) Hettinger, T. : Physiology of strength. Charles C. Thomas Publisher, Springfield, 1961.
15) Ohtsuki, T. : Decrease in grip strength induced by simultaneous bilateral exertion with reference to finger strength. Ergonomics, 24 : 37-48, 1981.
16) Ohtsuki, T. : Decrease in human voluntary isometric arm strength induced by simultaneous bilateral exertion. Behav. Brain Res., 7 : 165-178, 1983.
17) Secher, N. H. : Isometric rowing strength of experienced and inexperienced oarsmen. Med. Sci. Sports, 7(4) : 280-283, 1975.
18) Rube, N., et al. : The effect of habituation and training on two and one leg extension strength. Acta Physiol. Scand., 108 : 8 A, 1980.
19) Hettinger, T. und Muller, E. : Muskelleistung und muskeltraining. Arbeitsphysiol., 15 : 111-126, 1953.
20) Meyers, C. R. : Effects of two isometric routines on strength, size and endurance in

exercised and nonexercised arms. Res. Quart., 38：430-440, 1967.

21)　Vannotti, A. und Pfister, H.：Untersuchungen zum studium des trainiertseins. Arbeitsphysiol., 7：127-133, 1934.

22)　Bergh, U., et al.：Maximal oxygen uptake and muscle fiber types in trained and untrained human. Med. Sci. Sports, 10(3)：151-154, 1978.

23)　加賀谷淳子：筋持久力のトレーニング負荷の研究．体力科学，19(4)：146，1970．

24)　Hall-Jurkowski, J., et al.：Subarachnoid hemorrhage in association with weightlifting. Can. J. Appl. Sports Sci., 8：210, 1983.

25)　高松　薫ほか：無気的パワーにおける“力型”と“スピード型”のタイプからみたラグビー選手の特性．体育学研究，34：81-88，1989．

26)　金子公宥：パワーからみた走運動．体育の科学，21(2)：88-91，1971．

27)　金久博昭，宮下充正：アイソキネティック・トレーニング－トレーニング速度とトレーニング効果－. Jpn. J. Sports Sci., 1：147-151, 1982.

28)　ラドクリフ，J. C.，ファレンチノス，R. C.（石河利寛監修，村松　茂，野坂和則訳）：爆発的パワートレーニング・プライオメトリックス．ベースボールマガジン社，東京，1987．

13章　脂肪の減量

体型を気にしたり，スポーツマンが競技成績を向上させようとする場合に，体重に強い関心が寄せられる．体重と運動能力の関係については，筋への負担度という点で最も問題となる．体重といっても，そのなかには筋量も含まれているので，正確には体重ではなく，筋に負担をかける脂肪量が問題とされる．脂肪量が多いほど筋に対する相対的負担度は高くなるので，日常の動作や各種のスポーツでもけがをする危険が大きくなる．また，体重当たりの筋力の低下はスポーツ成績の向上を妨げる強い要因となる．

さらに，脂肪は有酸素的体力の基礎となる呼吸循環機能にも影響を与える．心臓や血管などに脂肪がつきすぎると機能が低下したり，動脈硬化を引き起こす．また，図13-1に示したように，肥満は高血圧，糖尿病などの成人病を誘発する危険要因とされている[1]（2章参照）．

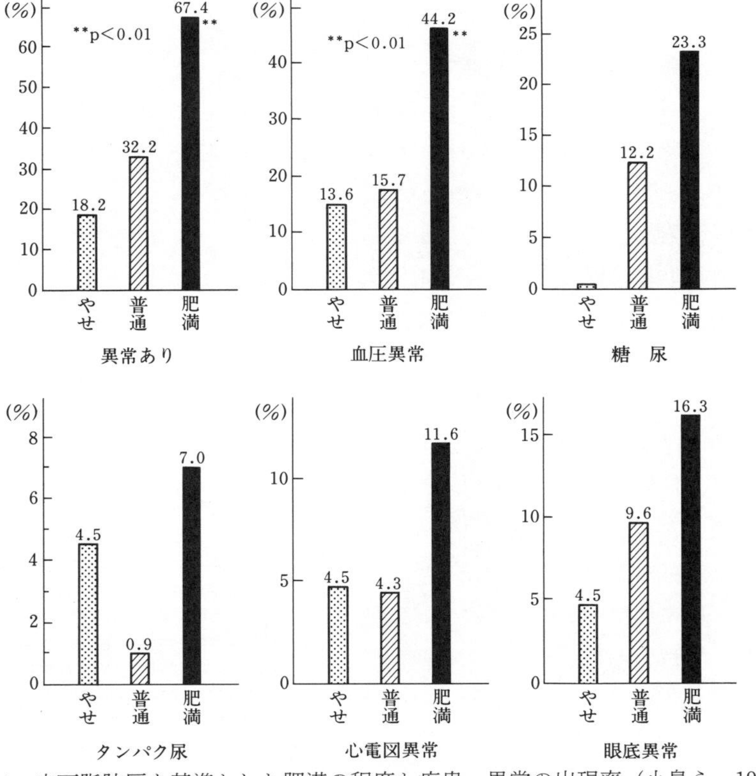

図13-1　皮下脂肪厚を基準とした肥満の程度と疾患・異常の出現率（小島ら，1969）

13.1 脂肪の役割

脂肪は細胞膜を構成する物質であり，生体に必要不可欠なものである．また，代謝など体内で重要な役割を担っており，必要以上に脂肪を減少させると健康が損なわれることもある．

脂肪は，ビタミンA，D，Eといった脂溶性ビタミンの貯蔵庫としての役割も果たしている[2]．ビタミンAが欠乏すると夜盲症（とり目）や眼球の乾燥，さらに皮膚がザラザラしてくる．また，ビタミンDは骨代謝に関係し，不足するとカルシウムやリンの吸収が妨げられて骨が軟化してしまう．さらに，ビタミンEは正常な生殖機能の維持やビタミンAの酸化を防いでおり，長期にわたって欠乏すると，筋線維の萎縮が生じてくる．

一方，脂肪は，歩行など日常行動の基本となるような運動の主たるエネルギー源である．脂肪が産生する運動エネルギーは炭水化物（糖質）やタンパク質の約2倍であり，少ない量でも長時間にわたってエネルギーを供給することが可能である（4章参照）．

そのほか，脂肪の弾力性は身体を保護する働きも果たしている．また女性のふくよかな感触は，抱かれた乳幼児に安心感を与え，安定した情緒の発達を促すことも十分考えられる．

なお，女子の長距離選手では生理の不調を訴える者が少なくないが，その一因として体脂肪量の減少があげられており，研究が進められている．

1) 脂肪と競技成績

脂肪の蓄積が，競技成績に有利に働くこともある．

水泳では，陸上の運動とは異なり，身体を水に浮かせて前進させなくてはならない．浮くために必要なエネルギーは水中体重が軽いほど少なくてすむので，体重が同じであっても比重の小さい脂肪（0.75〜0.80）がある程度多いほうが有利となる[3]．実際，水泳選手の体脂肪率は他のスポーツ選手に比べて高く[4]，一般の人と大差はない（図13-2）．また，水温20°C以下の海を長時間にわたって泳ぎ続ける海峡泳者（チャネルスイマー）では，体脂肪率がきわめて高いことが知られている[5]．脂肪により大きな浮力が得られると同時に，熱を伝えにくいので体温の低下を防ぐことができ，海峡泳者にとっては脂肪量が多いほうが有利なのである．

また相撲では，一般に体重が重いほど競技成績がよい傾向がある[6]．力士の身体組成を調べてみると，筋量とともに，脂肪量がきわめて多いことが知られている．

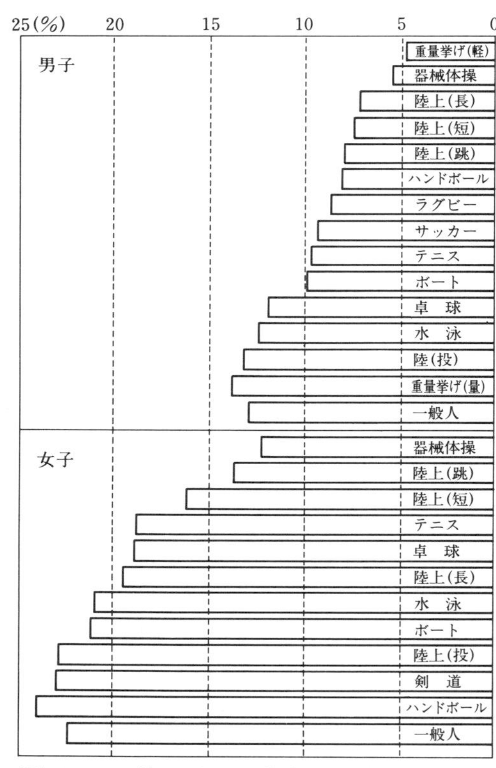

図13-2　一流スポーツ選手の体脂肪率（北川，1987）

2）　肥満に対する認識

肥満に関するアンケート調査（男性 1,230 名，女性 1,339 名）をしたところ，15〜19 歳の女性の約半数が，自分は太っていると回答している．ところが，さまざまな資料から体重と皮下脂肪厚をもとに肥満度を判定してみると，健康上，問題となるような肥満者の割合は，多めに見積っても男性で約 20％，女性で約 30％である[7,8]．

また，個々の体力水準によっても肥満に対する認識に違いが認められる．痩せていても体力水準が低い場合には肥満と認識し，太っていても体力水準が高い場合には肥満でないと認識される傾向がある[9]．

このように，肥満の程度の認識と実際の体脂肪率とは必ずしも一致しない．最近では拒食症などが話題になっているが，測定もせずに太りすぎと思い込み，身体を傷つけるような無理な減量は避けたいものである．

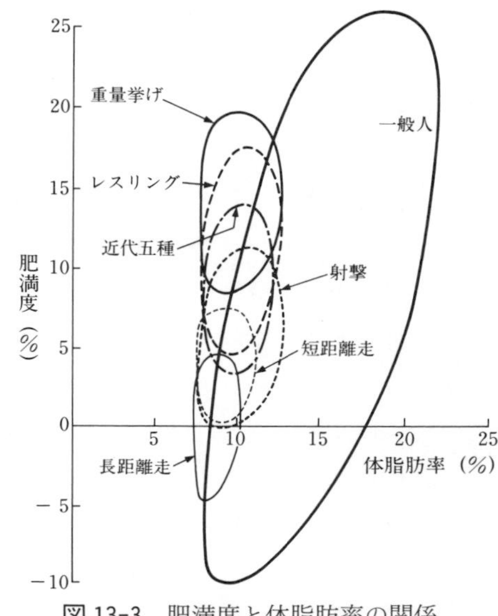

図 13-3　肥満度と体脂肪率の関係（池上，1990）[11]

13.2　肥満とその判定

一般には，身長に対する体重の割合が大きい場合に肥満とみなされることが多い．しかし厳密には，このような状況は過体重である．過体重には，筋が発達している場合と，脂肪の蓄積が主因となっている場合があり，後者が肥満であり脂肪が病気のリスクになるほど多量に体内に蓄積した状態をいう[10]．

図 13-3[11]は，身長と体重から算出した見かけ上の肥満度と，皮下脂肪厚から求めた体脂肪率の分布を，一般人と運動選手について示したものである．肥満度は，(1)式より求めた標準体重を基準とした場合に，各人の体重が標準体重を何％超過しているかを示すものである．また，体脂肪率は 7 章に示した方法で求めたものである．

$$\text{標準体重（kg）} = (\text{身長(cm)} - 100) \times 0.9 \qquad \text{（桂の式）} \tag{1}$$

$$\text{肥満度（\%）} = \frac{\text{体重(kg)} - \text{標準体重(kg)}}{\text{標準体重(kg)}} \times 100 \tag{2}$$

一般人では，肥満度と体脂肪率との間に正の相関があり，見ためが太っている人ほど脂肪量も多い傾向にあるが，スポーツマンの場合には相関はないことが多い．たとえば，重量挙げの選手は太っているようにみえるが，脂肪量はスマートにみえる長距離選手とほとんど同じである．すなわち，筋が発達しているために体重が重いのであって，けっして肥満ではない．

日本人の体重を死亡率との関係でみると，平均体重よりもいくぶん重い場合に死亡率が最も低くなっている[12]．そのほかに高血圧，高脂血症，高尿酸血症，肝機能障害，耐糖能異常，心疾患，尿所見異常，肺疾患，上部消化管疾患，貧血の各疾病異常の有無を検討した研究では，それぞれの異常を 1 点としたときの合計点数（各種疾病指数）が最低となる Body Mass Index（BMI）が約 22 であることが示されている[13]．

すなわち，

$$体重（kg）\div 身長（m）^2 = 22$$

であり，

$$体重（kg）= 身長（m）^2 \times 22 \quad (3)$$

となる．このようにして算出した体重を標準体重にすることも提示されている．

古くから，ローレル指数やカウプ指数などの各種の形態指数（表 13-1）が考案されているが，これらの値は体重の増減に左右されるので，やはり脂肪量と筋量の変化を把握する指標とはならない．そこで，体重と皮下脂肪厚を測定して体脂肪率を計算する方法が開発されている（7 章参照）．皮下脂肪厚および体脂肪率から肥満を判定する基準については表 7-2 に示してある．

また，脂肪のつき方は身体部位によって異なり，一般に脂肪が蓄積しやすいのは，腹部＞肩甲骨下部＞大腿前部＞大腿後部＞上腕後部＞下腿後部＞前腕前部＞上腕前部の順となっている[14]．このような身体部位による脂肪蓄積の差は，男性では比較的小さいが，女性では顕著で，特に大腿部と臀部に蓄積しやすい．また個人差が最も著しい部位は腹部である．

脂肪分布の違いが生活習慣病の有無と関係があると指摘されている．肥満を脂肪が主として腹部についている上半身肥満と主として臀部についている下半身肥満に分けると，上半身肥満の人に生活習慣病の合併が多く[15]，日本人では腹囲÷臀囲が男子では 1.0 以上，女子では 0.8 以上で糖尿病の発生率が高まると報告されている．上半身肥満のなかでも，腹部内蔵の周囲に脂肪のつく内臓脂肪型肥満は，腹部の皮下に脂肪のつく皮下脂肪型肥満に比べて生活習慣病の合併発生率が高い[16]．内臓周囲の脂肪は，皮下脂肪に比べて軽度の運動によって脂肪細胞の容積が減少しやすいとされている[17]．

13.3　肥満のメカニズム

肥満については主に次の 6 つのメカニズムが考えられている[18]．

1）インスリンの過剰分泌（高インスリン血症）

インスリンには摂食量を増加させる作用がある．また，肝臓と脂肪組織での脂肪の合成と，血液中の脂肪が脂肪組織へ沈着することを促進し，さらには脂肪組織での脂肪の分解を抑制する．これらの作用によって，インスリンが過剰に分泌される（高インスリン血症）と肥満しやすくなると考えられている．高インスリン血症は肥満に付随する二次的な現象と考えられているが，肥満者では摂食時のみでなく空腹時にもインスリンが過剰に分泌されるために肥満が解消しにくくなってしまう．高インスリン血症は，摂食量がそれほど多くないのに肥満が悪化していくメカニズムとして考えられている．

表 13-1　体重をもとにした形態指数

指数	式
Body Mass Index（BMI）	$= W \div L^2$
カウプ指数	$= W \div L^2 \times 10^3$
比体重	$= W \div L \times 10$
ローレル指数	$= W \div L^3 \times 10^7$
肥瘦係数	$= \sqrt[3]{W} \div L \times 10^3$
ベルベック指数	$= (W + B) \div L \times 10^2$
ビネー指数	$= L - (B + W)$
身長・体重差指数	$= L - W$
ポンデラル指数	$= L \div \sqrt[3]{W}$
リビー指数	$= \sqrt[3]{W} \div L \times 100$

W：体重（kg），L：身長（cm，BMI では m），B：胸囲（cm）

2) 過　食

貯蔵脂肪の増加は，単純に考えると摂取カロリーが消費カロリーを上まわることで生じる．すなわち，肥満のメカニズムのひとつに相対的な過食があげられる．過食には，次のような背景があると指摘されている．

まず，満腹感のセットポイントの上昇である．血糖値の上昇は視床下部腹内側核にある満腹中枢を刺激し満腹感を生じさせる．肥満者では，この満腹感のでる血糖値が上昇していることが示唆されている[19)]．したがって，血糖値が上昇しても満腹感は少なく，多く食べてしまうことになる．また，インスリンの分泌過剰が過食を生じることも示唆されている．インスリンは視床下部外側核にある空腹中枢を刺激するため，肥満による二次的な高インスリン血症が過食をもたらす可能性がある[20)]．このほかに，脳内の刺激伝達物質であるセロトニンとペプチドホルモンの乱れや，精神的なストレスによって過食になることが動物実験で確認されている．

3) 摂食パターン

1日の食事回数が少ない場合，1回の食事による摂取カロリーは多くなりがちである．このようないわゆるドカ食いは，食事回数が多い場合に比べて太りやすいと報告されている．その原因として，急激な血糖の上昇がインスリン分泌の上昇を招くことや，食物を吸収する際に生じる熱産生（食事誘導性熱産生）の総量が減少することがあげられる．このほかに，夜食も肥満を生じやすいと考えられている．夜は副交感神経が優位になるため，消化機能が亢進する．そのため，消化吸収が良くなり食べ物が貯蔵エネルギーになりやすいのである．

4) 遺　伝

生まれつき太りやすいとか，大食のわりに太らないというように，遺伝的要因が肥満に関係しているという考えである．しかし，一卵性双生児における肥満の一致度は，思春期までは約70％であるが，互いの生活環境に変化が生じる思春期以降では約30％に減少するという報告がある．このことから，遺伝的要因は克服可能であると思われる．

5) 運動不足

運動不足は消費カロリーを減少させることで相対的な過食をもたらすことはもちろんであるが，このほかにエネルギーを体内に貯蔵しやすい代謝状態に変えてしまうことも指摘されている．運動不足になると，インスリンの血糖降下作用は低下することが知られている[21)]．その結果，インスリンの分泌量は増すことになるが，インスリンが有する脂肪合成作用は変わらないために脂肪が蓄積しやすくなってしまう．このような代謝状態の変化は，運動不足による消費カロリーの減少とともに肥満のメカニズムとして重視されている．

6) 熱産生機能障害

脂肪細胞には，エネルギーの貯蔵庫としての白色脂肪細胞と熱産生を行う褐色脂肪細胞がある．褐色脂肪細胞は，低温下における体温の保持と食事誘発性熱産生に重要な働きをしている．肥満者では，褐色脂肪細胞の熱産生機能が低下していることがあり，その分消費カロリーは減少することになる．乳児期の熱産生力低下がその後の肥満の一因ではないかとの指摘がある．ただし，全脂肪細胞に占める褐色脂肪細胞の割合は低い（約１％）ことから，それほど重要な肥満のメカニズムではないという見解もある．

13.4　肥満になりやすさの要因

生活との関係において，次のような肥満になりやすさの要因があげられている[10]．これらの要因を生活の中で注意し，変えることで，ある程度肥満を防ぐことができると考えられる．

１つめは，授乳期に満腹状態であったかどうかである．動物実験では，授乳期を常に満腹状態で過ごしたラットはそうでないラットに比べて成長してからも食欲が強く，食べる量が多いことが示されている[22]．このラットは成長時の体重が極端に重くなっている．

２つめは，発育期に脂肪細胞が増殖したかどうかである．発育期に肥満になった人では，脂肪細胞の肥大だけではなく脂肪細胞数も多いという特徴がある（増殖性肥満）．一方，成人後に肥満なった人では，脂肪細胞の肥大のみが認められる（肥大性肥満）．増殖性肥満の人は，肥大性肥満の人に比べて運動による減量効果が現れにくいことが実験によって示唆されている[23]．

３つめは，食事誘発性熱産生の大小である．食事の後では，グリコーゲンや蛋白質が合成される際に熱産生を伴う．通常，この食事誘発性熱産生に使われるエネルギーは摂取カロリーの５～10％である．しかし，肥満の人では食事誘発性熱産生が少なく[24]，そのぶん消費カロリーが少なくなるので，肥満になりやすいのである．ただし，食事誘発性熱産生は運動によって増加させることができ，ATレベルの運動を30分行ってから食事をすると食事誘発性熱産生が40％増加したという研究報告もある[25]．

４つめは，基礎代謝の大小である．基礎代謝が高い場合には，安静時のエネルギー消費が多くなるのでそのぶん肥満になりにくくなる．基礎代謝は運動することで高めることができるとされており，実際，運動している人では５～10％高いという[26]．

13.5　脂肪量と筋量の増減

体重の変化には，脂肪量と筋量の変化が含まれており，体重測定のみで両者の変化を区別することはできない．減量においては，その内容を把握することがたいへん重要である．

図13-4に女子大学生（１，２年生：297名）の４月，７月，９月の体重，体脂肪率，除脂肪体重の変化を示した．これは体重と皮下脂肪厚（上腕部背面および肩甲骨下端）を測定して，体脂肪率，除脂肪体重を計算したものである．

体重は４月に比べて７月，９月に減少し，これに伴って体脂肪率も７月，９月に有意に減少しているが，除脂肪体重には大きな変化はない．夏には発汗などによる代謝の亢進など，消費エネルギーが増し，さらに春から秋にかけては外出する機会が増えるなど，活動量が増加すると考えられる．そのため体重が減少しても除脂肪体重，すなわち行動を支える筋量は維持されているものと考えられる．

一方，体脂肪率と体重の増減が相反していることも少なくない．上記297名の測定では，体重の減少とともに筋量（除脂肪体重）が減少したり，体脂肪率が増加した者が十数名みられた．

図13-5に，夏季に体重減少が認められた者のうち，体脂肪率と除脂肪体重の増減が著しく異なる２

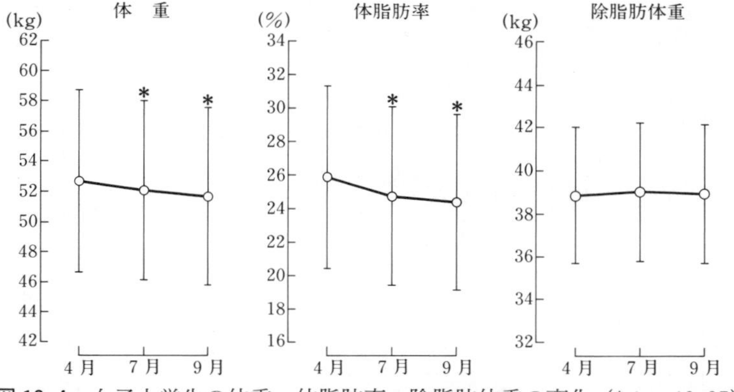

図 13-4　女子大学生の体重，体脂肪率，除脂肪体重の変化（*：$p<0.05$）

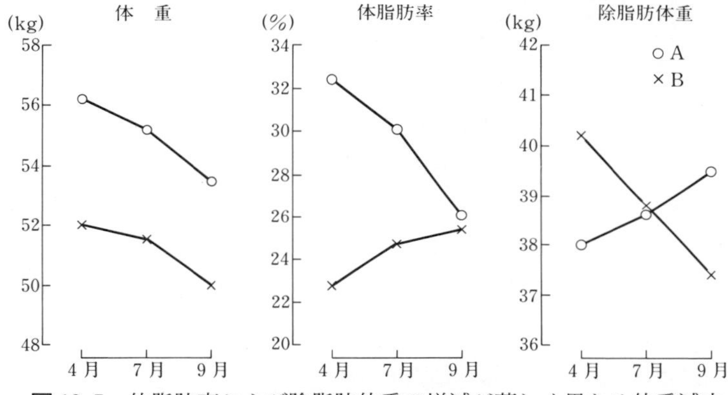

図 13-5　体脂肪率および除脂肪体重の増減が著しく異なる体重減少

名について示す．A さん（○印）では，体脂肪率の減少が大きく，除脂肪体重は増加していた．体重が軽くなり，かつ行動に必要な筋量の増加があるので，活発な生活が可能な身体状況である．一方，B さん（×印）では，体重は A さんと同じくらい減少しているものの，体脂肪率は増加し，かつ除脂肪体重の減少が体重の減少を上まわっている．同じ減量であっても，筋量を減少させてしまうと体力の低下につながるので，減量は慎重に行いたいものである．

13.6　減量法－食事制限と運動

体重を減らすには，摂取するカロリーよりも消費するカロリーが多ければよいということになるが，減量法としては，食事を制限する方法と積極的に運動する方法，およびこれらを併用する方法が考えられる．運動は，脂肪を効率的に減量できると同時に，筋量が増えるという意味から大切である．

1)　減量法と効果

食事制限によって減らした摂取カロリーと，運動によって余分に消費したカロリーが同じならば，体重の減少は同じ程度に現れる．しかし，何を減量したか，すなわち脂肪量が減ったのか，筋量が減ったのかは，方法によって著しく異なっている．

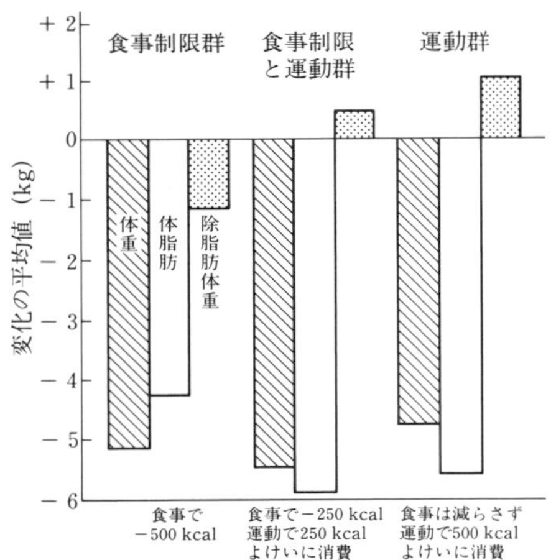

図 13-6 減量プログラムによる効果の違い（Zuti and Golding, 1976）

図 13-6 に減量プログラムによる効果の違いを示した[27]．1 日当たり 500 kcal の食事制限あるいは運動によって，どのプログラムでも約 4 カ月間で体重が約 5 kg 減っている．ただし，体脂肪の減量および除脂肪体重の変化は同じではない．

食事制限群では，体脂肪の減少は他の方法に比べて少なく，また除脂肪体重も減少している．これでは行動に必要な筋量も減少し，体力の低下を招きかねない．また，脂肪は筋に比べて比重が小さく，体脂肪がそれほど減っていないことから，体重が減ったわりにはスマートな感じにはみえないと思われる．

減量体験について大学生(男子 198 名，女子 191 名)にアンケート調査を行ったところ，減量を積極的に行ったことのある人は，男子では 40 %，女子では 72 %であった．そのなかで食事制限だけでの減量が男子では 29 %，女子では 52 %であり，減量中に体調を崩したり，減量後の著しい体重増加を経験した者も多い．1 日 1,000 kcal を下回るような食事では，蛋白質を主とした体成分の分解や対糖能障害，ミネラル，ビタミンなどの不足が危惧されている．また，極端な食事制限はインスリン感受性を低下させることが知られている[21]．このことからは，インスリンの過剰分泌が引き起こされ，肥満しやすくなることも推察される．

食事制限をしない運動群（歩行）では，体脂肪の減少が体重の減少を上まわっており，そのぶん除脂肪体重が増加していることがわかる．しかし，運動だけで 1 日に 500 kcal よけいに消費するのは，かなり困難である．たとえば体重 63 kg の青年男子の場合，歩行（4.5 km/h，RMR 3.3）ならば 152 分（11.3 km）も行わなくてはならない．また，無理なく行えるジョギング（8.4 km/h，RMR 7.0）なら 71 分（10.1 km）である．一般の人が毎日実行するには，体力的にも時間的にも無理があるだろう．

さて，食事制限と運動群では，かなり効率的に体脂肪が減少し，かつ筋量も増やすことができる．この群は食事制限により 250 kcal 減らし，運動により 250 kcal 消費している．具体的には，たとえば 1 日にご飯 100 g (小ぶりの茶碗 1 膳) と牛乳 180 ml を減らして，35 分間のジョギングを行うのである．この方法なら，なんとか実行できそうである．

表 13-2 に，100 kcal を消費するための運動と 100 kcal を摂取できる食品の分量をあげておく．なお，ご飯一膳 (150 g)，食パン 2 枚 (80 g)，餅 2 切 (90 g) はいずれも 215 kcal[28]となる．これが余剰カロリーとなり脂肪として蓄えられるとすると，脂肪 1 g は 7 kcal に相当するので，約 30 g の脂肪がつくことになる．運動せずに食べてばかりいると，1 kg の脂肪は簡単についてしまう．これを運動によって減量するのは，かなり厳しい．体脂肪 1 kg を減量するには約 7,000 kcal の運動が必要である．たとえば，35 歳，体重 60 kg の女性が，RMR 7.0 のジョギングを 50 分行っても，消費されるエネルギーは約 360 kcal にすぎない(10 章参照)．したがって，1 kg 減量するには約 19 日間かかることになる．ただし，これはあくまで計算上のことである．

表 13-2　100 kcal 当たりの運動と摂取食品

100 kcal の消費時間		100 kcal の摂取食品	
駆け足	7～15分	オレンジジュース（缶）	165 g（3/4本）
歩　行	30分	バナナ	115 g（1本）
体　操	30分	ショートケーキ	30 g（1/3コ）
階段の昇降	10分	牛　乳	160 ml（4/5本）
水　泳	7～17分	ご　飯	68 g（1/2杯弱）
サイクリング	17～40分	チョコレート（ミルク）	20 g
ゴルフ	24～40分	ビール	256 g（中ビン1/2本）

運動による体脂肪の減少が食事制限に比べて顕著に生じる原因としては，運動で消費されるカロリーに加えて，すでに述べた食事誘発性熱産生と基礎代謝の増加による消費カロリーの増加，およびインスリン感受性の改善があげられる．

2） 減量効果の現れ方

図13-7に運動を継続した場合の体重の推移を示した[11]．これは1カ月間に約12,000 kcalの運動を，1年間続けた場合の結果である．1年間で約7 kgの体重が減少しているが，その推移は最初の2カ月間は急激で，それ以後は比較的ゆるやかとなり，8カ月め以降ではほとんど変化がみられない．

この理由は，運動の開始当初は主に体脂肪の減少によって体重が減少していくが，2～3カ月を過ぎる頃からは筋量が増加してくるためと考えられる．また，必要最低限の脂肪量を維持するための機構が働いて，減少のしかたも緩やかになると思われる．このような段階になったにもかかわらず，さらに体重を減少させるために食事を減らしたり，あるいは運動を中断すると，健康を損なう危険があるので注意したい．

3） 減量のための運動強度

体脂肪を減量するには，脂肪を主にエネルギー源とする運動を行うことが肝要である．血中の乳酸が増加するような激しい運動では，グリコーゲンが主なエネルギー源となり，体脂肪の分解は少ない．一方，歩行やゆっくりとしたジョギングでは，体脂肪の分解がさかんになる[29]．

エネルギー源として脂肪が最も消費される運動強度は最大強度の約60％であり[30]，20歳代の人では心拍数が150拍/min程度となる運動である．この程度であれば息苦しさを感じず，楽に続けられる．また，運動開始後20～30分で脂肪が消費されるようになることを考慮して，少なくとも20分以上は行いたいものである．

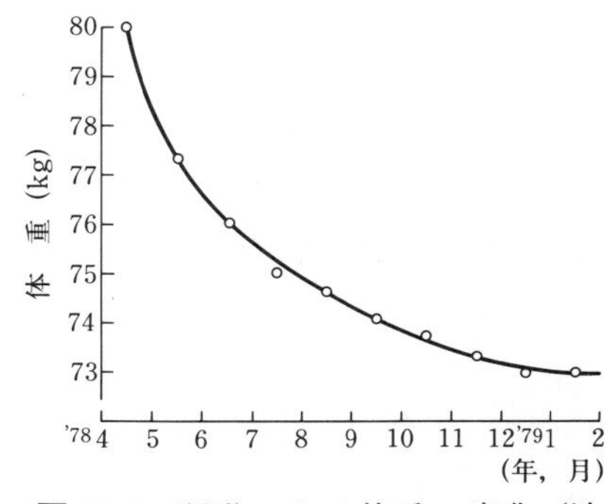

図 13-7　運動による体重の変化（池上，1990）[11]

4） 高齢者の減量

高齢者の運動による減量については，青壮年者以上に慎重な配慮が必要である．減量では脂肪が効率よく消費されるような運動をすることになるが，脂肪の分解には，炭水化物の分解より約10％多くの酸素が必要である．すなわち，脂肪を消費するような運動では，酸素もより多く消費されるのである．また心筋は，他の筋（骨格筋）に比べ，収縮エネルギーの大半（約2/3）を脂肪に依存する特殊な筋である．

ところが，高齢者では心筋への酸素供給能力が低下しており，脂肪をエネルギー源とするような長時間の運動では，心筋の酸素不足を招きやすいことが知られている[31,32]．したがって，高齢者が運動による減量を積極的に行う場合には，心筋の酸素不足による心筋梗塞や不整脈を起す危険性が高いのである．

実際，長年ジョギングを行ってトレーニングをつんでいる人でも，高齢になるに従って心電図の異常が増加したという報告がある[33]．週4回のジョギング後，それまでは異常なかったが，60歳を超える頃から心電図の異常が頻繁に認められるようになったという．そこでジョギングの回数を5日に1回に減らし，かつ速度をひかえたところ，心電図異常はほとんど出現しなくなったという．

参考文献

1) 小島雍子ほか：皮脂厚による体格評価について（第3報），皮脂厚と血清脂質との相関を中心に．保険医学誌，67，124-134，1969.
2) 山岡誠一ほか：運動と栄養．杏林書院，東京，1986.
3) 池上晴夫ほか：水泳における泳ぐためのエネルギーと推進のためのエネルギーの男女比較．体育学研究，28(1)：33-42，1983.
4) 北川　薫：スポーツにおける栄養と体づくり．臨床スポーツ医学，4：1331-1336，1987.
5) 北川　薫：肥満者の脂肪量と体力．杏林書院，東京，1984.
6) 芝山秀太郎ほか：相撲における関取力士の身体的特性．体力研究，42：41-51，1973.
7) 北川　薫：身体組成とウエイトコントロール．杏林書院，東京，1991.
8) 石館敬三：東京都の健康づくり施策の現状．体育の科学，41(11)：855-860，1991.
9) 松本純子，青木邦男，外山　寛：体脂肪率および持久走能力からみた児童生徒の身体状況．山口県児童生徒の体力・健康に関する研究報告書，1987.
10) 池上晴夫：スポーツ医学Ⅰ．朝倉書店，東京，1994.
11) 池上晴夫：新版運動処方：理論と実際．朝倉書店，東京，1990.
12) 塚本　宏ほか：死亡率からみた日本人の体格．厚生の指標，33：3-14，1986.
13) Tokunaga, K., et al.：Ideal body weight estimated from the body mass index with the lowest morbidity. Int. J. Obes., 15(1)：1-5，1991.
14) 福永哲夫，金久博昭：日本人の体肢組成．朝倉書店，東京，1990.
15) Kissebah, A, H., et al.：Relation of body fat distribution to metabolic complication of obesity. J. Clin. Endocrinol. Metab., 54：254, 1982.
16) Fujioka, S., et al.：Contribution of intraabdominal fat accumulation to the impairment of glucose and lipid metabolism in human obesity. Metabolism, 36：54, 1987.
17) 下村伊一朗ほか：内臓脂肪蓄積状態（内臓脂肪症候群）に対する運動療法の意義―分子生物学的観点から―．臨床スポーツ医学，11(3)：265-270，1994.

18)　肥満と肥満症─肥満症の考え方と成因─. 臨床スポーツ医学, 11(3)：257-263, 1994.

19)　Oumura, Y.：Significance of glucose insulin, and free fatty acids on the hypothalamus feeding and satiety neurons. Hunger—basic mechanisms and clinical implication—, Novin, D., et al. (ed), Raven Press, New York, 145-157, 1976.

20)　Oumura, Y.：Insulin acting as a modulator of feeding through the hypothalamus. Diabetologia, 20 (Suppl.)：290, 1981.

21)　押田芳治ほか：身体トレーニングの相違が末梢組織における insulin action におよぼす影響について─Euglycemic clamp 法を用いての検討─. 体力科学, 40(3)：315-320, 1991.

22)　Knittle, J. L., et al.：Effect of early nutrition on the development of rat epididymal fat pads：cellularity and metabolism. J. Clin. Invest., 47：2091-2098, 1968.

23)　Krotkowski, M., et al.：Effects of long-term physical training on body fat, metabolism, and blood pressure in obesity. Metabolism, 28：650-658, 1979.

24)　Ravussin, E., et al.：Evidence that insulin resistance is responsible for the decreased thermic effect of glucose in human obesity. J. Clin. Invest., 76：1268-1273, 1985.

25)　Segal, K. L., et al.：Thermic effects of food and exercise in lean and obese men of similar lean body mass. Am. J. Physiol., 252：E110-E117, 1987.

26)　鈴木慎次郎ほか：日本人の基礎代謝に関する研究. 労働科学, 27：116-118, 1951.

27)　Zuti, W. B. and Golding, L. A.：Comparing diet and exercise as weight reduction tools. Physician Sportsmed., 4：49-53, 1976.

28)　長嶺晋吉編著：スポーツとエネルギー・栄養. 講座　現代のスポーツ科学, 大修館書店, 東京, 1979.

29)　Issekutz, B. Jr., et al.：Plasma free acids during exercise and effect of lactic acid. Proc. Soc. Expel. Biol. Med., 110：237-239, 1962.

30)　伊藤　朗, 井川幸雄：病気と運動処方. 名取礼二監修：健康・体力づくりハンドブック, 大修館書店, 東京, 1983.

31)　日本体育協会スポーツ科学委員会：社会体育の運動処方に関する研究, 昭和48年度日本体育協会研究報告, No. 1, 1974.

32)　小野三嗣：肥満のスポーツ医学. 朝倉書店, 東京, 84-92, 1982.

33)　小野三嗣：長期間ジョギングにおける至適頻度の研究（第1報）. 体力科学, 34：65-72, 1985.

14章　日常生活と体力――フィールド調査から

日常生活のしかた，すなわち生活様式，行動様式，運動歴，食生活などの実態は，各種の体力測定項目の数値に如実に反映される．特に一般の人はトレーニング時間を多くとれないので，生活内容が体力に与える影響は大きい．年齢や性差はもちろんのこと，自然環境も体力に大きな影響を与えている．また，スポーツ選手にとっても，体力測定値からトレーニング効果を知るだけでなく，日常生活のしかたを見直し，体力要素の改善を図ることができる．

本章では，著者らが関係したフィールド調査から，自然環境，職業，年齢，教育環境，生活様式によって身体活動がどのように異なり，それが体力にどのような影響を及ぼしているかをみていきたい．

14.1　秋季および冬季の活動量と体力－金沢大学学生の場合

金沢大学の位置する北陸地方は多雨•豪雪地帯である．ちなみに1989年9月～1990年2月の金沢の平均降水量は，東京都の約2.8倍にあたる299 mlと記録されている．実際，4月～9月の体育実技の授業は，雨のため15回のうち4～5回は屋内で行われた．また，この年は暖冬といわれたにもかかわらず，1月下旬の積雪は40～14 cmほどあり，屋外で活動するチャンスは少なくなる傾向にある．

1)　身体活動量調査

季節による身体活動量の変化をみるため，金沢大学学生82名を対象にアンケート調査(図14-1)を行った[1]．秋季に比べ，冬季に運動量がどのように変わったと思うかという質問では，運動量が減少したと答えた者は男子31％，女子45％，逆に増加したと答えた者は男子21％，女子10％であった．残りは変わらないという回答であるが，一般に冬季に運動量が減少していると感じていることがわかる．

運動量が減少した理由として，第一に歩行量の減少があげられている(男子36％，女子55％)．そ

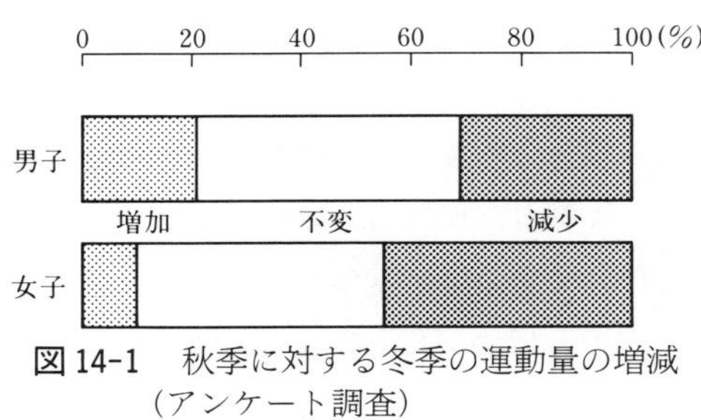

図14-1　秋季に対する冬季の運動量の増減
(アンケート調査)

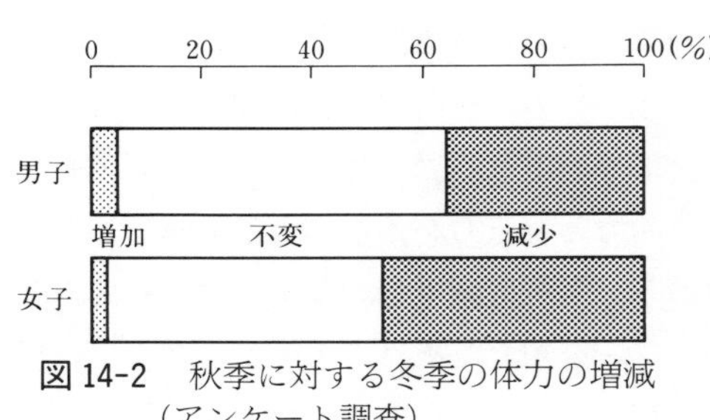

図14-2　秋季に対する冬季の体力の増減
(アンケート調査)

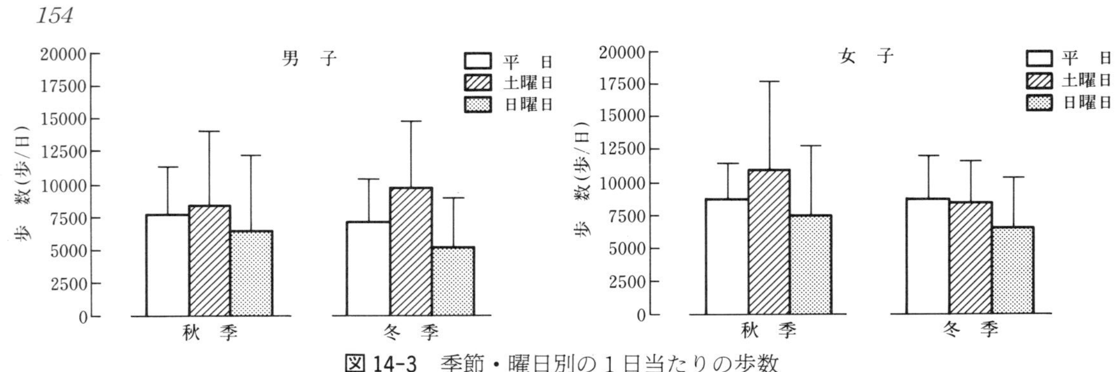

図 14-3 季節・曜日別の１日当たりの歩数

の他としては，ジョギングができなくなった(男子 29 %，女子 15 %)，趣味のスポーツ活動ができなくなった（男子 7 %，女子 20 %）などである．逆に運動量が増加した理由としては，歩く機会の増加をあげた者が多い(男子 88 %，女子 75 %)．これは積雪のためバイクや自転車を利用しにくくなることに起因するものと思われる．

また，体力の増減に関しても質問したところ，秋季より冬季に増加したと答えた者は男女とも少なく，男子 5 %，女子 3 %であったが，低下したと答えた者は男子 36 %，女子 47 %と多く，また女子のほうが多かった（図 14-2)．

2) 歩数調査

同一の被験者を対象に，万歩計による歩数調査（各季節 1 週間）を行った（図 14-3)[1]．１日当たりの平均歩数は，男女とも冬季に減少する傾向が認められた．男子では秋季 7,668±4,218 歩，冬季 7,311±3,483 歩，女子では秋季 8,933±3,897 歩，冬季 8,448±3,241 歩であり，歩数は女子が男子より多い．曜日ごとに比較すると，日曜日が他に比べて少ないことがわかる．

3) 体力測定

秋季および冬季の体力測定の結果を表 14-1，２に示した[1]．

形態に関して有意な季節差を示した項目は，男子では胸囲，除脂肪体重，体脂肪率で，冬季には前２項目が減少，体脂肪率が増加した．また，女子では体重，腹囲，体脂肪率，除脂肪体重で，冬季には体重と体脂肪率が増加，腹囲と除脂肪体重は減少した．

呼吸循環機能で有意差を示した項目は，男子では努力性肺活量が冬季に増加し，女子では努力性肺活量のほか最大血圧が冬季に増加した．血圧は男子では有意差が認められなかった．

全身持久力の指標である PWC_{170} については，男子では有意差はみられず，女子では冬季に減少傾向にあるものの，やはり有意差はなかった．

筋力については，男子ではいずれの測定値も冬季に減少傾向にあるが，有意ではなかった．女子では腕屈曲力と背屈力が冬季に有意に減少している．また，体重当たりの筋力については，男子では底屈力のみが有意に減少し，女子では腕屈曲力と背屈力に有意な季節差がみられた．

筋パワーを知るためにメディシングボール投げ（重量：男子 4 kg，女子 3 kg）を行ったところ，男子では有意差がみられなかったが，女子では冬季に有意に増加していた．また，筋持久力については，

表 14-1　秋季・冬季における体力とその季節差（男子）

測定項目（単位）	秋季					冬季					季節差			
	被験者数	平均値	SD	最小値	最大値	被験者数	平均値	SD	最小値	最大値	被験者数	平均値	SD	有意性
形　態														
身　長（cm）	38	171.09	5.109	161.0	179.0	39	171.19	5.057	160.0	179.3	38	0.27	0.690	$p<0.05$
体　重（kg）	35	63.03	9.159	47.2	92.0	39	63.34	8.505	48.0	91.5	35	0.39	1.454	
胸　囲（cm）	36	87.50	6.805	76.1	110.0	39	85.07	7.801	52.5	99.9	36	−2.55	7.005	$p<0.05$
上腕囲（cm）	36	26.49	2.951	21.3	35.0	39	26.36	2.304	21.0	32.8	36	−0.25	2.189	
前腕囲（cm）	36	25.63	1.840	22.0	30.0	39	25.35	1.728	21.5	29.1	36	−0.26	1.025	
腹　囲（cm）	36	73.38	8.491	62.3	111.5	39	73.07	7.151	62.5	97.5	36	−0.45	3.721	
大腿囲（cm）	36	51.56	5.405	41.2	65.0	39	50.39	5.189	37.0	59.6	36	−1.11	3.341	
下腿最大囲（cm）	36	35.93	2.713	30.5	42.2	39	36.73	4.406	31.0	57.0	36	0.35	2.439	
皮下脂肪厚・腕（mm）	37	8.84	3.574	4.5	17.0	39	9.85	3.425	4.5	18.0	37	1.03	1.442	$p<0.001$
〃　・背（mm）	37	9.77	3.084	5.5	20.0	39	10.58	3.638	5.0	22.0	37	0.75	1.514	$p<0.01$
体脂肪率（%）	37	13.03	2.928	9.3	20.7	39	17.64	4.321	10.5	28.6	37	4.58	2.082	$p<0.001$
除脂肪体重（kg）	35	54.75	6.836	42.7	74.7	39	52.27	6.250	40.1	67.8	35	−2.27	2.630	$p<0.001$
呼吸・循環機能														
努力性肺活量（ml）	38	4241.3	520.01	2880	5350	39	4465.4	504.42	3430	5620	38	222.4	363.93	$p<0.001$
1秒率（%）	38	91.84	8.137	75.2	100.0	39	91.19	7.328	76.6	100.0	38	−0.63	8.150	
最大血圧（mmHg）	38	129.8	12.11	100	160	39	128.3	14.20	103	161	38	−1.8	13.75	
最小血圧（mmHg）	38	77.8	10.88	45	106	39	74.7	10.89	51	97	38	−3.3	11.36	
PWC_{170}（kg•m/min）	39	1013.7	174.99	641	1306	36	1022.3	188.78	649	1426	36	11.78	129.62	
PWC_{170}/体重（m/min）	35	16.34	2.860	11.3	22.6	36	16.22	2.634	11.6	21.9	33	0.00	2.141	
筋　力（右）														
腕屈曲力（kg）	39	22.58	3.313	15.5	31.5	32	21.97	3.911	14.7	34.1	32	−0.42	1.922	
背筋力（kg）	39	132.7	21.13	93	178	37	131.6	21.10	91	175	37	−2.2	18.93	
底屈力（kg）	38	100.67	18.615	64.3	144.5	34	94.76	16.575	63.6	133.6	34	−4.60	13.711	
背屈力（kg）	38	20.51	4.146	12.4	30.4	34	20.26	3.680	13.0	27.1	34	−0.45	2.371	
腕屈曲力/体重	35	0.36	0.058	0.3	0.5	32	0.35	0.060	0.3	0.5	30	−0.01	0.032	
背筋力/体重	35	2.15	0.402	1.5	3.5	37	2.08	0.354	1.5	2.9	33	−0.07	0.329	
底屈力/体重	34	1.61	0.287	1.2	2.6	34	1.51	0.191	1.2	1.9	32	−0.09	0.214	$p<0.05$
背屈力/体重	34	0.33	0.065	0.2	0.5	34	0.32	0.055	0.2	0.4	32	−0.01	0.043	
最大無気的パワー														
脚パワー（6 kg）(kg•m/sec)	38	67.23	13.630	36.6	91.6	35	67.38	14.069	41.4	95.0	35	0.68	8.408	
垂直跳び（cm）	38	54.2	6.25	40	73	39	54.6	6.01	39	69	38	0.3	3.37	
ボール投げ（4 kg）（cm）	38	521.6	86.95	370	750	37	538.1	76.52	385	715	36	11.7	54.61	
脚パワー/体重（6 kg）(m/sec)	35	1.03	0.148	0.8	1.4	35	1.06	0.159	0.7	1.4	33	0.04	0.136	
垂直跳び/体重（cm/kg）	35	0.88	0.155	0.6	1.2	39	0.88	0.147	0.6	1.2	35	−0.00	0.056	
筋持久力														
腕立伏臥腕屈伸（回）	38	31.9	8.29	14	50	39	38.6	10.69	10	57	38	6.8	7.55	$p<0.001$
神経機能														
反復横跳び（回/20 sec）	38	42.7	4.01	33	49	32	42.3	4.83	32	52	31	−0.4	3.74	
反応開始時間（msec）	39	166.3	16.66	132	197	38	169.3	19.43	133	203	38	3.5	21.71	
動作時間（msec）	39	157.5	23.69	118	218	38	166.4	18.04	136	220	38	8.0	21.27	$p<0.05$
全身反応時間（msec）	39	318.7	37.34	180	398	38	355.6	28.09	284	395	38	16.7	39.65	$p<0.05$
平衡機能（身長補正）（mm/sec）	38	42.78	9.520	26.1	65.3	38	38.30	9.287	21.2	56.6	37	−4.40	7.400	$p<0.001$

表 14-2　秋季・冬季における体力とその季節差（女子）

測定項目（単位）	秋季					冬季					季節差			
	被験者数	平均値	SD	最小値	最大値	被験者数	平均値	SD	最小値	最大値	被験者数	平均値	SD	有意性
形　態														
身　長（cm）	43	158.07	4.561	147.0	169.2	43	158.11	4.607	147.0	169.1	43	0.04	0.540	
体　重（kg）	43	52.30	5.863	39.0	69.0	42	52.68	6.020	37.5	69.0	42	0.46	1.215	$p<0.05$
胸　囲（cm）	43	80.82	5.591	72.0	95.0	43	80.86	4.894	72.2	91.1	43	0.04	2.443	
上腕囲（cm）	43	23.78	2.004	20.1	29.5	43	23.56	1.954	19.5	28.7	43	−0.22	1.257	
前腕囲（cm）	43	22.76	1.278	20.0	25.9	43	22.56	1.452	20.0	26.0	43	−0.20	0.867	
腹　囲（cm）	43	69.13	5.792	61.0	83.5	43	67.80	5.530	59.0	84.0	43	−1.34	3.619	$p<0.05$
大腿囲（cm）	43	50.95	3.813	42.1	58.8	42	50.71	5.156	31.0	59.0	42	−0.21	3.285	
下腿最大囲（cm）	43	35.05	2.150	30.6	39.1	43	34.87	2.155	30.5	38.7	43	−0.18	1.143	
皮下脂肪厚・腕（mm）	43	15.08	3.737	7.0	22.0	43	16.13	4.263	9.3	25.0	43	1.05	2.942	$p<0.05$
〃　・背（mm）	43	16.76	6.330	7.0	34.0	43	18.01	7.530	7.0	34.5	43	1.26	3.077	$p<0.05$
体脂肪率（%）	43	22.20	5.087	14.6	35.7	43	23.64	6.281	14.1	35.9	43	1.45	2.738	$p<0.01$
除脂肪体重（kg）	43	41.20	4.566	30.9	55.3	42	40.18	3.936	30.4	48.8	42	−0.68	2.116	$p<0.05$
呼吸・循環機能														
努力性肺活量（ml）	42	3171.0	368.78	2150	3940	33	3296.7	398.31	2120	4290	33	85.5	205.25	$p<0.05$
1秒率（%）	42	92.18	6.663	75.4	100.0	33	90.61	6.496	78.3	100.0	33	−1.09	5.340	
最大血圧（mmHg）	43	115.3	15.36	83	147	40	119.6	10.24	99	140	40	5.1	14.33	$p<0.05$
最小血圧（mmHg）	43	70.2	8.56	53	86	40	72.1	9.22	52	92	40	2.1	10.47	
PWC_{170}（kg•m/min）	43	744.8	118.48	552	1075	41	736.7	128.54	475	1054	41	−10.7	81.36	
PWC_{170}/体重（m/min）	43	14.34	2.369	9.9	23.2	40	14.06	2.436	9.1	20.8	40	−0.36	1.682	
筋　力（右）														
腕屈曲力（kg）	43	12.82	2.388	7.2	17.8	28	11.08	2.335	5.7	16.3	28	−2.10	2.812	$p<0.001$
背筋力（kg）	43	88.2	24.04	41	156	26	88.1	23.31	50	138	26	−2.73	12.904	
底屈力（kg）	43	86.96	19.837	54.7	150.8	39	88.59	19.495	61.4	153.3	39	0.88	13.526	
背屈力（kg）	43	15.82	3.302	9.6	23.4	39	15.10	3.460	9.0	27.8	39	−0.76	2.304	$p<0.05$
腕屈曲力/体重	43	0.25	0.047	0.2	0.4	27	0.21	0.036	0.1	0.3	27	−0.04	0.060	$p<0.001$
背筋力/体重	43	1.68	0.414	0.7	2.8	25	1.60	0.355	0.9	2.6	25	−0.07	0.254	
底屈力/体重	43	1.66	0.318	1.0	2.5	38	1.69	0.305	1.1	2.6	38	0.00	0.246	
背屈力/体重	43	0.30	0.051	0.2	0.4	38	0.29	0.056	0.2	0.4	38	−0.02	0.042	$p<0.05$
最大無気的パワー														
脚パワー（5 kg）(kg•m/sec)	43	41.04	11.540	17.6	70.2	39	39.15	12.944	16.0	64.1	39	−1.55	7.259	
垂直跳び（cm）	43	42.9	5.41	32	61	34	44.0	5.33	34	61	34	0.9	3.56	
ボール投げ（3 kg）（cm）	43	420.7	91.07	300	675	28	450.0	90.54	321	722	28	16.6	37.52	$p<0.05$
脚パワー/体重(5 kg) (m/sec)	43	0.78	0.170	0.4	1.3	38	0.73	0.101	0.4	1.1	38	−0.04	0.144	
垂直跳び/体重（cm/kg）	43	0.83	0.131	0.6	1.1	33	0.83	0.137	0.6	1.2	33	0.01	0.074	
筋持久力														
両足背上腕立伏臥腕屈伸（回）	41	29.4	9.62	10	50	34	35.9	15.73	13	97	33	7.2	12.07	$p<0.01$
神経機能														
反復横跳び（回/20 sec）	43	39.8	3.10	34	48	27	40.8	5.01	23	49	27	0.6	3.84	
反応開始時間（msec）	42	167.9	16.10	140	198	41	171.8	19.10	134	227	40	4.0	19.91	
動作時間（msec）	42	175.9	25.61	118	262	41	172.7	18.11	137	196	40	−2.5	24.75	
全身反応時間（msec）	42	343.9	34.02	276	430	41	344.4	27.51	290	422	40	1.4	31.48	
平衡機能（身長補正）（mm/sec）	42	35.36	7.298	21.2	58.1	41	42.58	11.145	25.1	65.5	40	6.68	9.089	$p<0.01$

腕立伏臥腕屈伸（男子），両足背上腕立伏臥腕屈伸（女子）ともに，冬季に有意に増加した．

神経機能の測定項目では，男子で全身反応時間と平衡機能に有意差がみられた．冬季の全身反応時間が延長しているが，これは主に動作時間の延長によるものであった．また，平衡機能については，冬季に男子では向上，女子では低下していた．

4)　季節による体力の変化

以上の調査結果から，身体活動量は歩行量に大きく左右されること，また，冬季には身体活動量が減少していることがわかる．金沢のように降水量，積雪の多い地方では，冬季にはどうしても運動不足になりがちである．日常の歩行は運動強度としては低いものの，体力維持のための重要な運動のひとつとなっており，ヒトの基本的身体活動であることがわかる．

身体活動量の変化の影響は，特定の測定項目にはっきりと現れる．特に注目されるのは，体脂肪率と除脂肪体重から考えて，冬季に脂肪量が増加し，筋量が減少していることである．筋量の低下は筋力や筋パワーの低下につながる．実際，筋力は全般的に冬季に減少する傾向にあった．底屈力や背屈力の減少は，歩行量の減少を反映しているものと考えられる．逆に女子のメディシングボール投げの成績が冬季に増加した原因としては，測定に対する慣れの影響や，腕の筋持久力には精神的要因が強く関与することなどが関係していたと思われる．

持久力を示す PWC_{170} は，季節によって大きな変化が認められなかった．これより筋力に比べて，全身持久力は短期間では変化しにくいことが示唆される．

男子の平衡機能が冬季に向上している原因のひとつとして，スキーやスケートなどのスポーツ経験，または雪上の歩行が考えられる．このような機会が男子で多かったのであろうか．また，男子の全身反応時間が延長しているが，これは下肢筋力の影響を受ける動作時間の延長であり，冬季には下肢を使った運動が減少したものと考えられる．

14.2　専業主婦と有職女性の体力

健康状態や体力が，その人の職業によってかなり異なるという報告は多い．たとえばバスの運転手と車掌とでは，心臓病（冠状動脈性疾患や虚血性心疾患）にかかる割合は，運転手のほうが高い（約2倍）という[2,3]．また，座業に従事する人と立位で作業する人では，体力要因の多くが後者で高いといわれている[4]．このような違いは女性でも同様である．

女性の体力測定に関しては，被験者として応じてくれるのは，スポーツクラブや企業に所属している人が多く，最も健康状態の心配される専業主婦の体力測定は，なにかと困難が多く，その実態はほとんど把握されていない．一般に専業主婦の身体活動量は少なく，体力も低いことが予想され，特に定期的なスポーツを行っていない場合には健康状態が危惧される．

そこで，金沢市近郊に在住する45名の女性を対象に，身体活動量調査と体力測定を行った[5]．年齢は30〜49歳で，専業主婦が14名，残りの31名はなんらかの仕事（パートタイムを含む）をもっていた．また，定期的にスポーツを行っているのは，専業主婦7名，有職者7名の計14名であった．

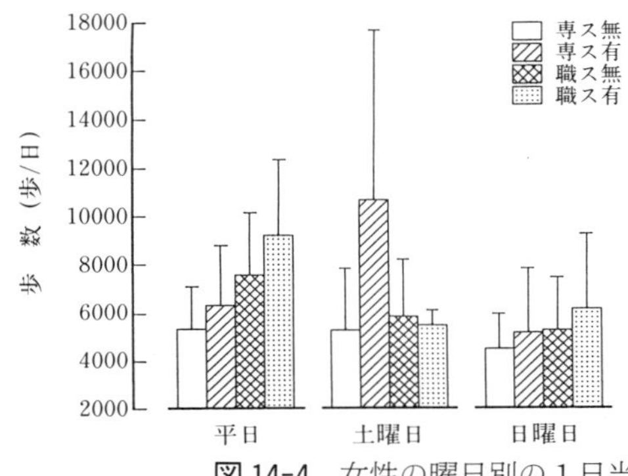

専ス無：専業主婦でスポーツをしていない者
専ス有：専業主婦で定期的にスポーツをしている者
職ス無：有職婦人でスポーツをしていない者
職ス有：有職婦人で定期的にスポーツをしている者

図 14-4　女性の曜日別の 1 日当たりの歩数（1990 年 1 月）

1)　身体活動量調査（歩数調査）

1989 年 11 月，および 1990 年 1 月末の 1 週間に，万歩計を用いて歩数を測定した．調査時期による差は小さく，1 月末のほうが 1 日当たり約 250 歩ほど少ない程度であった．

図 14-4 に 1 月の調査結果を示す．被験者は職業の有無，定期的なスポーツ活動の有無により 4 群に分けた．平日では，職ス有（職業をもちスポーツを愛好）が最も多く平均 9,238 歩，専ス無（専業主婦でスポーツをしていない）が最も少なく平均 5,364 歩であった．日曜日も平日と同じ順序であったが，最も多い職ス有でも平均 6,198 歩，最も少ない専ス無は 4,534 歩と，平日に比べ全体に減少している．また，土曜日は専ス有が突出して多く，他のグループは 5,000〜6,000 歩であった．

健康のために 1 日の歩行量は 8,000〜10,000 歩が望ましいとされているが，これを満たしているのは平日の職ス有，土曜日の専ス有のみであり，一般に歩行量は少なく，特に専業主婦では極端に少ないことが明らかである．また，土曜日に専ス有が突出して多いことから，平日にスポーツをすることは難しく，定期的にできるとしても土曜日のみであると想像される．しかし週 1 回のスポーツでは体力の向上を期待することは難しい．

2)　体力測定

各群の体力測定の結果を図 14-5〜10 に示す．

体脂肪率（図 14-5）は職ス有で低く，周径囲（図 14-6）は，上体では職ス有が低い値を示し，特に

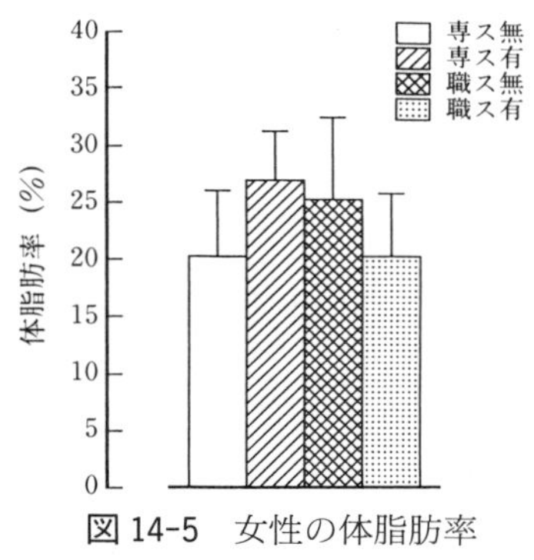

図 14-5　女性の体脂肪率

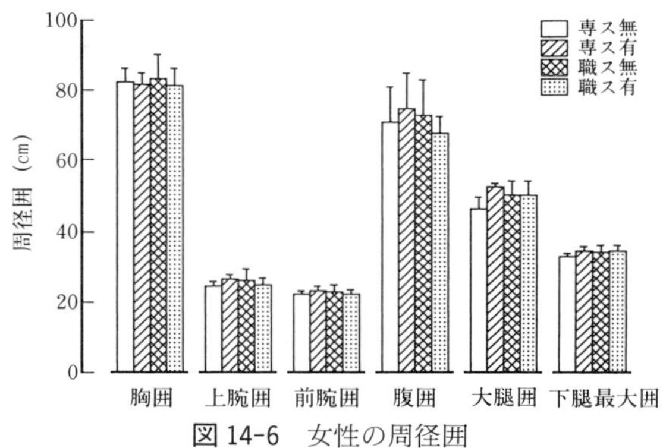

図 14-6　女性の周径囲

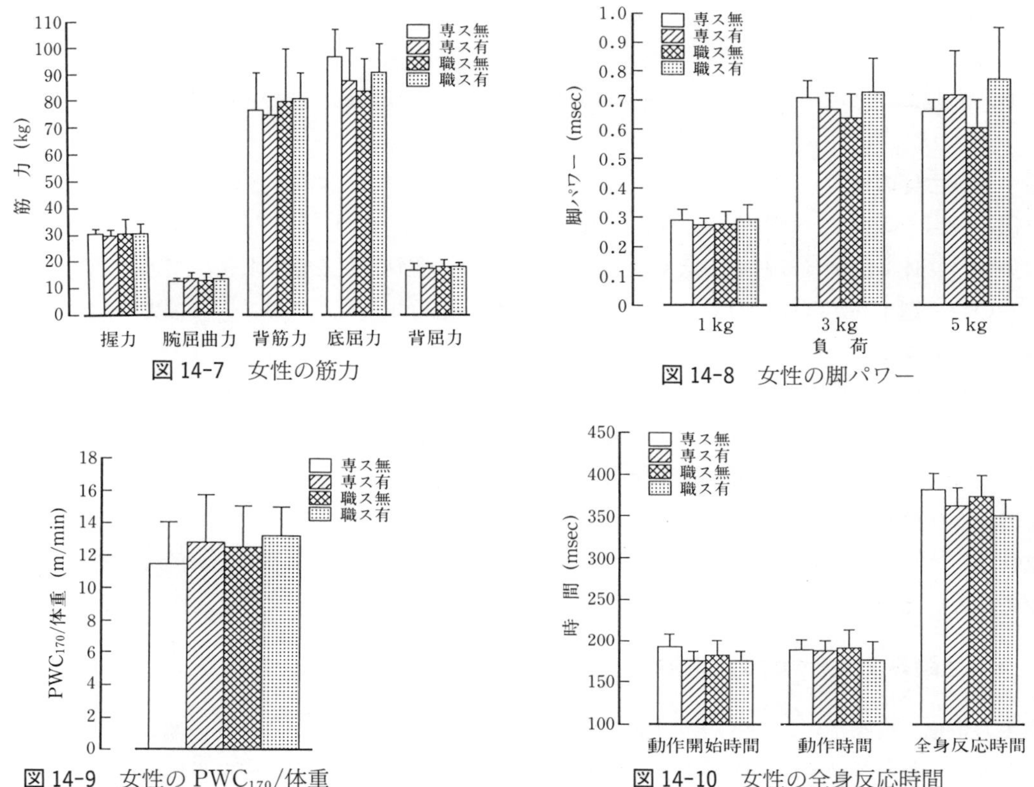

図 14-7　女性の筋力

図 14-8　女性の脚パワー

図 14-9　女性の PWC_{170}/体重

図 14-10　女性の全身反応時間

腹囲でその傾向が顕著である．下肢では職ス有が高い値を，専ス無が低い値を示し，特に下腿最大囲でその傾向が顕著であった．下肢の周径囲の差は筋量の差を表しているものと考えられる．

筋力（図 14-7）については，握力，腕屈曲力，背筋力，背屈力は職ス有が高い値を示している（底屈力は 2 位）．これらのうち，専ス無と有意差があるのは腕屈曲力，背屈力である．

脚パワー (図 14-8) については，自転車エルゴメータを用いて負荷強度 1， 3， 5 kp(kg) で測定した．5 kg では，スポーツをしている専業主婦と有職者との間に有意差がみられた．さらに，スポーツを行っている者と行っていない者との間に有意差がみられ，行っている者が高い値を示した．負荷強度が大きいほど筋の収縮速度よりも筋力の要素が強く関与しており，また，自転車では大腿四頭筋が最も大きな力を発揮するといわれている[7]ので，職ス有で筋力，特に大腿四頭筋の筋力が強いものと考えられる．

PWC_{170}/体重（図 14-9）については，職ス有が高く，専ス無が低かったが，その差は有意ではなかった．また，全身反応時間 (図 14-10) は，専業主婦でも有職者でも，スポーツを行っている者のほうが速かった．反応の最も遅いのは専ス無，最も速いのは職ス有である．特に職ス有は動作時間が他のグループよりも有意に短かった．

平衡機能については，開眼での片足立ち時の足圧中心動揺の平均速度によって評価した．最も安定しているのは専ス無，最も不安定なのは職ス有であった．このような結果となった理由は明らかではないが，スポーツを行っているといっても安定性を特に要求されるような種目でないことが一因と思われる．なお，安定性には抗重力筋が大きく関与していると考えられるが，これを反映する足の底屈力は，専ス無が最も大きかった．

なお，血圧にはグループ間に顕著な差は認められず，いずれも正常値の範囲にあった．

3) 専業主婦の体力

一部の項目を除いて，専業主婦の体力は低いものであった．この年代の主婦は子育ての時期にあたるせいか，身体活動量はきわめて低くなっている．また，運動不足を自覚していても，運動ができるのはせいぜい週1回が限度なのであろうか．核家族化の進行した現況では，夫の協力なしでは週1度の運動さえもままならないのであろうか．

身体活動が一定に保たれた場合，体力は40歳代まで維持されるという報告(アフリカ原住民のデータ)があるが，この調査では，筋力はもとより，持久力も低い傾向がみられる．このように30歳，40歳代の時期に身体活動が低く抑えられた場合，50歳代以降になって体力は急激に減少すると考えられ，健康な状態を維持することさえ難しくなることが危惧される．

女性，特に専業主婦の健康については，定期的にスポーツができるような社会的環境を整備する必要があるといえそうである．

14.3 足踏み洗濯者の体力と健康

家事の電化，自動化により主婦の日常作業量は著しく減少しているが，一部の地域では現在でも足踏み洗濯が行われている．岡山県苫田郡奥津町，および青森県八戸市白銀町では，日頃から足踏み洗濯（図14-11）が行われており，ここに洗濯にやって来る女性30名（30～70歳）について，金沢大学の多田千代先生（家政学），吉川京子先生（体育学）とともに調査を行った[6]．

1) 足踏み洗濯という運動

(1) 足踏み洗濯の時間と頻度

岡山県・奥津町の共同洗濯場は村立で，温泉水である．洗濯法は足蹴り方式であり，洗濯場が狭いので会話をしながら洗濯をする者は少ない．洗濯時間は約30分，週3回ぐらいであるが，温泉水のためか，冬のほうが多いとのことである．

一方，青森県・八戸市の共同洗濯場は湧水である．広々としたコンクリートの洗い場で，数名が会話をしながら洗濯を行っていた．洗濯法は足もみ方式である．洗濯時間は約1時間，週5回くらいで，冬よりも夏に多いとのことである．洗濯時間は約1時間と八戸のほうが長いが，そのうち足を使った洗濯の時間は奥津より短かった．

図14-11　八戸での足踏み洗濯

(2) 足踏み洗濯の運動強度

図14-12に奥津と八戸の洗濯の過程と，そのときの心拍数の代表的な2例を示す．奥津と八戸では洗濯方法が大きく異

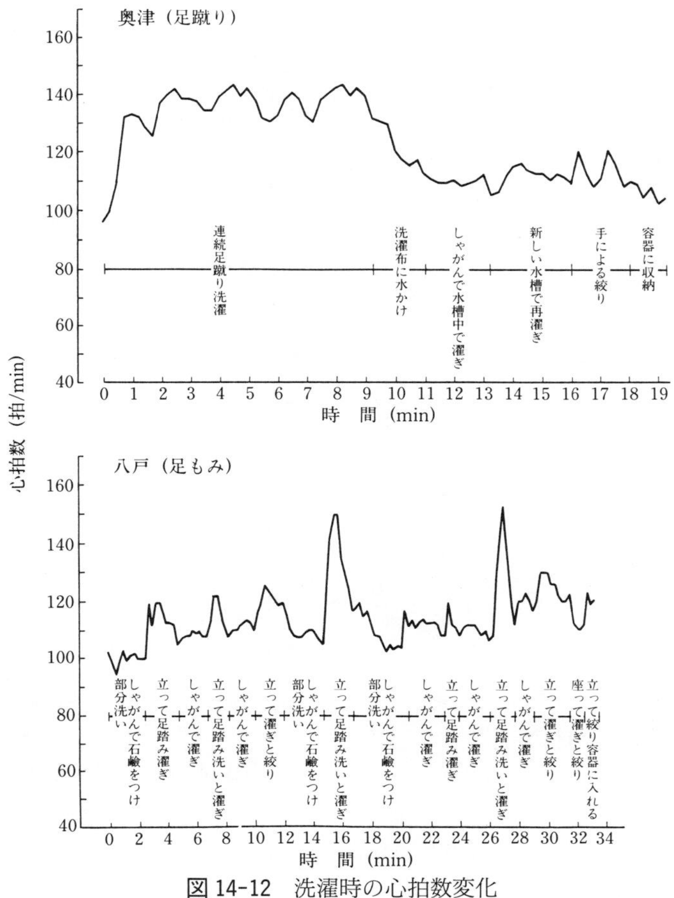

図 14-12　洗濯時の心拍数変化

なるが，足を使って洗濯しているときには 140〜160 拍/min，しゃがんで手を使っているときには 110〜130 拍/min であった．電気洗濯機による洗濯では心拍数は 75〜95 拍/min と報告[4]されており，足踏み洗濯時の心拍数がきわめて高いことがわかる．この 140〜160 拍/min という心拍数は重労働に相当する．たとえば，かつての鉄鋼業労働者では 100〜150 拍/min という値が報告[7]されている．

一般に，疲労が出始めるまでの労働時間は，心拍数 150 拍/min の強度では約 30 分，120 拍/min 強度では約 150 分[8]とされており，奥津および八戸の足踏み洗濯は，その強度，時間からいって，疲労を起こすことなく，持久力を高く保つのに十分な運動であるといえるだろう．

2)　体力測定

普段から足踏み洗濯をしている女性たち 30 名の体力測定を行ったところ，全般にたいへん高い値を示した．ここでは主な項目についてのみ紹介する．なお，図中の実線は日本人の平均値，上下の破線は平均値±1 SD（標準偏差値）の範囲を示す．

(1)　体脂肪率(図 14-13)：足踏み洗濯者の体脂肪率は，多くが平均値±1 SD の範囲にあり，しかも平均値より低い値を示した．平均値より高い値を示したのは 30 名中 5 名のみである．また，八戸

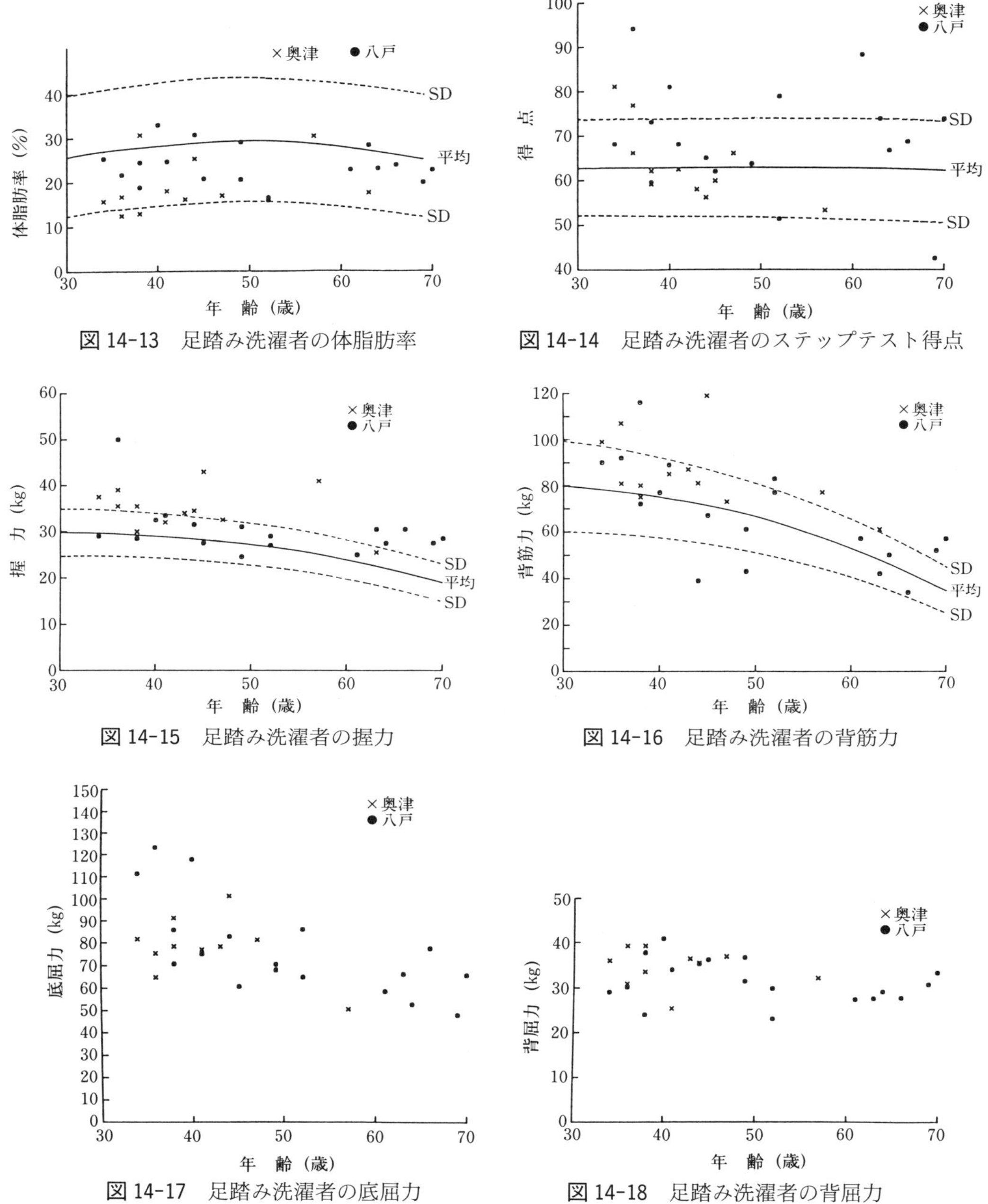

図 14-13　足踏み洗濯者の体脂肪率

図 14-14　足踏み洗濯者のステップテスト得点

図 14-15　足踏み洗濯者の握力

図 14-16　足踏み洗濯者の背筋力

図 14-17　足踏み洗濯者の底屈力

図 14-18　足踏み洗濯者の背屈力

より奥津のほうが有意に低く，体重も奥津のほうが軽かった（奥津 51.85±8.228 kg，八戸 55.40±5.660 kg）．これは主に，足踏み洗濯の運動強度と運動量の差に起因するものと考えられる．

(2)　持久力（図 14-14）：ステップテストにより評価した．得点はほぼ平均値±1 SD の範囲に分布し，平均値−1 SD 以下の者は 2 名，平均値+1 SD 以上の者が 8 名おり，やや高い傾向にあること

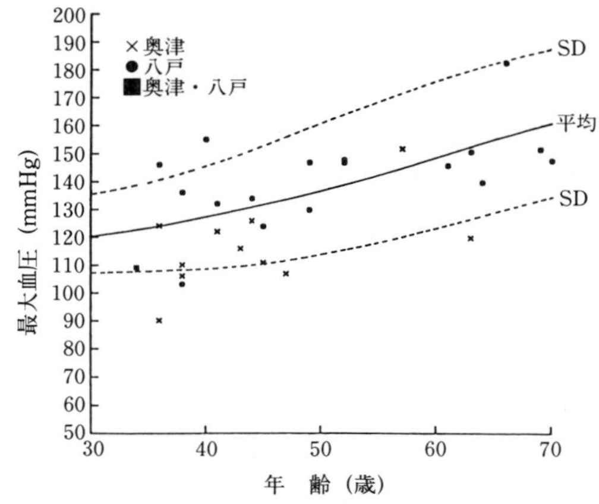

図 14-19　足踏み洗濯者の最大血圧

がわかる．

⑶　筋　力（図 14-15～18）：握力，背筋力ともに標準値より高い者が多かった．足の底屈力は 30 歳代でも 89.0±18.1 kg，背屈力も 34.5±3.84 kg あり，これは大学生より高い値である．

一般に，筋の老化は赤筋線維より白筋線維のほうが早いといわれており，白筋線維の多い前脛骨筋の老化，すなわち背屈力の低下が先にみられるはずであるが，足踏み洗濯者では逆に背屈力の老化が遅くなっている．これは茨城県の農村地域で得られた結果と全く逆の傾向である[9]．このことから，筋の老化には筋線維の構成より活動状態が強く関係していることが示唆される．

⑷　最大血圧（図 14-19）：標準値に近い値が得られた．

このように足踏み洗濯者の体力は，いずれの項目においても優れている．このなかには健康に密接に関係している項目もあり，健康も良好であると推測された．

3)　アンケート調査

そこで健康生活調査票[10]を用い，奥津 12 名，八戸 13 名の計 25 名について，健康に関するアンケート調査を行った．結果を表 14-3 に示す．

調査票は，比較的現在の健康状態を反映すると考えられる質問（P群）と，比較的将来の健康状態に影響を及ぼすと考えられる質問（F群）から構成され，いずれの項目も 5 段階で評価してもらった．たとえば 1 は良好，2 はやや良好，3 は普通，4 はやや劣る，5 は劣るである．

P群の平均値は奥津 2.667，八戸 1.769 であり，現在の心身の健康状態は奥津が“普通よりやや良好”，八戸が“良好”ということになる．また，F群の平均値は奥津 2.583，八戸 1.769 であり，健康に影響する生活習慣や行動のあり方は，奥津が“普通よりややよい”，八戸が“よい”となる．

このようにアンケート調査からみても，足踏み洗濯者の健康状態は良好であるといえる．また，特に注目すべきはF群の運動の項目である．特別な運動やスポーツを行っていない者が多いにもかかわらず，良好な健康状態が維持されている理由は，日常生活のなかに全身を使った適度な労働があるためと考えられる．

奥津と八戸の間で大きく異なるのは，P群の気分転換の項目である．“いやなことがあっても，たい

表 14-3 足踏み洗濯者の健康生活調査結果（人）

	地域	奥 津（12名）					八 戸（13名）				
項目	評定	1	2	3	4	5	1	2	3	4	5
	健康状態	1	5	6			4	2	7		
	体　力		1	10	1		2	3	8		
P群	便　通	1	8	2	1		5	3	1	4	
	食　欲	1	9	2			7	4	2		
	睡　眠	5	2	4	1		9	2	2		
	起床時の状態		5	6		1	6	3	2	2	
	気分転換		6	5		1	9	3		1	
	心肺機能		5	6	1		3	5	3	2	
	肥痩度	1	3	4	2	2	10	2	1		
F群	食事の規則性	3	6	3			8	4	1		
	食物の好嫌	3	4	4	1		7	2	4		
	喫　煙	11			1		12			1	
	飲　酒	11	1				11	1	1		
	運　動		1	3	2	6	3				10
	生活の規則性		4	8			5	4	2	2	
	余暇の利用			10	2		3	5	4	1	
平均	(P+F)/2		2	8	2		3	7	3		
	P		4	8			6	4	3		
	F		6	5	1		4	8	1		

ていのことなら転換は早いほうである”という質問項目で“早い”と答えた者は，八戸できわめて多かった．数人で会話をしながら洗濯をする八戸では，このような習慣が精神衛生面によい影響を及ぼしていると考えられ，それがアンケート結果に反映されたものと思われる．いわゆる井戸端会議の効用である．心身の健康を問題にするときには，その地域の文化・社会を含めて多面的に考えることの重要性が示唆される．

14.4　幼児の遊びと体力－保育としての散歩

最近，成人病（運動不足病もそのひとつ）の増加が危倶されているが，本来，遊びを通じて活発な身体活動を行ってきた幼児についても，運動不足がいわれるようになっている．このような危機感のためか，カリキュラムに散歩を取り入れている保育園も多い．以下の調査は，茨城県つくば市の保育研究会（代表：村岡敏子先生）の協力を得て行われたものである．

1)　保育としての散歩

つくば市内の保育園18カ所を対象に，保育の一環として散歩を実施しているかどうか，また，その目的や散歩コースなどを調査した．

18園のうち12園は，年間を通じて散歩を保育のなかに位置づけて実施していたが，6園は散歩を行っていなかった．また，目的（位置づけ）によって散歩コースはまちまちで，散歩の実態は大きく異

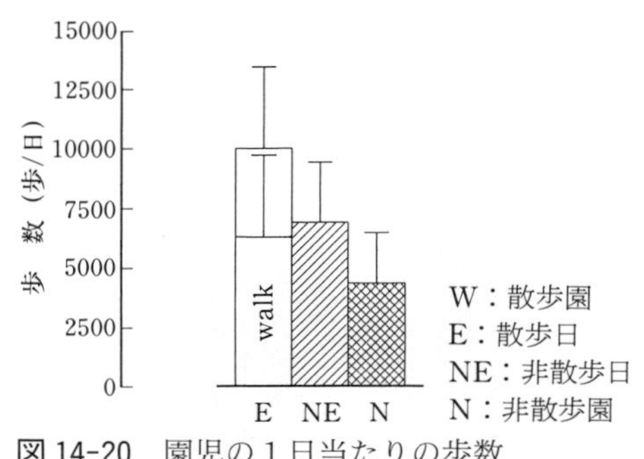

図 14-20　園児の 1 日当たりの歩数

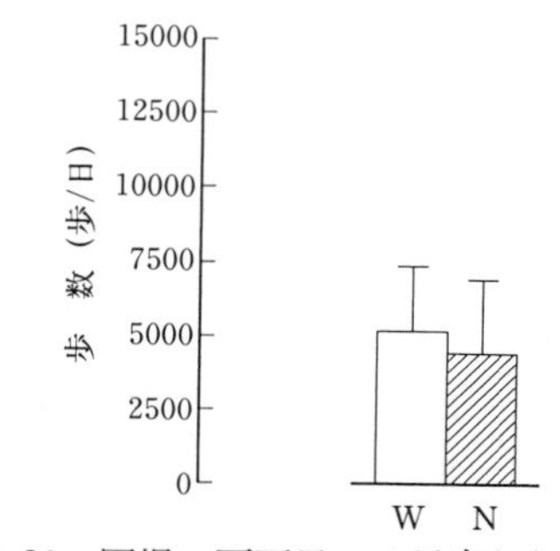

図 14-21　園児の雨天日の 1 日当たりの歩数

なっていた．

散歩を目的地までの移動手段と位置づけている場合には，目的地（公園など）で走る，登る，すべる，くぐる，跳ぶなど，変化にとんだ運動を経験させ，コースに関しては遊歩道や，車道などのアスファルト道路を歩いていた．一方，いろいろな道を歩くことを意図している場合には，坂道，土手道，山道，砂利道，畑道，畦道など，変化にとんだ道を歩いていた．さらに，脚力や持久力を高めることを主な目的としている園もあり，この場合には長い距離を歩くことが中心となっていた．1989 年 9 月から 10月の調査では，散歩の頻度は月に平均 8 回，1 回当たりの距離は 2.3km という結果が得られた．

2)　歩数からみた身体活動量

そこで，保育に散歩を取り入れた場合，どれくらい身体活動量が増加するかを調べた[11]．5 歳児の 1 日当たりの歩数は，散歩をした場合，目的地や途中での遊びを含めて 6,332±3,416.0 歩/日であり，顕著な男女差はみられなかった．以下，男女を分けずに計算した値を示す．

歩数から距離を知るため，5 歳児の歩幅を約 40 cm として[12,13]計算すると約 2.53 km となった．これは散歩コースの平均距離 2.3 km よりも多く，散歩の途中や目的地でさまざまな身体活動がなされていることが裏づけられた．一般に幼児期においては各種運動パターンの学習が重要といわれており[14]，散歩の途中でいろいろな運動をさせるのは理にかなっているといえよう．

(1)　散歩時の歩数

散歩園と非散歩園で，平日の非雨天日の歩数を比較した結果を図 14-20 に示す．散歩園については散歩を実施した日（E）と実施しなかった日（NE）に分けた．

1 日当たりの歩数は，散歩園では散歩をした日(E)が 9,999±3,412.1 歩，散歩をしなかった日(NE)が 6,933±2,463.7 歩，非散歩園(N)では 4,360±2,090.8 歩で，その差はいずれも有意であった．また，散歩園（E）と非散歩園の差の平均は 5,639 歩/日となり，後者の歩数は非雨天日でも半数に及ばないことがわかる．

成人では 1 日に 1 万歩以上歩く人の健康状態は良好であると報告されている．この値がそのまま幼児にあてはまるかどうかは明らかでないが，散歩園の幼児の歩数はほぼこの値に達しており，持久性の運動としては十分ではないかと考えられる．

(2)　室内保育時の歩数

雨天のため室内保育をした日の歩数について，散歩園 (W) と非散歩園 (N) で調査した結果を図14-

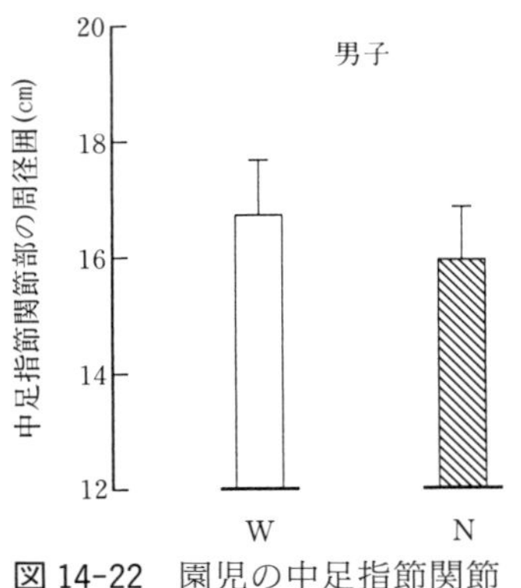

図 14-22　園児の中足指節関節部の周径囲

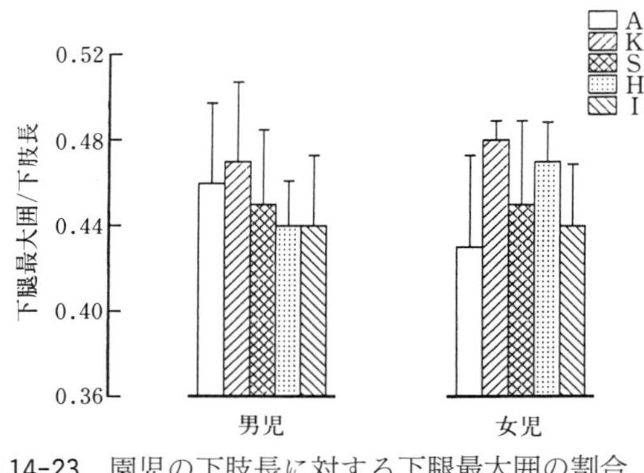

図 14-23　園児の下肢長に対する下腿最大囲の割合．A，K，S：散歩園，H，I：非散歩園

21 に示す．室内保育であっても散歩園のほうが多い傾向にあった．なお，非散歩園については，雨天でも非雨天のときの歩数とほとんど差が認められなかった．

また散歩園では，散歩をしない日でも歩数が非散歩園より有意に大きかったことから，散歩を実施している園では，通常の身体活動も活発になっていることが示唆される．

3)　体力測定

散歩園と非散歩園の園児を対象として体力測定を行った[15~20]．一般に体力測定項目の多くは，その最大値を得ようとするものであり，体力測定時に最大能力を発揮させなくてはならない．ところが幼児では，動機づけによる個人差が測定値に大きく影響するので，このような測定項目の結果の解釈は慎重でなくてはならないだろう．

さて，散歩園では体脂肪率が有意に低く，足の中足指節関節部の周径囲 (図 14-22) は有意に大きかった．また，散歩園では，下肢長に対する下腿最大囲の割合が大きかった (図 14-23)．

持久力については，散歩が持久性の運動であること，また体脂肪率の結果から，散歩園の園児では増進されていることが推測された．しかし，心拍数 (踏台昇降運動：2 分 45 秒～3 分間) には有意差が認められず，持久力の差は検出できなかった．これは，子供たちに踏台昇降を正確に実行させるのが難しかったことと関係するものと思われる．

また，背屈力や底屈力についても顕著な差は検出できなかった．ただし，散歩を特に積極的に行っている園児の底屈力は大きく，また，山村地域 (筑波山) の園児の背屈力が特に大きかった．

このほか 20 m 走 (筋パワー)，立ち幅跳び (瞬発力)，ゴム跳び越しくぐり (敏捷性)，懸垂持続時間 (筋持久力)，立位体前屈 (柔軟性) についても測定した．有意差がみられたのは女児の立位体前屈のみで，散歩園のほうが低かった．その他の項目は，散歩園のほうがやや優れているという程度である．なお，立位体前屈の成績は，筋力の低い者で高く，十分な運動を行っている者で高い値を示す傾向があり，相反する体力要素の影響を受ける．したがって，柔軟性の値の解釈はきわめて難しい．

一方，神経機能の発達を知るために，立位時の足圧中心動揺を測定した (図 14-24)．周期 0.5 Hz，振幅 2.5 cm で振動している床の上に園児を立たせ，足圧中心動揺の軌跡を記録して動揺の大きさをみるものである．散歩園と非散歩園では顕著な差が検出され，動揺は散歩園のほうが有意に小さかっ

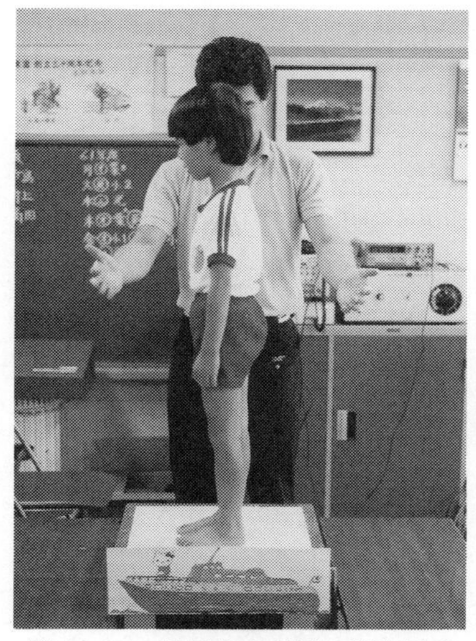

図 14-24　足圧中心動揺の測定風景

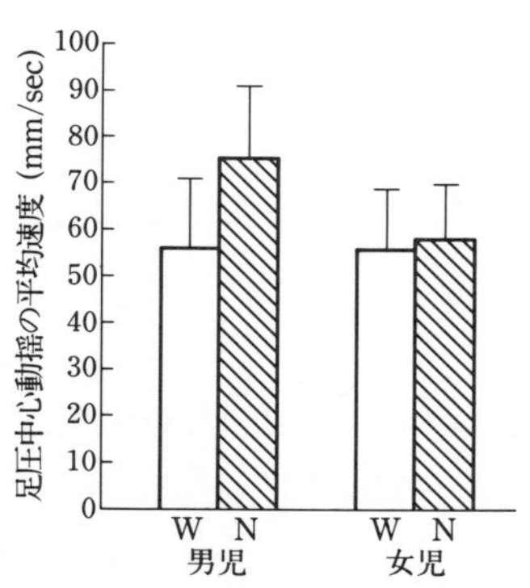

図 14-25　散歩園と非散歩園の足圧中心動揺の平均速度

図 14-26　下肢運動の自動化水準の測定風景

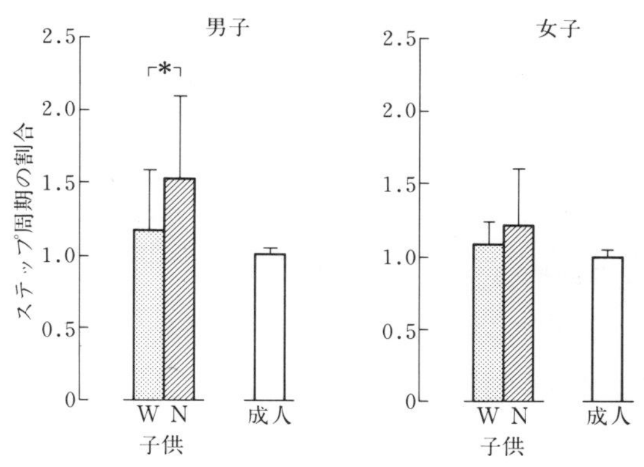

図 14-27　園児と成人のステップ周期の割合

た（図 14-25）．また，下肢運動の自動化の程度を知るため，周期的な足踏み運動（周期 2 Hz）を行わせ，一過性の上肢運動（掌屈運動）を挿入したときの足踏み周期の乱れを測定した．これも散歩園のほうが有意に優れていた（図 14-26，27）．このように神経機構が関与する運動調節力の測定では，散歩の効果の現れと思われる結果が得られた．これには散歩中の変化にとんだ活動が強く影響しているものと思われる．

これら体力測定の結果から，保育のカリキュラムによって身体活動量や体力に大きな差がでることが示唆される．特に運動調節力への影響は大きく，かつ決定的なものがある．年齢と体力要因を考慮し，発達段階に応じた教育活動が望まれるところである．

14.5　児童の遊びと体力－遊び場と生活環境

身体活動の様式は，教育活動と同様，居住環境の影響を受けている．また，環境によって教育活動自体が大きく制約されることはいうまでもない．ここでは，環境の大きく異なる地域の小学生（4～6年生）を対象に行った遊びの実態調査，および体力測定の結果を紹介する．この研究は農村生活総合研究センターによるもので，同センターの研究員（代表：吉田一良先生），および安藤寿康先生（慶応大学文学部），藤井英二郎先生（千葉大学園芸学部）と筆者（藤原）との共同研究である[21]．

1)　調査地域

調査した地域は高知県G地区，山形県O地区，東京都S地区，東京都F地区の4カ所である．

(1)　G地区（山村部）：林野率90％程度の山村．過疎化が徐々に進行している

(2)　O地区（農村部）：新庄市に隣接する平地農村

(3)　S地区（都市部）：戦後しばらくは農村的風情を残していた地区で，東京都のなかでは比較的自然に恵まれている

(4)　F地区（都市部）：戦前から商業化が進んだ地区で，自然に乏しい状況（体力測定なし）

ところで，ひとくちに自然といっても，都市に残る自然と農山村のそれとでは，そのあり方が異なる．都市の自然の多くは人為的につくられ，生活環境として管理・維持されてきたものである．したがって，そこに住む人々が主体的に関わらないかぎり，疎遠な自然となってしまう．一方，農山村の自然は，農業生産という働きかけと自然とのバランスのなかでつくられ，維持されてきたものである．また，山村と平地農村では働きかけの程度や範囲が大きく異なり，山村の自然はより原始的な自然ということができよう．

2)　アンケート調査

(1)　生活時間調査

4地域の児童について，生活時間および遊びの内容についてアンケート調査を行った．調査用紙の回収状況を表14-4に示す．

表14-5に，1週間分のデータから算出した1日の各行為の平均時間を示す．農山村部（G，O地区）ではテレビないしファミコンの時間が多く，都市部（S，F地区）では学習塾に多くの時間をかけてい

表14-4　アンケート調査用紙の回収状況

対象	児童			母親		
地区	配布票数	回収票数	回収率	配布票数	回収票数	回収率
O地区	97	97	100％	87	86	98.9％
G地区	100	100	100％	83	82	98.8％
S地区	124	120	96.8％	124	120	96.8％
F地区	96	94	97.9％	96	94	97.9％

表 14-5 児童の生活時間（1週間平均）（時間：分）

	遊 び	余 暇	ファミコン	テレビ	スポーツクラブ	学習塾	習いごと	睡 眠	手伝い	その他	計
O地区	1：27	：35	：05	1：44	：46	：01	：10	9：05	：07	10：00	24：00
G地区	1：01	：40	：15	1：59	：01	：02	：04	9：21	：13	10：24	24：00
S地区	1：35	：50	：08	1：09	：17	：22	：13	9：37	：07	9：42	24：00
F地区	1：27	：37	：09	1：26	：24	：44	：09	9：22	：09	9：33	24：00

その他：学校，移動，身じたくなどの時間

表 14-6 児童の生活時間（行為者のみ，1週間平均）（時間：分）

	遊 び	余 暇	ファミコン	テレビ	スポーツクラブ	学習塾	習いごと	睡 眠	手伝い	その他	行為数
O地区	2：29	1：50	1：38	2：08	2：51	1：27	1：24	9：07	：55	1：15	4768
G地区	1：51	1：08	1：53	2：11	：48	3：26	1：03	9：23	：47	1：19	5462
S地区	2：04	1：33	1：23	1：31	3：14	2：27	1：18	9：36	：50	1：15	6506
F地区	2：19	1：27	1：21	1：53	2：51	2：31	1：25	9：21	1：02	2：17	4903

る．遊び時間はG地区が約1時間と少なく，O地区で多くなり，S地区では1時間30分となっている．睡眠時間は都市部のほうが多く，O地区とS地区では30分も異なっている．手伝い時間はG地区が多く，O地区，都市部の2地区の2倍近い．スポーツの時間は，平均45分とO地区が際立って多い．これは週に2～3日，3時間くらいをバレーやサッカーのスポーツクラブ活動にかけているためである．都市部では1日平均20分前後であった．

表14-6に，行為者に限って，行為ごとの1日当たりの時間を示す．遊びは約2時間で，各地区にそれほど違いはない．ファミコンの時間はやはりG地区が多く平均2時間で，都市部より30分ほど多い．テレビは約2時間であるが，都市部のS地区のみが30分少ない．スポーツは各地区とも約3時間で共通している．学習塾は都市部が際立って多く，約2時間30分である．習いごとは約1時間30分，手伝いをやる子は各地区とも共通で1時間近くとなっている．

(2) 遊びの内容調査

(1) 遊びの種類（表14-7）

各地区に共通して，野球，サッカーといったボール遊び，およびファミコンが主流を占めている．続いてトランプ，ゲームなどの室内遊び，そして鬼ごっこの類であった．

自然を相手にした遊びは，地域による差はあるものの全体に少ない．その遊びの種類，量とも最も多いのはG地区で，これに接近してS地区が続き，ついでO地区，最も少ないのがF地区である．G地区では水泳，魚とりなどの川と関わりの強い遊びが多いことが特徴で，近くを多摩川が流れるS地区も同様である．O地区では虫とり，雪遊びが比較的多い．

(2) 遊び場（表14-8）

遊び場については“いつもよく遊ぶところ”について調査したが，地域差，共通点がよく表れた結

表 14-7　児童の遊びの種類

O 地区（母数 97）		G 地区（母数 100）		S 地区（母数 120）		F 地区（母数 94）	
野球	42	サッカー	49	サッカー	42	ファミコン	30
サッカー	31	ファミコン	40	トランプ	40	野球	23
ファミコン	30	野球	35	ファミコン	39	サッカー	23
バレー	17	トランプ	32	野球	33	ドロケイ	17
カンケリ	16	ソフト	20	ローラースケート	29	ドッチボール	16
自転車のり	15	鬼ごっこ	16	ゲーム	28	トランプ	15
将棋	15	ブランコ	16	スケートボード	18	ローラースケート	14
テレビ	15	かくれんぼ	13	鬼ごっこ	17	けしびん	14
バドミントン	15	陣とり	13	ドロケイ	16	カンケリ	13
鬼ごっこ	13	なわとび	12	将棋	14	鬼ごっこ	13
トランプ	13	ドッチボール	12	一輪車	13	かたち鬼	12
かくれんぼ	12	ドラム缶乗り	11	手打ち野球	12	ミニ四駆	10
ゲーム	12	水泳	10	バレー	11	ゲーム	8
ラジコン（RC）	12	テレビ	10	たかおに	10	お絵かき	8
キャッチボール	10	魚釣り，魚とり	9	魚釣り，魚とり	8	スケートボード	8
ドロケイ	9	ビー玉	9	ドッチボール	8	なわとび	7
だるまさんがころんだ	9	キャッチボール	9	水泳	7	ゴムとび	7
虫とり	8	カンケリ	8	リレー	7	読書	7
スキー，ソリ	8	ローラースケート	8	花火	6	手つなぎ鬼	6
フットベース	8	ゲーム	8	木登り	6	木登り	6
パソコン	7	将棋	8	探検	5	手打ち野球	6
テレビ	7	まんが	8	テレビ	5	たか鬼	5
なわとび	5	一輪車	7	お絵かき	5	探検	4
かまくら	4	秘密基地	6	キャッチボール	5	陣とり	4
手つなぎ鬼	4	だるまさんがころんだ	6	バドミントン	5	工作	4
まんが	4	石けり	5	虫とり	4	水遊び	4
魚釣り，魚とり	3	バスケットボール	5	かくれんぼ	4	ゴム段	4
ローラースケート	3	川遊び	4	カンケリ	4	だるまさんがころんだ	3
オセロ	3	工作	4	だるまさんがころんだ	4	ままごと	3
ソフト	3	自転車のり	4	まんが	4	将棋	3
水泳	2	おはじき	4	フットベース	4	バドミントン	3
雪合戦	2	バレー	4	ボール	4	バレー	3
秘密基地	2	リレー	4	竹馬	4	ボール	3
プロレス	2	雪合戦	3	てんか	4	ブランコ	3
竹トンボ	2	探検	3	花つみ	3	魚釣り，魚とり	2
工作	2	五歩	3	なわとび	3	水泳	2
ホッピング	2	バドミントン	3	人形	3	ポコペン	2
ドッチボール	2	小中大玉	3	ブランコ	3	すもう	2
リレー	2	むかで	3	ゴム段	3	テレビ	2
かけっこ	2	虫とり	2	笹船	2	人形	2
タイヤ跳び	2	小屋づくり	2	スキー，ソリ	2	キャッチボール	2
		ポコペン	2	小屋づくり	2	フットベース	2
		ろうや鬼	2	工作	2	かけっこ	2
		たこあげ	2	オセロ	2	ビリヤード	2
		五目並べ	2	お手玉	2	PC エンジン	2
		ラジコン（RC）	2	おはじき	2	テープをきく	2
		プラモデル	2	プラモデル	2	三度ぶつけ	2
		人形	2	馬とび	2		
		フットベース	2				
		遊動円木	2				
		うんてい	2				

表 14-8　児童の“いつもよく遊ぶところ”(下段：%)

	全　体	O 地区	G 地区	S 地区	F 地区
全体	411 100.0	97 100.0	100 100.0	120 100.0	94 100.0
道	180 43.8	43 44.3	45 45.0	54 45.0	38 40.4
公園	199 48.4	33 34.0	2 2.0	85 70.8	79 84.0
家の庭	180 43.8	64 66.0	75 75.0	31 25.8	10 10.6
空き地	89 21.7	22 22.7	24 24.0	30 25.0	13 13.8
校庭	189 46.0	19 19.6	75 75.0	44 36.7	51 54.3
家の中	335 81.5	74 76.3	87 87.0	92 76.7	82 87.2
神社・お寺	32 12.7	7 7.2	21 21.0	22 18.3	2 2.1
山・森	33 8.0	6 6.2	27 27.0	— —	— —
池・沼	12 2.9	— —	2 2.0	3 2.5	7 7.4
川	69 16.8	5 5.2	53 53.0	5 4.2	6 6.4
林	15 3.6	3 3.1	11 11.0	1 0.8	— —
遊歩道	33 8.0	— —	7 7.0	10 8.3	16 17.0
駐車場	85 20.7	8 8.2	26 26.0	17 14.2	34 36.2
畑	23 5.6	3 3.1	19 19.0	1 0.8	— —
ゲームセンタ	32 7.8	14 14.4	8 8.0	1 0.8	9 9.6
児童館	88 21.4	— —	— —	52 43.3	36 38.3
その他	30 7.3	— —	— —	6 5.0	24 25.5

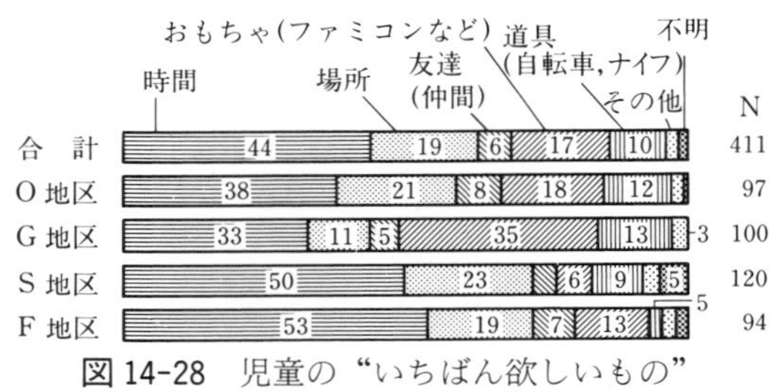

図 14-28　児童の“いちばん欲しいもの”

果となった．各地区とも“家の中”が最も多く，また，約 4 割が“道路”としているのが共通点である．地区によって異なる点は“家の庭”は農村部で多く，都市部では少ないこと，逆に“公園”は農村部では少なく，都市部では多いことである．これは居住環境からすれば当然の傾向である．ところが，居住環境の違いや都市・農村の違いではとらえられない傾向がでている．すなわち“神社・寺”については，G 地区について都市部の S 地区が多く，農村部の O 地区は少ない．また“駐車場”は都市部の F 地区についで山村部の G 地区が多くなっている．

遊び場の種類については，山村部の G 地区が多様性を示している．また，自然の遊び場である山，森，林，畑などは，やはり G 地区が多い．一方，O 地区は農村部でありながら，都市部の S 地区とそれほど差がみられなかった．

⑶　欲しいもの（図 14-28）

児童の遊びが成立するには，時間，空間，仲間の 3 つの“間”が重要だといわれている．そこで，時間，場所，友だち，おもちゃ，道具などの条件を並べて，このなかから今いちばん欲しいものを答えてもらった．

都市部では“時間”が欲しいという児童が圧倒的に多く 5 割以上を占め，ついで約 2 割が“場所”を指摘している．また農村部の O 地区でも“時間”が 4 割近く，“場所”がこれに続き，都市部と変わりない傾向を示した．これに対して山村部の G 地区では“おもちゃ”が最も多く，わずかの差で“時間”が続き，他と異なるパターンを示した．

生活時間調査の結果からもいえるが，塾や習いごと，スポーツクラブに時間をとられるのが生活面の都市化現象とするならば，いまだ都市化の影響を受けていないのが G 地区であり，良好な遊びの環境ということができよう．ただし，欲しいものの調査で“おもちゃ”が第 1 位を占めたことは，都市化される一歩手前の時期にあるといえるかもしれない．

また，農村でありながら，O 地区では自然と接触して遊ぶ機会が少ないことがわかった．祖父母や父母を対象とした聴き取り調査も行ったが，このような傾向は認められなかった．彼らの時代には食物の採取や小動物の捕獲，川での水遊びや魚とり，手作り細工などが多くみられたようで，これは G 地区の現況に近い．このことから，これら 2 つの地区の差異は近年の変化によって生じたものといえよう．

3)　遊びに影響する生活環境

この調査を通じて，子供たちをとりまく環境が近年，急速に変貌していることがわかった．

第一に，周辺の自然空間の管理化と荒廃，それに伴う利用の減少である．特にO地区の変貌は象徴的で，たとえば魚とりをしていた川は護岸工事のため危険となり，川に入ることが禁止されたとか，出荷用の栗が植林されたために山に入れなくなったなどである．自然は利用されなくなれば荒廃し，それがさらに利用を減少させるという悪循環となる．

第二は，生活の都市化といえる現象である．生活様式や情報については，もはや都市，農村の差はほとんどないといってよい．児童の生活にテレビやファミコンが占める割合は大きく，さらにスポーツクラブ，塾や習いごとがある．子供たちは決められたスケジュールに従って，ゆとりのない生活を強いられている．ゆったりとした時間のなかで，子供たちは身近な自然に親しみ，創造し，経験を積み重ねていくのが望ましい姿であろう．

第三は，伝承媒体の変化，つまり遊び仲間の崩壊が進んでいることである．自然と慣れ親しむための方法，つまり植物や果実の採取，小動物の捕獲，自然物の細工などの遊ぶための技術は，仲間を通じて上から下へと伝承されてきた．しかし，かつてのような年齢の異なる子供たちからなる集団は形成されにくくなっている．児童数の減少もあろうが，児童の生活が地域を中心としたものから学校中心になり，遊び仲間も同級生どうしになっているためと考えられる．また，遊び仲間だけでなく，親やお年寄り，地域行事からの伝承の機会も少なくなっている．

4)　体力測定

体力測定はO，G，Sの3地区について実施した．

(1)　形　態

⑴　身　長：O，G，Sの3地区間には，男女とも有意な差は認められなかった．

⑵　体脂肪率（図14-29）：男子では有意な地区差が認められ，G地区が他の2地区より小さく，標準値よりも低い値を示した．一方，女子では有意な地区差が認められず，標準値に近い値であった．また，男女とも顕著な学年差は認められなかった．

⑶　除脂肪体重（図14-30）：男女とも有意な地区差が認められた．男子ではO地区が他の2地区よりも大きく，女子ではG地区が他の2地区よりも大きかった．

⑷　相対的足幅（図14-31）：男子では有意な地区差は認められないが，G地区が他に比べて大きい

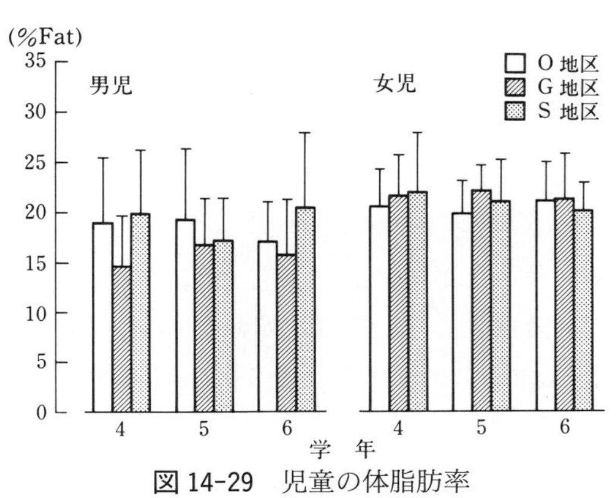

図14-29　児童の体脂肪率

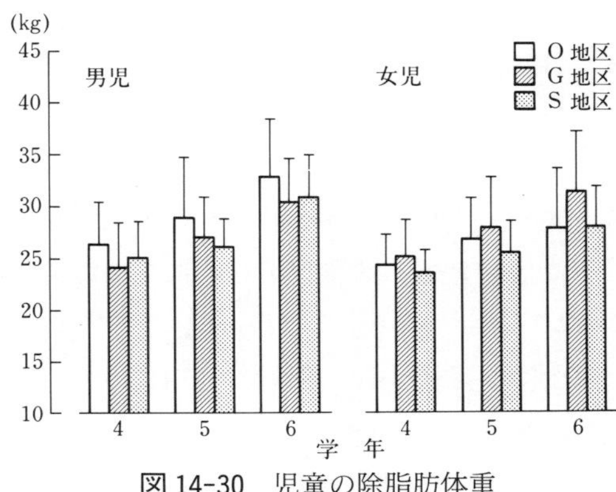

図14-30　児童の除脂肪体重

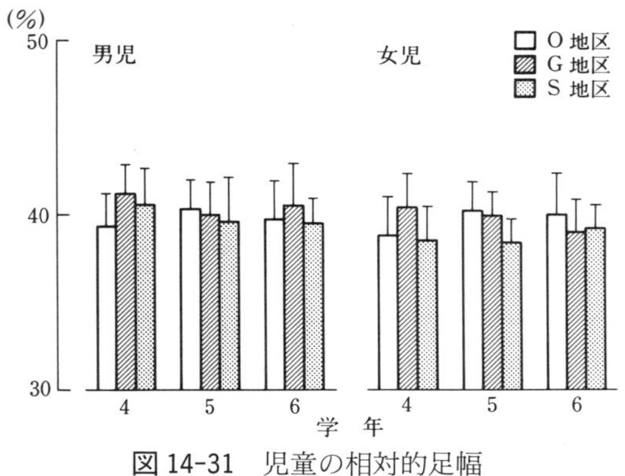

図 14-31　児童の相対的足幅

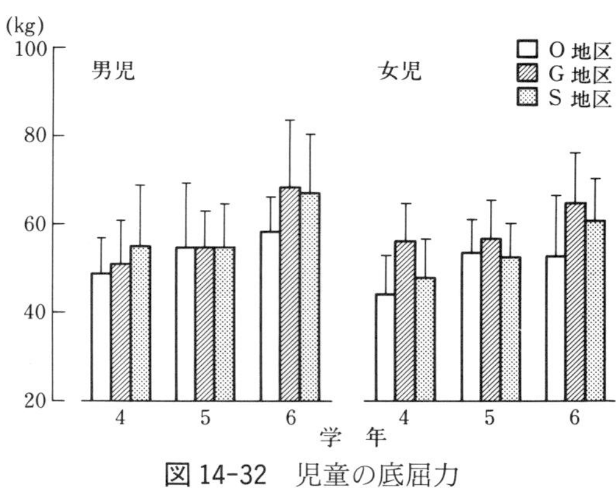

図 14-32　児童の底屈力

傾向にあった．女子では有意な地区差が認められ，S 地区が他に比べて低かった．

相対的足幅とは足幅を足長で割った数値で，この値には中足骨骨頭，およびこれより前方の足指部の発育が関係すると考えられている[22]．

(2)　筋力・筋パワー

足の底屈力および背屈力，背筋力，握力，垂直跳び，50 m 走，ソフトボール投げについて測定を行った．

下腿筋力（底屈力，背屈力）については，全体に G 地区で高く，O 地区で低い傾向が認められた．また，背筋力，握力，垂直跳びについては，S 地区の男女のデータと G 地区の女子のデータが欠如しているが，男子では背筋力，握力，脚筋のパワーのいずれも O 地区で低く，G 地区で高いことがわかった．全体に，筋力や筋パワーに関しては，男子では G 地区が他の 2 地区よりも大きく，女子では 3 地区の間に顕著な差はないことが明らかになった．

(1)　底屈力（図 14-32）：男子では有意な地区差が認められず，女子では有意な地区差が認められ，G 地区が他の 2 地区よりも大きかった．体重当たりの底屈力では，男子も有意な地区差を示し，O 地区が他よりも低かった．女子では O 地区の 4 年生と 6 年生が，他よりも低い傾向にあった．

(2)　背屈力：男女とも有意な地区差は認められなかった．体重当たりの背屈力は，男子では有意な地区差を示し，G 地区が他の 2 地区に比べて大きかった．女子では有意な地区差は認められなかった．

(3)　背筋力：男子については，O 地区よりも G 地区のほうが有意に大きかった．

(4)　握　力：男子については，O 地区よりも G 地区のほうが有意に大きかった．

(5)　垂直跳び：男子については，O 地区に比べて G 地区が，有意に高い値を示した．

(6)　50 m 走（図 14-33）：男子では有意な地区差を示し，O 地区が他の 2 地区よりも劣っていた．女子では O 地区と S 地区との間に有意な差は認められなかった．

(7)　ソフトボール投げ（図 14-34）：男子では有意な地区差を示し，G，O，S 地区の順に高かった．女子では有意な地区差は認められなかった．O 地区は，筋力では S 地区より低い傾向があったのに，ソフトボール投げでは S 地区よりも高い傾向にあった．これは，ソフトボール投げの技術，つまり日常の経験の差によるものと考えられる．O 地区では，地域ぐるみでソフトボールが行わ

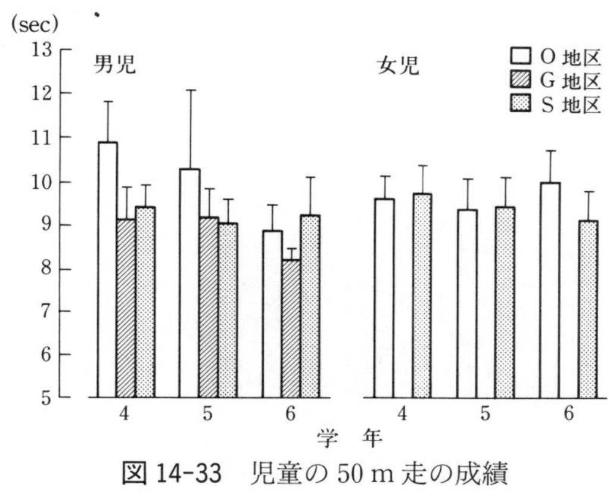

図 14-33　児童の 50 m 走の成績

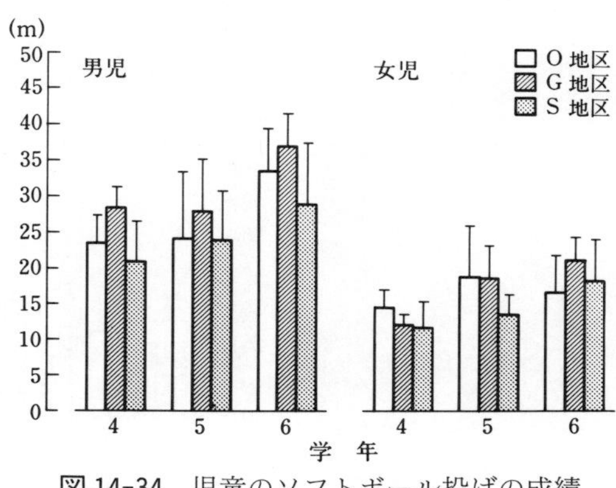

図 14-34　児童のソフトボール投げの成績

れており，調査期間中にも試合をしているのをよく目にした．

ところで下腿筋力と垂直跳びの相関を調べたところ，次の結果を得た．すなわち，筋力および筋収縮速度の値を T スコアに直し，体重を一定とした場合の，底屈力および背屈力と垂直跳びの偏相関係数を求めたところ，底屈力 0.661，背屈力 0.235 となり，底屈力との相関が有意であることがわかった．

(3)　持久力

踏台昇降運動を 3 分間行わせ，2 種の方法によって持久力を評価した．S 地区については心拍数の測定ができなかったが，全体に，持久力は S 地区で優れていると推定された．なお，これらの方法は持久力の評価法としては，信頼性はそれほど高くはない．

(1)　心拍数：運動後，1 分ごとに 30 秒間の心拍数を測定し，その和(S)から次式によって評価した．男女とも O 地区と G 地区の差は認められなかった．

$$\mathrm{HR}\,得点 = 18{,}000/2\,S$$

(2)　主観的運動強度(図 14-35)：運動開始後 2 分 45 秒～ 3 分の間の主観的運動強度を調査した．男女ともに有意な地区差が認められ，男女とも S 地区が他の 2 地区に比べて低い値を示し，持久力

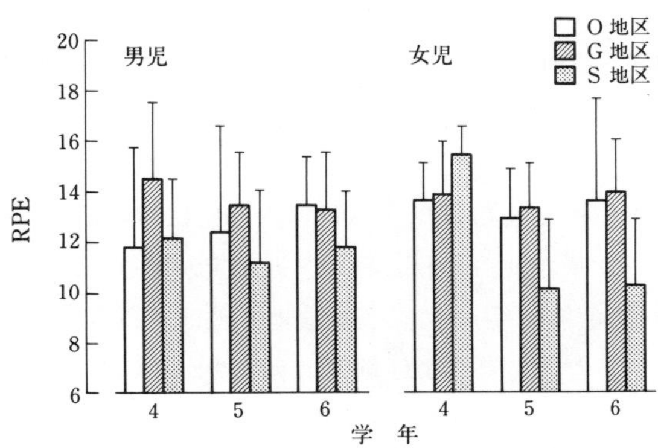

図 14-35　児童の踏み台昇降運動の主観的運動強度

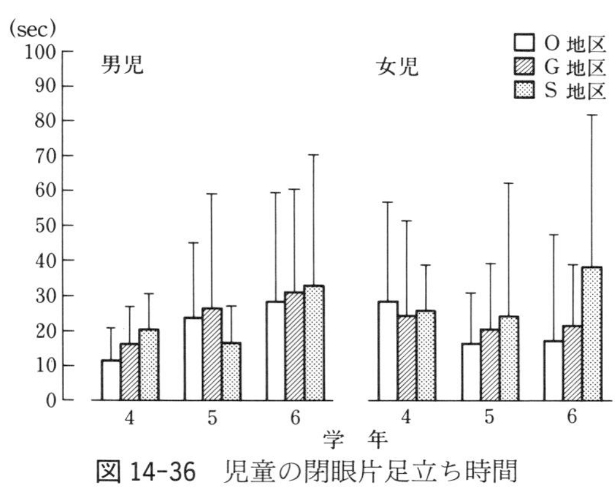

図 14-36　児童の閉眼片足立ち時間

が高いことが示唆された．

(4)　運動調整力

運動調整力とは，目的とする運動や動作を，正確に，速く，効率よく行う能力をいう．これには平衡性，敏捷性，巧緻性があり，筋の収縮力および時間的・空間的配列を決定する神経系の働きが深く関係している．

今回の調査では，敏捷性や巧緻性については，男子ではG地区が他の2地区より優れている可能性が高いと考えられた．女子についてはデータの不備から不明確である．また平衡性については，G地区よりもS地区のほうが優れていた．このように静止と移動の場合では，関与する身体能力が異なることが示唆される．

⑴　閉眼片足立ち（平衡性，図 14-36）：男子では有意な地区差を示し，4年生，6年生ではS，G，O地区の順に高い値を示した．女子でも有意な地区差を示し，5年生，6年生ではS，G，O地区の順に高い値を示し，4年生ではO地区が他の2地区よりも高い値を示した．全体的にみると，S地区が優れ，ついでG地区であることがわかる．

閉眼片足立ちの能力は日常生活のなかで鍛えられると考えられており，その成績と居住環境の関係をみることも大切である．都市部のS地区は人口も多く，移動のための空間も限られている．したがって，片足で立ち止まり，巧みにバランスをとる必要のある場合が多いのではないか．また，山村部のG地区は起伏にとんだ場所であり，S地区ほどではないが，片足で体を保持してバランスをとる必要が比較的多いと予想される．これらに比べて農村部のO地区では，平坦に広がる田園のなかで移動もゆったりと行われ，片足立ちでバランスをとらなければならないような状況は少ないものと思われる．

⑵　反復横跳び(敏捷性)：男子ではO地区とS地区の間には有意差は認められないが，G地区のほうが高い傾向にあった．女子ではG地区，S地区の測定ができなかったので不明である．

⑶　ジグザグドリブル走(巧緻性)：男子では有意な地区差は認められないが，G地区が他の2地区より優れている傾向にあった．女子ではG地区のデータがないが，O地区とS地区には有意な差は認められなかった．巧緻性については，熟練度や敏捷性と分けて考えることは困難であり，神経系の能力以外に，ボールのハンドリング経験や筋パワーが関与していると考えられる．

5)　環境と体力

体力の各要素には地域差があることが明らかになったが，その要因はじつに複雑で，多岐にわたっている．体力はヒトの存在そのものに関わる問題であり，生物学的，文化的にさまざまな側面から考える必要がある．ここではアンケート調査および体力測定の結果から，注目すべき点について述べる．

(1)　きわめて低い体脂肪率

体脂肪率の低かったG地区の男子については，女子では地域差が認められないことから，摂取カロリー（食事）に差があるとは考えにくい．一方で，G地区の男子は筋力・筋パワーについて優れた値を示したことから，消費カロリーが大きいことが，体脂肪率の低さに強く関与している可能性が高い．

(2)　後天的要素が強く現れる相対的足幅

足幅は，足長に比べて後天的要素の影響が強くでるといわれているが，相対的足幅が大きい値を示したG地区の男子では，大きなキック力を要する運動や足指を使用する運動をよく行っていることが示唆される．また，G地区（山村）の地形，たとえば起伏の多い場所，未整地の凸凹の多い場所での活動は，必然的にそういう運動を要求する．

一方，相対的足幅が他の地区より小さい値を示したS地区の女子では，日常生活のなかで足指を使用する機会が少ないことが示唆される．あるいは，爪先の狭い靴をはく機会が多いのではないかとも考えられる．

(3)　地域差のない女子の体力

女子の体力については，ほとんどの項目で明確な地域差がみられなかった．これは3地区に共通して，男子より運動量が少ないことを示唆する．学校体育に地域差があるとは考えにくく，それ以外の女子の身体活動の内容にも，ほとんど地域差はないのであろうか．

(4)　地域差の明確な男子の体力

男子においては，正課体育以外の身体活動の内容に，かなりの地域差があると予想される．遊びや通学に関しては，山村部のG地区の子供たちが高い値を示す可能性がある．農村部のO地区ではスポーツクラブ活動が最もさかんであった．種目は主にバレーボール，野球，ソフトボールであるが，これらはそれほど高い強度のスポーツではない．G地区の子供たちの身体活動には，クラブ活動では得られない効果があるのではないかと考えられる．また，持久力に関しても同じ要因が働いていると思われる．

(5)　徒歩通学と持久力

筋力とは異なり，持久力は比較的長時間の身体運動によって形成されるものである．そこで徒歩通学の時間と持久力の関係を考えてみたい．

O地区およびG地区においては，徒歩通学時間が1時間以内の子供では，通学時間と自覚的運動強度のTスコアとの間に相関は認められないが，1時間以上の子供では，いずれもTスコアが低く，持久力に優れていると判定できた (図14-37)．したがって，持久力に影響を与える徒歩通学時間は1時間以上であることが示唆される．1時間以下では，他のさまざまな要因が絡みあって，徒歩通学の効果が特定できないのであろう．

一方，S地区の徒歩通学時間は1時間以下であるにもかかわらず，意外にも持久力は最も優れているという結果を得た．この原因のひとつとして，S地区では学校体育のなかで持久力を重視している

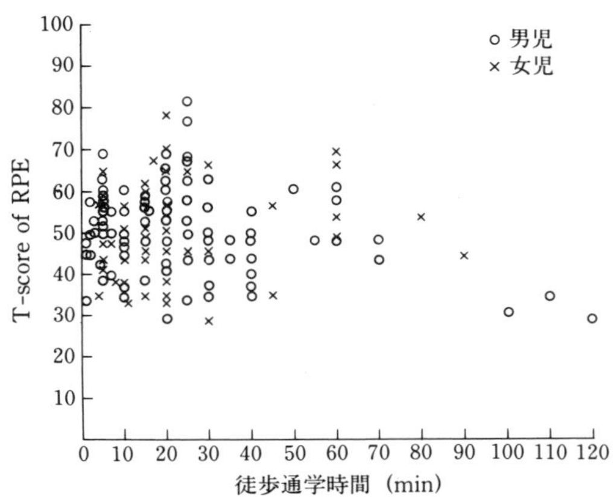

図 14-37　児童の徒歩通学時間と踏み台昇降運動の自覚的運動強度（T スコア）との関係

ことがあげられる．もうひとつは，S 地区では歩行運動が最も多い，つまり都市部では単位距離当たりの運動量が多いのではないかということである．

たとえば，農村なら車を利用しなくてはならない距離であっても，都会では交通網が発達しているため，電車やバスなどの公共交通，徒歩で移動することが多い．この場合，駅の階段の昇り降りはかなりきつい運動になり，かなりの距離を歩くことになる．そんなこともあって S 地区の持久力が優れていたものと考えられる．加えて，人混みのなかをぶつからずに歩いたり，バスや電車のなかでつかまらずに立っているには，平衡機能も必要であろう．

(6)　幼少期に発達する運動調整力

運動調整力は，他の体力要素と大きく異なり，小学校低学年までに急速に発達する（スキャモンの神経型発達）．したがって今回の運動調整力の結果も，幼少期の身体活動の如何を問題とすべきであるが，今回そのような調査は行っていない．

平衡機能を除いて，運動調整力は G 地区が最も優れていた．これはおそらく，幼少期の身体活動が質・量ともに G 地区で豊富であったことを示すものである．このことは，遊びについてのアンケート調査からも推察された．特に運動の質的な面については，自然の地形や遊びの材料が関わってくる．自然が豊かであればあるほど，身体活動への刺激，影響は大きくなり，意外性にとむ自然が多様な運動機能の形成に有効に作用すると考えられる．

以上のことから，子供たちのからだづくりにあたっては，学校体育を含めて，生活全体に配慮する必要のあることがわかる．また，身体活動の量だけを問題とするのではなく，質的な面も重視しなくてはならない．豊かな自然があれば，遊びのなかでさまざまな身体活動が行われるであろうし，教育側としては，それらを生かすような指導が望まれる．

参考文献

1）　藤原勝夫ほか：冬季における北陸地区大学生の身体活動と体力の変化．金沢大学教養部論集，

27：9-2，1990.

2) Morris, J. N., et al.：Coronary heart disease and physical activity of work；I. Coronary heart disease in different occupations. Lancet, 2：1053-1057, 1953.

3) Morris, J. N., et al.：Coronary heart disease and physical activity of work；II. Statement and testing of provisional hypothesis. Lancet, 2：1111-1120, 1953.

4) 山路啓司：運動処方のための心拍数の科学．大修館書店，東京，1981.

5) 藤原勝夫ほか：北陸地区の日常生活における運動と健康・体力に関する研究．金沢大学特定研究報告書，1990.

6) 多田千代，藤原勝夫ほか：足踏み洗濯者の体力と健康．民族衛生，55(1)：56-70，1989.

7) Aunola, S. R., et al.：Strain of employees in the manufacturing industry in Finland. Ergonomics, 22：29-36, 1979.

8) Bink, B.：The physical working capacity in relation to working time and age. Ergonomics, 5：25-28, 1962.

9) 藤原勝夫ほか：立位姿勢の安定性における年齢および下肢筋力の関与．人類誌，90(4)：385-400，1982.

10) 佐渡一郎：健康生活テスト．日本体育協会スポーツ科学委員会編：体力テストガイドブック，ぎょうせい，27-38，1982.

11) 藤原勝夫，外山　寛：保育に散歩を取り入れた場合の身体活動量．Telos，7：1-6，1991.

12) Sutherland, D. H.：Gait disorders in childhood and adolescence, Williams & Wilkins, Baltimore, 1984.

13) 阿久津邦夫：歩行の科学．不昧堂，東京，1975.

14) 高石昌弘ほか：からだの発達；身体発達学へのアプローチ．大修館書店，東京，1981.

15) 浅井　仁，藤原勝夫：幼児の体格・下肢形態に及ぼす散歩の影響．Telos，7：37-41，1991.

16) 宮口明義：幼児の体力・運動能力に及ぼす散歩の影響．Telos，7：13-19，1991.

17) 山科忠彦，藤原勝夫ほか：幼児における足の底・背屈力に及ぼす散歩と環境の影響．Telos，7：21-27，1991.

18) 藤原勝夫ほか：幼児における持久力の発達とそれに及ぼす散歩の影響．Telos，7：29-35，1991.

19) 外山　寛，藤原勝夫：幼児における歩行様下肢運動の自動化水準に及ぼす散歩の影響．Telos，7：43-50，1991.

20) 藤原勝夫ほか：5歳児における床振動時の動的平衡能に及ぼす散歩の影響．Telos，7：51-55，1991.

21) 農村生活研究センター編（藤原勝夫共同執筆）：農村的自然のもつ教育力．生活研究レポート，27，1989.

22) 小山吉明，藤原勝夫ほか：幼児の足の形態発育について．体育学研究，26(4)：317-325，1982.

15章　からだづくりの実践——金沢大学体育実技を中心に

実際に各種の体力測定を実施してみると，その測定の意味を改めて確認したり，体力と日常生活との密接な関係を示唆する事例に遭遇することがある．ここでは，主に金沢大学教養部における体育実技で得られたトレーニングに関係するいくつかの事例を紹介する．

体力について理論的に理解し，また各種の測定によって自己の体力水準を知ることもたいへん重要であるが，加えて，さまざまな事例を参考に自分のからだづくりの視点を豊かにしていきたいものである．

なお，本章で取り上げた事例は，1987～91年にかけて開設された体育実技の種目のなかで，体力トレーニングの理論とその実習を行うトレーニングクラスを受講した男子約600名，女子約500名を中心として得られたものである．また，その他の体育実技を指導する過程で得られた事例も含まれている．

15.1　日常生活で鍛えられる足の底屈力

底屈力（主としてヒラメ筋）の測定値には，日常の行動様式の変化が直接に現れる．たとえば著者の藤原は，自転車で通勤していた当時の底屈力は160 kgであったが，自動車通勤を始めてからわずか1カ月で130 kgに減少していた．また，夏季休暇中に塾のアルバイトで約20日間にわたって座業を強いられた学生では，底屈力は12 kgも低下していた．ところが，同じ塾のアルバイトでも，立位で行った学生では28 kgの増加が認められた．さらに，冬季休暇中におでん屋で立ち仕事のアルバイトを2カ月間行った3名の学生も，立位による肉体的アルバイト（酒屋の配達，スーパーマーケットの物品運搬係，道路工事の車誘導係など）を1カ月間行った5名の学生も，底屈力は増加していた（8名の平均で11 kg増加）．

このように立位姿勢を保つ機会や歩行時間の増減によって，下肢の抗重力筋であるヒラメ筋の筋力（底屈力）は大きく変化することがわかる．ヒラメ筋は立位姿勢の保持に最も重要な働きをしており，歩行や他のさまざまな運動の際にも持続的に活動している．この筋が弱ってしまうと体移動が苦痛となり，その結果として生活全体が不活発なものとなってしまうことも予想される．

下肢の基本的な機能は，身体を支え，移動させることである．したがって，個々人の体重に応じた下肢筋力が必要となり，測定値の絶対値は体重の重い者ほど大きな値を示す．しかし，体重当たりの値はほぼ一定である．底屈力の平均値は，成人で体重の1.6～1.7倍[1~3]であり，幼児[4]でも中学生[5]でもほぼ同じ値が得られており，性差も認められない．直立2足歩行を行ううえで必要な筋力の大きさを表しているものと考えられる．

図 15-1　階段を昇るときの足の運び方が異なる

しかし，身体を力強く押しだす必要のある砲丸投げの選手では，2.3 倍という大きな値が得られている．また，普段の歩行量が 1 万数千歩と多く，かつ歩行速度の速い一般大学生でも，底屈力は体重の 2 倍前後に達していた．

一方，体育実技の受講生のなかには著しく低値を示す者がいた．彼らの多くは歩行量が少ないことに加えて，踵をあまり上げず，足底を擦るようにして歩いていると述べており，普段の歩行様式と底屈力との間には密接な関連があると考えられる．

歩行様式の違いは，階段を昇る際の足の運び方にも現れる．普段，闊歩している人では階段の踏み面から踵がはみ出していることが多く，これを引き上げている様子（底屈動作）が観察されるが，足底を擦るように歩いている人では，踏み面に足全体を乗せ，踵を引き上げることなく，膝の伸展によって昇っている(図 15-1)．また，爪先歩行の場合にも，踵を上げ続けるために強い底屈力が必要である．爪先歩行は，たとえば石ころの多い河原や水たまりのなかを歩く場合に行われるが，踵を上げ続けなくてはならず，安定性が要求される．

ある学生に爪先歩行をさせてみたところ，身体の上下動揺が極端に大きく，かつ不安定なものであった．そこで，この学生の底屈力を測定してみると，予想どおり体重の 1.2 倍という小さな値であった．

学生のなかには体重の 2.2 倍という大きな値を示す者（斜面をかけ登る際に強い底屈力が必要な山岳競技の選手）もいるが，この 2 人の背屈力を測定してみると，驚いたことに，それほど大きな違いが認められなかった．これは，筋には明確な機能特性があること，そして特定部位の筋力値から他の部位の筋力値を推定できない場合があることを意味している．

15.2　優れた技術と足の背屈力の発達

足の背屈力にも著しい個人差が認められる．一般の男子大学生の背屈力の平均値は 23.1 kg であるのに対して，ハードル選手では 42 kg という値が得られている．ハードル走では，障害を越える際にすばやい足の背屈動作が要求される．競歩選手の背屈力も大きいが，これも積極的な背屈動作が必要だからである．

またスキーの滑走では，姿勢調節や加圧運動のために，底屈力と同様，背屈力も十分に発達していなければならない．日本屈指のスキー指導員である八島健司先生(中央大学)は，1 年を通じてウエイ

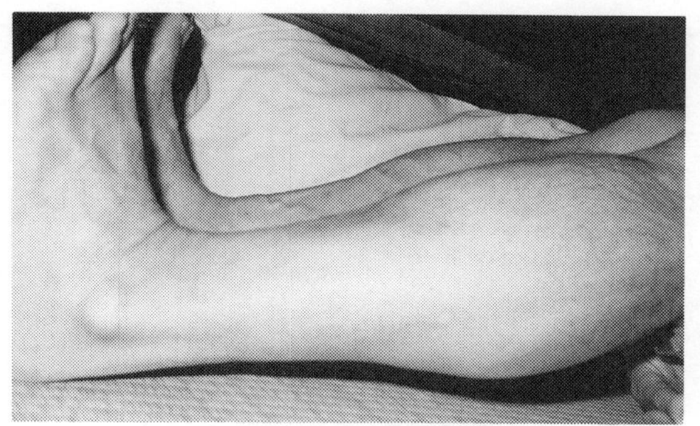

図 15-2　前脛骨筋の発達が著しい

トトレーニングを欠かさないという練達のスキーヤーであるが，その下腿はヒラメ筋と腓腹筋が非常に発達している．さらに驚いたことに，前脛骨筋もかなり発達しており，一般人の腓腹筋と同じくらい盛りあがっていた(図 15-2)．これほど発達した前脛骨筋をみるのは，著者らにとっても初めてのことである．優れた技術の発現には筋の発達が必要なことを，改めて認識させられた経験であった．

一般の大学生のなかには，背屈力が 10 kg にも達しない者もいる．彼らは地面の凸凹や小石につまずいて，転びそうになることがよくあるという．おそらく，爪先をあまり上げずに歩いているため，背屈力が低下しているものと推察される．

15.3　膝の伸展力不足がスキルの習得を妨害

毎年夏季には，水上スキー，ボードセーリング，スキューバダイビングからなる“海のスポーツ”が開講される．このうち水上スキーでは，波のある不安定な水面で，しかもモーターボートによる牽引に抗して，膝関節をやや屈曲した状態で保持しなければならない．特に牽引開始時の，身体が水中から水面へ浮きあがるときには，膝関節に対する負担はきわめて大きく，水圧に抗して膝関節を伸展するには，非常に大きな筋力が必要である．

特に女子で，牽引しても立ちあがれない者や安定して水面を滑走できない者が多く，膝関節が完全に伸びきってしまうという共通点がみられる．膝が伸展していると水圧の変化に対応した動きができず，バランスをくずして転倒する．

女子の膝伸展力の平均値は，絶対値でも体重当たりでも男子に比べてかなり小さく，水上スキーをなかなかマスターできない女子の脚はいずれも非常に細かった．おそらく，膝の伸展力が極端に小さいのに加えて，股関節の内転力も小さいと予想される．このような学生は牽引を開始した直後に股裂きの刑となり，水中へ沈んでしまう．

これは筋力の不足がスキルの習得を妨げている事例である．筋力は 1 カ月程度のトレーニングでも十分に高めることができるので，事前のトレーニングは欠かさないようにしたい．

15.4　部位ごとの身体組成

7 章では，上腕部背面と肩甲骨下端の皮下脂肪厚を測定して，体脂肪率と除脂肪体重を求める方法を紹介した．これらは全身の身体組成を把握するための指標となるが，実際の皮下脂肪量は身体の部

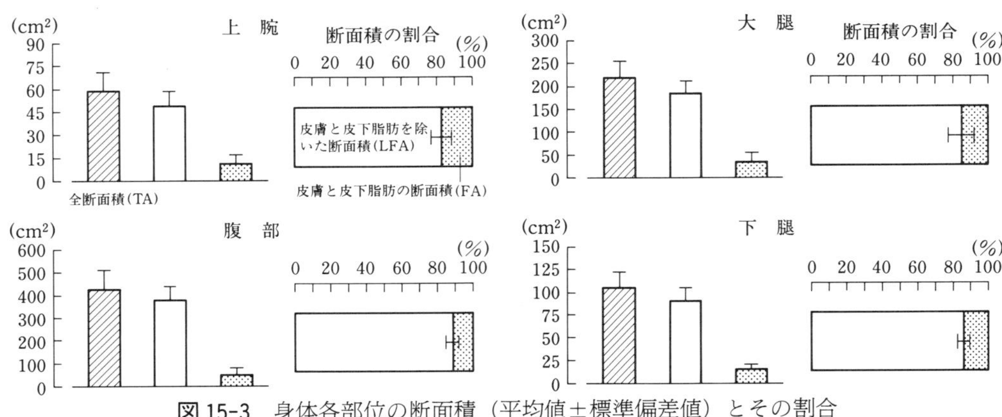

図 15-3　身体各部位の断面積（平均値±標準偏差値）とその割合

位によってかなり差がある．身体部位ごとに身体組成を把握したいという要望は以前からあった．

そこで，上腕，腹部，大腿，下腿について，周径囲と同時に皮下脂肪厚も測定し，部位別の皮下脂肪量を簡便に把握する方法を工夫した．皮下脂肪厚の測定には栄研式皮下脂肪計を用い，周径囲を測定した部分の 4 面（上腕，大腿，下腿では前面と背面，外側と内側，腹部では右前面，左背面，左右の側面）を測定した．この測定値には，皮下脂肪のほかに皮膚の厚さも含まれている．この周径囲と皮下脂肪厚の測定値を用いて，全断面積 (TA)，皮膚と皮下脂肪を除いた断面積 (LFA)，皮膚と皮下脂肪をあわせた断面積 (FA) を，下記の式により求めた．なお，周径囲測定部位の形状は円と仮定した．

$$\mathrm{TA} = (G/3.14/2)^2 \times 3.14 \ (\mathrm{cm}^2)$$

$$\mathrm{LFA} = [(G/3.14/2) - (F/10/2)]^2 \times 3.14 \ (\mathrm{cm}^2)$$

$$\mathrm{FA} = \mathrm{TA} - \mathrm{LFA} \ (\mathrm{cm}^2)$$

G：周径囲（cm）
F：周径囲を測定した部位の皮下脂肪厚(4 面)の平均値（mm）

図 15-3 に男子大学生 (30 名) の結果を示す．全断面積は腹腔のある腹部が最も大きい．全断面積に占める皮膚と皮下脂肪をあわせた断面積の割合は，上腕，大腿，下腿とも 15〜17 %とほぼ同じであるが，腹部では相対的に低い値（約 10 %）となっている．

図 15-4 は大腿部の体組成について，学生 A，B の測定値と平均値を重ねて示したものである．A,

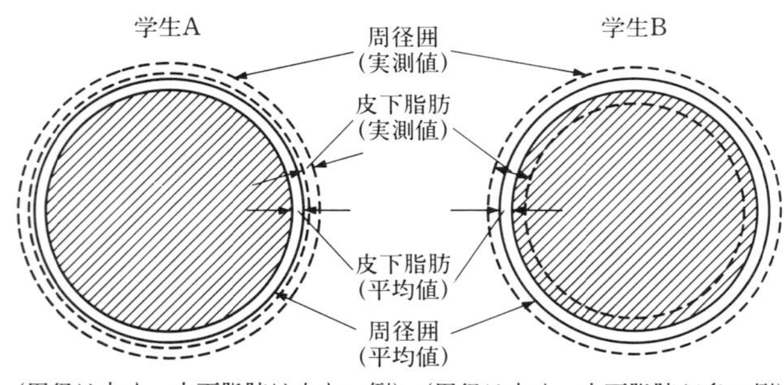

図 15-4　大腿部の体組成．斜線部：皮膚および皮下脂肪を除いた断面積の平均値．学生 A, B とも周径囲は平均値より大きいが，皮下脂肪厚にはかなり差がある

Bとも周径囲は平均値より大きいが，皮膚を含めた皮下脂肪厚には著しい違いのあることがわかる．このように，周径囲および皮下脂肪厚を測定して断面積を算出し，平均値と対比して示すことによって，周径囲の測定だけでは不鮮明であった断面の構成を，視覚的かつ量的に把握することができる．自分の脂肪の多さに，改めて驚く学生が多い．

15.5　上腕囲と前腕囲の比較から明らかになった筋力トレーニングの盲点

スピードスケートや自転車競技の選手では，大腿の筋がきわめてよく発達しており，その周径囲は腹囲と同じくらい太いことが知られている．周径囲は，その部位の筋量の指標として注目されているが，その測定値からトレーニングの問題点が浮かびあがってきた事例があった．

一般に上腕は前腕に比べてかなり太いというイメージがあるようだか，実際に測定してみると一般男子大学生の平均値は上腕 26.58 cm，前腕 25.34 cm，女子大学生では上腕 24.18 cm，前腕 22.86 cm と，上腕のほうがわずか 1 cm 太いだけである．一方，柔道部員については，腕の力が要求されるため，周径囲は上腕，前腕とも大学生の平均値より大きな値を示した．柔道では強い腕の屈伸力や，相手の衿や袖をつかむため強い握力が必要とされるのである．

ところが，柔道部員のなかにも上腕は 35.0 cm とかなり太いが，前腕は 27.5 cm とそれほど太くない者がおり，前腕の筋力（握力）不足が推察された．この点について質問したところ，練習や試合の後半で，衿をつかんでいる手がばずれてしまうことが多いとのことであった．

バーベルやダンベルを用いて腕の筋力を鍛えようとする場合，肘関節を動かす（屈伸する）ことで，上腕はかなり鍛えることができる．しかし手首の動き（屈伸）は少なく，前腕の筋の鍛え方は不十分になりがちである．さらに，上腕，体幹，下肢の筋力は十分に発達しているが，握力は小さいという例も意外に多い．腕の筋を鍛える場合の盲点といってよいであろう．

15.6　日常生活に深く関わる有酸素的体力

図 15-5 は，5 月，7 月，9 月に実施した有酸素的体力（PWC_{170}）の測定結果である．

男子学生 82 名の PWC_{170}値は，5 月には 1,014.5±231.65 kg･m/min（平均値±標準偏差値）であったが，7 月には 1,064.2±239.31 kg･m/min となり，有意に増加していた．一方，夏季休暇直後の 9 月には，1,037.6±222.40 kg･m/min となり，7 月に比べて有意に低下し，5 月の値に近づいていた．長期休暇後の体育実技では，多くの学生から運動がきついという感想が聞かれるが，実際に有酸素的体力が低下していることが裏づけられた．

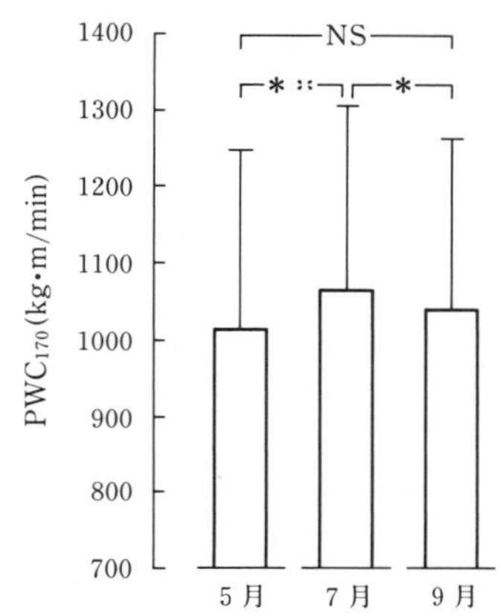

図 15-5　PWC_{170}の測定値．
**：$p<0.01$，*：$p<0.05$，
NS：有意差なし

この測定値の変化の原因を探るため，春から夏にかけての主な生活・行動の変化と，夏季休暇中の主な生活・行動内容について調査したところ，表 15-1，2 に示したような結果を得た．

7 月に PWC_{170}値が増加した学生では，列車やバス通学であった者が徒歩あるいは自転車に切り換えたり，日常の歩行量が増えたり，スポーツクラブに加入，またはクラブの練習が強化された

表 15-1 春から夏にかけて特に変化した生活・行動（複数回答）

PWC_{170}の測定値が増加した学生		PWC_{170}の測定値が低下した学生	
徒歩，自転車による通学の増加	9人	オートバイ，自動車による通学の増加	6人
スポーツクラブへの加入	9人	外出する機会の減少	6人
週1回のジョギング	8人	不規則な生活	4人
スポーツクラブの練習の強化	6人	けがによるクラブ活動の中断	3人
受験からの解放による生活の活性化	5人	スポーツクラブの中止	1人
体力を要するアルバイト	4人	通学距離の著しい短縮	1人
日常生活における歩行量の増加	3人	喫煙量の増加	1人
喫煙量の減少	2人		
自主的トレーニング	1人		
サイクリング	1人		

表 15-2 夏季休暇中の主な生活・行動内容（複数回答）

PWC_{170}の測定値が増加した学生		PWC_{170}の測定値が低下した学生	
体力を要するアルバイト	9人	バスを利用して自動車学校に通学	8人
趣味のテニス，ジョギング，水泳	7人	休暇に伴うクラブ活動の中断	7人
スポーツクラブの練習の強化	6人	不規則な生活	7人
サイクリング	5人	休暇に伴う歩行，自転車運動の減少	5人
旅行による歩行量の増加	2人	夏バテによる趣味のスポーツの中断	5人
農作業の手伝い	2人	自動車を使用しての旅行	4人
山岳地域でのアルバイト	2人	座位でのアルバイト（塾など）	3人
自転車を利用して自動車学校に通学	2人	体力を要するアルバイトの中断	1人
		けがによるクラブ活動の中断	1人

とか，授業でジョギングをした，受験から解放されて生活が活性化した，などという内容となっていた．一方，PWC_{170}値が低下した学生では，身体活動，行動の減少があげられていた．

9月にPWC_{170}値が増加した学生では，夏季休暇中に酒屋やスイカ運びなどの体力を要するアルバイトを行ったり，趣味のスポーツを週に数回行ったことや，スポーツクラブの練習の強化，サイクリングを行った，などという内容となっていた．一方，PWC_{170}値が低下した学生では，バスを利用して毎日のように自動車学校へ通ったり，スポーツクラブ活動の中断や，不規則な生活，歩行や自転車通学による運動の消失，夏バテによる趣味のスポーツの中断などがあげられていた．

これらの調査結果から，有酸素的体力（PWC_{170}）は，スポーツ活動への取り組みの変化だけでなく，通学方法など日常生活における歩行量や日々の総活動量と密接な関係にあることが示されている．ささいな行動の変化と思えるものでも，有酸素的体力に影響を及ぼしていることに驚く学生も多い．体力トレーニングを行おうとする場合には，生活の基盤となっている日常の行動についても考慮する必要があることを示す事例である．

15.7 下肢筋の最大無気的パワー特性と競技特性

自転車エルゴメータを用いて下肢筋の最大無気的パワーを測定したところ，ある男子陸上競技選手（短距離）の成績は，2，4，6 kp(kg)のいずれの負荷強度においても平均値を上回っていた．ただし，力型の筋パワーの能力を示す 4 kg と 6 kg の値は一般の大学生よりかなり優れていたが，スピード型の筋パワーである 2 kg の値は一般大学生と大差がなかった．

この短距離選手に 100 m 走について質問したところ，前半はリードするものの，後半になると他の選手に抜かれてしまうことが多いとのことであった．100 m 走の前半においては，加速するための力強い脚の踏み出し，つまり力型の筋パワーが重要であるが，後半では脚の運動が高速で行えるスピード型の筋パワーがより重要となる．

力型の筋パワーに優れ（4，6 kg 負荷の場合)，2 kg 負荷の場合のスピード型のパワーがそれほど大きな値を示さないという測定結果は，この短距離選手の 100 m 走のパターンを裏づけるものであるといえよう．

このようにダイナミックに関節が運動する競技では，筋力と筋収縮速度の積としてのパワーに注目する必要があり，その競技の運動特性を分析したうえでパワートレーニングを行うことが大切である．

15.8　心拍数からみた各種スポーツの運動強度

体育実技で行っている各種スポーツ時の心拍数を，無線式心拍計を用いて継時的に測定した[6]．この競技中の心拍数から，そのスポーツの運動強度，およびそれに必要とされる主要な体力要素（有酸素的体力，無酸素的体力）を知ることができる．

1 コマ (100 分) の授業を通して，ゴルフではほぼ 100 拍/min 以下，一輪車では 110 拍/min 前後であった．この程度の運動強度では，有酸素的体力の向上は期待できないと思われる．

ソフトボールでは，攻撃の場合には大半はベンチで休息をとっており，守備の場合でも，そのポジションに留まっていることが多い．約 50 分間のゲーム中の心拍数の平均は 115 拍/min 前後であった．ただし，ベースランニングやボールを追いかけた場合には，心拍数は急激に上昇し，180 拍/min 以上となっていた．

硬式テニスでは，初心者の場合，各種の練習やゲームを継続することはなかなか困難なので，経験者に比べて休息が多くなっている．初心者の実技中の心拍数は 120～130 拍/min で，160 拍/min を超

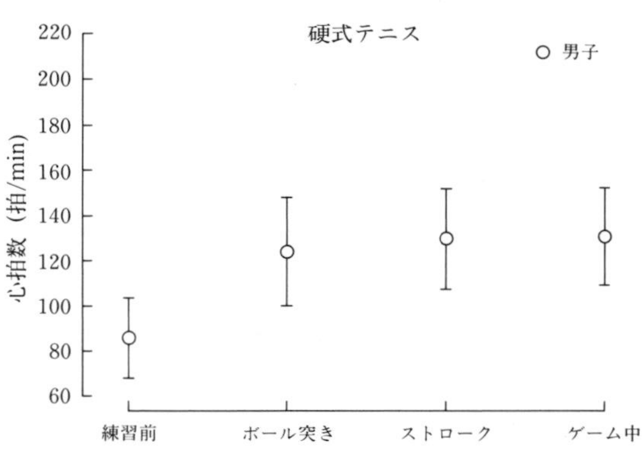

図 15-6　硬式テニス時の心拍数

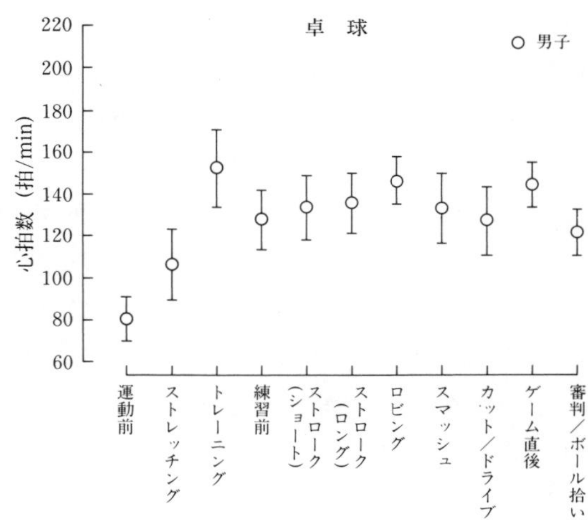

図 15-7　卓球時の心拍数

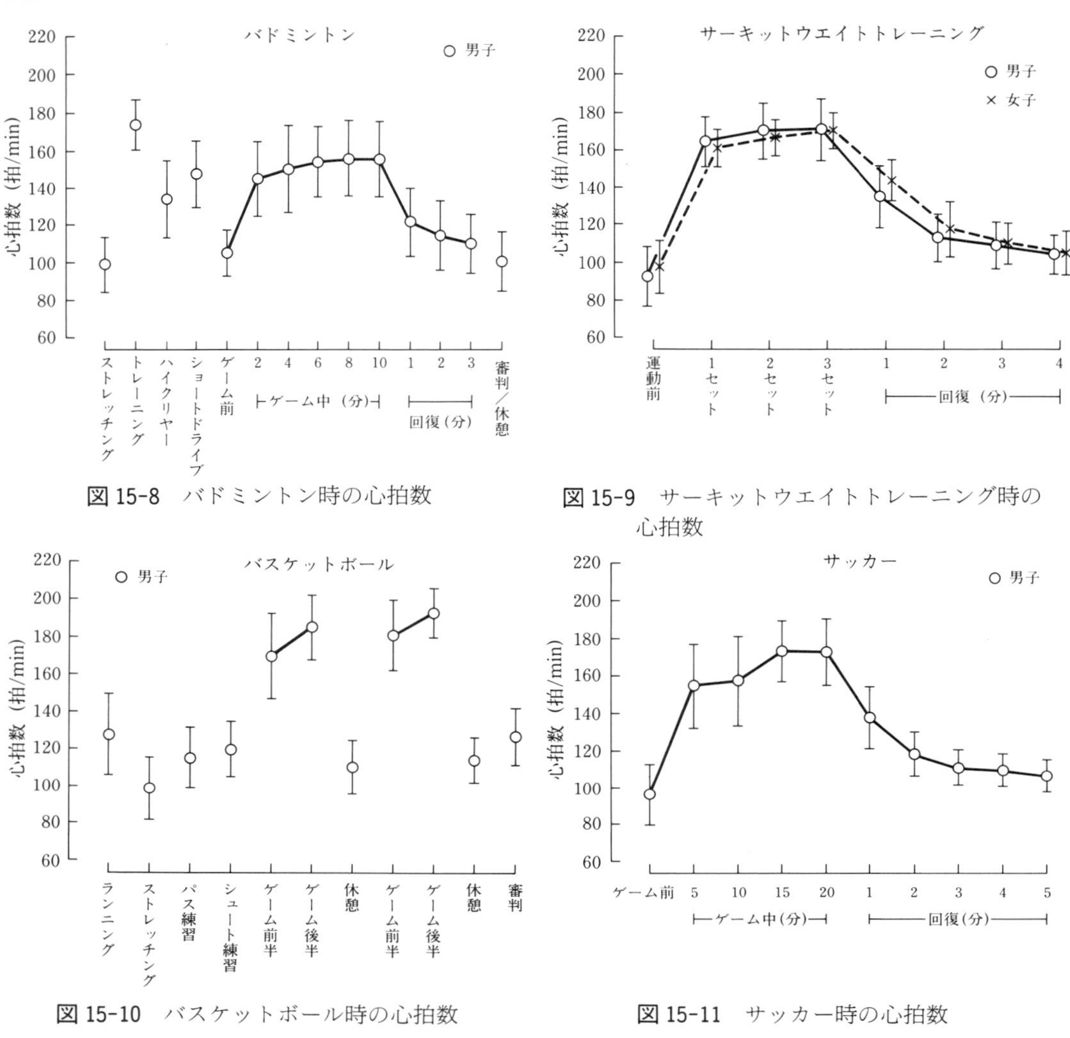

図 15-8　バドミントン時の心拍数

図 15-9　サーキットウエイトトレーニング時の心拍数

図 15-10　バスケットボール時の心拍数

図 15-11　サッカー時の心拍数

える状況はほとんど認められなかった（図 15-6）．この程度の心拍数ならば，運動習慣を特にもっていない人でも無理なく行うことができよう．

卓球では，筋パワーの向上を目指すトレーニング，ロビング練習，およびゲーム直後に 140〜150 拍/min となっており（図 15-7），いずれも有酸素的体力の向上が期待できる運動強度に達している．また，バドミントンは卓球よりもやや高い心拍数となっていた（図 15-8）．

トレーニングクラスでは，10 種目から構成されるサーキットウエイトトレーニングを実施している．反復回数はそれぞれ 10 回，3 セットを連続して行う．この場合，男子では約 10 分，女子では約 13 分を要し，このときの心拍数は 160〜170 拍/min であった（図 15-9）．これは，筋力の向上とともに，有酸素的体力の向上も期待できる運動強度である．

バスケットボールやサッカーでは著しい心拍数の上昇が認められた．バスケットボールでは，10 分間のゲームの前半で 170〜180 拍/min，後半で 180〜190 拍/min に達していた（図 15-10）．サッカー

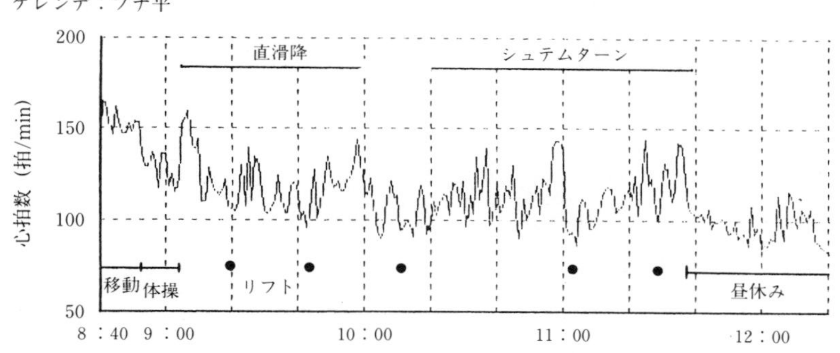

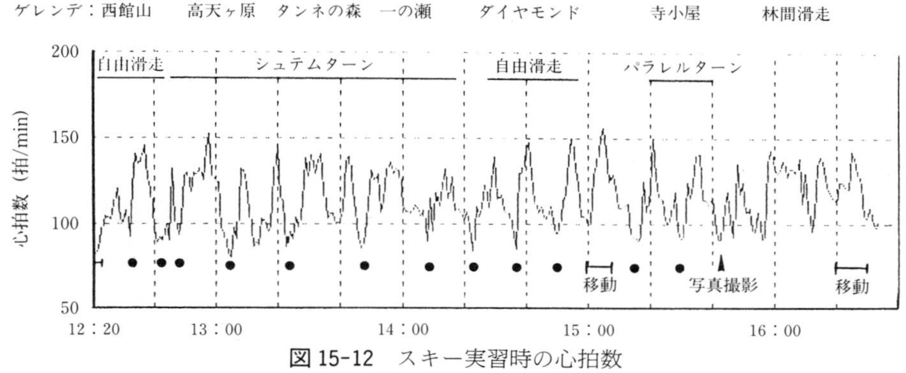

図 15-12　スキー実習時の心拍数

でも20分のゲームの後半には170～175拍/minに達していた(図15-11)．これらのゲームでは，最高心拍数と考えられる200拍/minに達している者もかなり認められた．このように激しい運動では，そのエネルギーは無気的代謝過程から得られる．エネルギー源は短時間で枯渇し，かつ疲労物質である乳酸も蓄積されるので，ゲーム中でも疾走の間に休息をとり，エネルギー源の回復と乳酸除去を行うことが必要である．

図15-12に，スキー実習（志賀高原，4泊5日）における心拍数の記録（実習4日目）を示した．シュテムターンをほぼマスターした女子学生のデータである．この学生の最大酸素摂取量は36.5 ml/min･kg（踏台昇降運動より推定)，底屈力は82 kgであり，その体力は平均的な水準にあるものと考えられる．

心拍数は，午前の実習中は117±18.8拍/min，昼休み中は97±9.8拍/min，午後の実習中では115±17.0拍/minであった．また，ターンを繰り返してゲレンデを降りた直後には150拍/minを超えることも多かった．この心拍数から，スキーが有酸素性運動であること，したがって3時間近く継続して行えること，さらに，有酸素的体力の向上に有効なスポーツであることがわかる．

受講生のなかには実習2日目から早くもゲレンデで休憩をとり，最終日まで辛そうにしている者がいた．この学生の心拍数は他の学生よりも常に20拍程度高く，160拍/minを超えることもたびたびあった．長時間に及ぶ同一の運動を集団で行う場合には，心拍数などにより個々人の運動強度を把握し，適度な休憩を設ける工夫が必要であろう．

スキー実習では，初心者であってもシュテムターンやパラレルターンなどの中・上級技術を習得できるため，達成感をもつことができる．また，友人との語らいやゲレンデでの写真撮影なども楽しい思い出となるようである．しかし，スキー実習では1日に4～5時間もの運動を行うため，これをこなすには，それなりの体力が必要である．実習を有意義で楽しいものにするためには，事前のトレーニング（2～3カ月）を欠かすことはできない．

ところで，実習中の教官の心拍数はといえば，受講生よりやや低く，112±16.8拍/minであった．受講生と異なり，教官の心拍数は100拍/minを下回る状況が多い（教官23.4％，学生14.3％）．学生が四苦八苦して滑ってくるのを観察しながら適度に休憩がとり入れられており，疲労は少ないものと考えられる．また教官では，滑降中に心拍数の一時的な上昇がみられるが，これは積極的な試技が行われていることを裏づけるものと考えられる．

15.9　適度な速度で楽しくジョギング

一般に，ジョギングは有酸素的体力（持久力）を高めるのに有効な運動とされているが，スポーツ選手がジョギングをしている様子などからは，かなり過酷な運動という印象が強く，敬遠されることが多い．

そこでジョギング中の心拍数が常に135～150拍/min（20歳代一般人の有酸素運動の安全・有効限界）となるように，走る速度を調節させた（図15-13）．心拍数がこの範囲を逸脱するとアラームが鳴るようになっている．このように運動中の心拍数が一定となるように運動強度を定めれば，体力の異なる者に対しても負担度の同じ運動を負荷することができる．

この方法で学生に5kmのジョギングを行わせたところ，所要時間は30～55分の範囲となった．この所要時間の違いが有酸素的体力の違いである．たとえば45分以上かかった学生の場合は，走ると心拍数が設定範囲より高くなってしまうため，大半を歩かざるをえなかった．遠ざかる友人の姿を見送りながら，自らの有酸素的体力の低さを改めて認識したという．

40人程度の男子クラスでは5～6名，女子クラスでは半数近くの学生がこのような体験をする．後日，PWC_{170}により有酸素的体力を調べてみると，学生たちは著しい個人差に驚くとともに，体力の低い者にとっては，歩行といえども有効な運動強度となることを理解する．また，このような体験をさせてから，学生に有酸素的体力向上コースと筋力向上コースの選択を行わせると，前者の希望が多く

図15-13　簡易心拍計をつけてジョギング（金沢大学石川門付近）

なる．いままで苦痛と思っていたジョギングが，体力にあわせて意外に楽にできることに気づくからであろう．

さらに，数人のグループをつくり，理想的なジョギングコースというテーマで約60分間のコースを計画させ，実施している．後日，提出されたレポートには，川沿いのコースをとったので風がすがすがしかった，小さな路地に入って金沢の町並みに改めて歴史を感じさせられた，いちど行ってみたかったレストランや店を見つけた，といった感想をはじめとして，自動車の排気ガスが気になった，舗装道路より土や芝生のうえを走るほうが気持ちがよい，一般の人がよくジョギングをしているコースなのに，歩道がなかったり，狭すぎて危険な場所があるなど，環境や施設に関する意見もみられた．また，ジョギングしながら話に夢中になり，遠くまで行きすぎて時間内に戻ってこないグループもあった．

運動メニュー（コースや時間など）を着実にこなすことも大切ではあるが，ジョギングを楽しまなくては意味がない．運動は，豊かなライフスタイルを築くひとつの方法として位置づけたい．他のグループのコース（絵地図）をみながら次回のコースに思いをめぐらせ，楽しみにしている学生も多い．桜の咲く兼六園や歴史深い町並み，そして野鳥がさえずる遊歩道や野山のジョギングは，実に心楽しいものである．

参考文献

1)　藤原勝夫ほか：下腿筋力測定の妥当性と信頼性及び大学生女子の下腿筋力．金沢大学教養部論集（自然科学篇），25：51-60，1988.

2)　藤原勝夫ほか：大学生の下腿筋力の簡易型筋力計による測定．北陸体育学会紀要，26：19-26，1990.

3)　山科忠彦，藤原勝夫ほか：簡易下肢筋力計による筋力測定値の再現性．北陸体育学会紀要，27：21-26，1991.

4)　山科忠彦，藤原勝夫ほか：幼児期における下腿筋力の発達．バイオメカニクス研究1990，72-75，メディカルプレス，東京，1990.

5)　山科忠彦，藤原勝夫：中学生における足の底・背屈力の発達．体力科学，40：431，1991.

6)　外山　寛ほか：体育実技での心拍数による運動強度の定量化．金沢大学教育方法等改善プロジェクト実施報告書，1990.

資料 1

個人記録表

学部		組		学籍番号		氏名	

1) ID ＿＿＿＿＿＿
2) 性　別　1 男　2 女
3) 年　齢 ＿＿＿＿ 歳（＿＿＿年＿＿＿月＿＿＿日生）

形　態

4) 身　長 ＿＿＿＿ cm
5) 体　重 ＿＿＿＿ kg
6) 胸　囲 ＿＿＿＿ cm
7) 上腕囲 ＿＿＿＿ cm
8) 前腕囲 ＿＿＿＿ cm
9) 腹　囲 ＿＿＿＿ cm
10) 大腿囲 ＿＿＿＿ cm
11) 下腿最大囲 ＿＿＿＿ cm
12) 下腿最小囲 ＿＿＿＿ cm

皮下脂肪

13) 上腕部 ＿＿＿＿ mm
14) 背　部 ＿＿＿＿ mm
15) 体脂肪率 ＿＿＿＿ %
16) 除脂肪体重 ＿＿＿＿ kg

血　圧

17) 最大血圧 ＿＿＿＿ mmHg
18) 最小血圧 ＿＿＿＿ mmHg

体　力

19) 踏台昇降・心拍数
＿＿＿＿ 拍/min

20) ジョギング所要時間
＿＿ km ＿＿ 分 ＿＿ 秒

21) PWC_{170} ＿＿＿＿ kg･m/min
安静時心拍数＿＿＿拍
（＿＿ kg ＿＿ 拍）
（＿＿ kg ＿＿ 拍）
（＿＿ kg ＿＿ 拍）

22) 最大無気的パワー ＿＿ kg ＿＿ kg･m/sec
23) 〃 ＿＿ kg ＿＿ kg･m/sec
24) 〃 ＿＿ kg ＿＿ kg･m/sec
25) 垂直跳び ＿＿＿＿ cm

26) 握力（利き手）＿＿＿＿ kg
27) 腕屈曲力 ＿＿＿＿ kg
28) 背筋力 ＿＿＿＿ kg
29) 膝伸展力 ＿＿＿＿ kg
30) 膝屈曲力 ＿＿＿＿ kg
31) 底屈力 ＿＿＿＿ kg
32) 背屈力 ＿＿＿＿ kg

33) 反応開始時間 ＿＿＿＿ msec
34) 全身反応時間 ＿＿＿＿ msec
35) 動作時間 ＿＿＿＿ msec

36) 開眼片足立ち X ＿＿＿＿ mm/sec
37) 〃 Y ＿＿＿＿ mm/sec
38) 〃 XY ＿＿＿＿ mm/sec

資料 2

トレーニング実施計画

学部		組		学籍番号		氏名	

トレーニングの目的

曜日	トレーニングの内容	RMR	時間（分）	カロリー
月				
火				
水				
木				
金				
土				
日				

資料 3

トレーニング実施状況

学部		組		学籍番号		氏名	

______月

日	歩数	実施内容	実施の割合	日	歩数	実施内容	実施の割合
1				16			
2				17			
3				18			
4				19			
5				20			
6				21			
7				22			
8				23			
9				24			
10				25			
11				26			
12				27			
13				28			
14				29			
15				30			
				31			

資料４

歩行速度と運動時心拍数から持久力を判定する方法

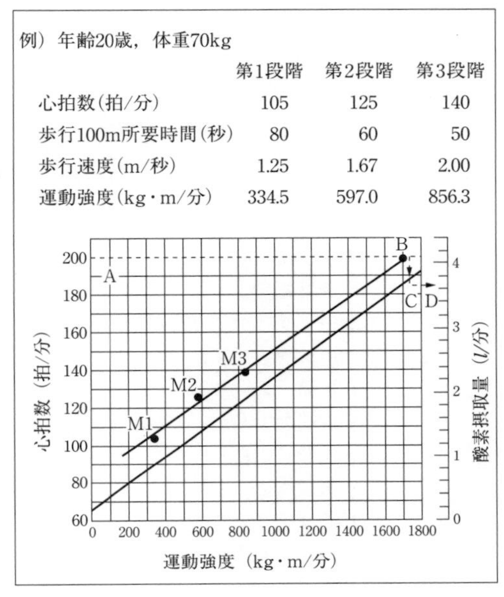
例）年齢20歳，体重70kg

	第1段階	第2段階	第3段階
心拍数(拍/分)	105	125	140
歩行100m所要時間(秒)	80	60	50
歩行速度(m/秒)	1.25	1.67	2.00
運動強度(kg・m/分)	334.5	597.0	856.3

段　階	1	2	3
心拍数（拍/分）			
100m所要時間（秒）			

心拍数（拍/分）
酸素摂取量（l/分）
運動強度（kg・m/分）

1)　歩行の運動強度を算出する

【第１段階】　歩行速度＝100÷(　　　　)＝(^{a1}　　　　)m/秒
歩行100m所要時間(秒)

運動強度$=\frac{1}{2}\times$(　　)÷9.81×(^{a1}　　　　)$^2\times60=$ ^{b1}　　　　kg・m/分
体重(kg)

【第２段階】　歩行速度＝100÷(　　　　)＝(^{a2}　　　　)m/秒
歩行100m所要時間(秒)

運動強度$=\frac{1}{2}\times$(　　)÷9.81×(^{a2}　　　　)$^2\times60=$ ^{b2}　　　　kg・m/分
体重（kg）

【第３段階】　歩行速度＝100÷(　　　　)＝(^{a3}　　　　)m/秒
歩行100m所要時間(秒)

運動強度$=\frac{1}{2}\times$(　　)÷9.81×(^{a3}　　　　)$^2\times60=$ ^{b3}　　　　kg・m/分
体重(kg)

2)　各歩行速度での運動強度と心拍数の座標点M1，M2，M3をグラフに記入し，回帰直線を引く．

3)　上記の直線上で最大心拍数A(220−年齢)に対応する座標点Bを記入する．順次上の図の例に従って点Cと点D（最大酸素摂取量）を求める．Dの値を体重で除し，体重1kg当たりの最大酸素摂取量を算出する．

(　　　　　l/分)×1000÷(　　)＝　　　　ml/分/kg体重
体重(kg)

4)　この値をもとに，表10−3（p.94）を用いて持久力を判定する．
なお運動強度と心拍数の回帰直線は，p.65の式に準じて求めることができる．

索　引

あ

い

う

え

お

か

き

す

せ

そ

た

ち

つ

て

と

な行

は

ひ

ふ

へ

ほ

ま行

や行

ら

り

れ

ろ

<著者略歴>

藤原勝夫（ふじわら かつお）

1953年　岩手県大迫町に生まれる
1984年　筑波大学博士課程体育科学研究科修了
1986年　金沢大学教養部助教授
1996年　金沢大学医学部助教授
2001年　金沢大学大学院医学系研究科教授　現在に至る
　　　　専門　運動生理学
　　　　学位　教育学博士

外山　寛（とやま ひろし）

1957年　北海道幌加内町に生まれる
1982年　東京学芸大学大学院教育学研究科修了
1987年　金沢大学教養部助教授
1996年　金沢大学医学部助教授
2001年　金沢大学大学院医学系研究科助教授　現在に至る
　　　　専門　運動生理学
　　　　学位　博士（学術）

改訂 身体活動と体力トレーニング　定価はカバーに表示

2000年3月1日　改訂版第1刷
2021年3月25日　第9刷

著者　藤原勝夫
　　　外山　寛
発行者　朝倉誠造
発行所　株式会社 朝倉書店
東京都新宿区新小川町6-29
郵便番号　162-8707
電話　03（3260）0141
FAX　03（3260）0180
https://www.asakura.co.jp

〈検印省略〉

印刷・製本　教文堂

ISBN 978-4-254-69051-4 C3075　Printed in Japan

本書は株式会社日本出版サービスより出版された
同名書籍を再出版したものです.